제이 리(Jay Lee)의
미국 식품 트렌드

제이 리(Jay Lee)의 미국 식품 트렌드

발행일	2023년 2월 22일		
지은이	이종찬(Jay Lee)		
펴낸이	손형국		
펴낸곳	(주)북랩		
편집인	선일영	편집	정두철, 배진용, 김가람, 윤용민, 김부경
디자인	이현수, 김민하, 김영주, 안유경	제작	박기성, 황동현, 구성우, 배상진
마케팅	김회란, 박진관		
출판등록	2004. 12. 1(제2012-000051호)		
주소	서울특별시 금천구 가산디지털 1로 168, 우림라이온스밸리 B동 B113~114호, C동 B101호		
홈페이지	www.book.co.kr		
전화번호	(02)2026-5777	팩스	(02)3159-9637

ISBN   979-11-6836-742-5 03320 (종이책)   979-11-6836-743-2 05320 (전자책)

(주)북랩 성공출판의 파트너
북랩 홈페이지와 패밀리 사이트에서 다양한 출판 솔루션을 만나 보세요!
홈페이지 book.co.kr   •   **블로그** blog.naver.com/essaybook   •   **출판문의** book@book.co.kr

작가 연락처 문의 ▶ ask.book.co.kr
작가 연락처는 개인정보이므로 북랩에서 알려드릴 수 없습니다.

미국 식품 트렌드의 맥을 잡아라!

제이 리Jay Lee의
미국식품 트렌드

이종찬 지음

미국 식품법 전문가, J&B Food Consulting 대표가 알려주는
코로나 팬데믹의 미국 식품 트렌드와 최신 이슈들!

북랩

프롤로그

한국식품 음료신문에 2018년 12월부터 게재한 칼럼들이 벌써 5년차를 맞이하고 있다. 그동안에 미국 식품법 컨설턴트로 활동하면서 미국에서 직접 살면서 보고 느끼는 트렌드와 이슈들을 격주로 칼럼에 담았다. 미국의 트렌드는 한국과 달리 갑자기 뜨거웠다 사라지는 것이 아니기 때문에 몇 년에 걸쳐서 보면 그 트렌드를 읽을 수가 있고, 향후 몇 년 동안의 트렌드도 알 수 있다.

식품은 문화와 밀접한 관계가 있다. 식품 트렌드를 보다보면 사람 사는 것이 보인다. 때문에 미국 사람들이 생각하고 느끼는 것도 간접적으로 느낄 수 있다. 이제는 K-컬쳐의 세계화로 인해서 한식의 세계화가 전성기를 누리고 있는 것 같다. 미국에 살고 있는 교포로서, Korean-American으로서 자부심도 느낀다.

이제는 조그만 중소기업들도 손쉽게 아마존 플랫폼을 이용하여 수출하는 좋은 환경이 생겼다. 국경의 담이 점점 낮아지고 있다. 미국의 식품 트렌드를 읽으면 다른 나라의 트렌드도 읽을 수 있을 것이다. 약 4년치의 칼럼을 책으로 모아서 그동안의 흩어진 정보들을 한눈에 쉽게 독자들에게 제공하는 영광을 가지게 되어서 기쁘다.

향후에 쓰여진 칼럼들은 '제이 리(Jay Lee)의 미국 식품 트렌드'로 시리즈로도 출판될 예정이다(만약에 칼럼을 계속 쓰게 된다면). 부족하지만 이 책을 읽고 미국에 진출하려는 기업들과 개인들에게 조그마하게라도 보탬이 되었으면 하는 바람이다.

미국 캘리포니아 라하브라에서

Jay Lee 드림

Contents

1장
2018~2019년:
Pre-Pandemic, K-Food의 서막   15

2장

2020년:
팬데믹이 불러온 뉴노멀

3장

2021년:
팬데믹과 식품업계의 활황

211

4장

2022년 :
포스트 코로나와 불확실성의 미래   297

1장

2018~2019년 :

Pre-Pandemic,
K-Food의 서막

제이 리(Jay Lee)의 미국 통신

1

★★★

'로메인 상추' 리콜 사태
강 건너 불 아냐

수출 농산물, 농업용수 관리 · 기록 남겨야

미국에 살다 보면 미국인들은 샐러드를 참 많이 먹는다는 것을 새삼 실감한다. 식생활의 일부처럼 항상 식사에는 샐러드를 곁들인다. 한국의 김치처럼, 샐러드는 미국인의 건강식 생활의 하나로 자리 잡았다.

그런데, 최근 미국에서는 로메인 상추의 이콜라이 대장균 오염으로 12개 주에서 43건의 발병 사고가 FDA에 접수되었고 한때 미국 전역에 로메인 상추를 먹지 말라는 FDA의 경고가 있었다. 이에 대한 원인이 분명히 밝혀지지 않은 가운데 캘리포니아 중부에서 재배된 상추가 오염되었다는 것만 밝혀져 캘리포니아산 로메인 상추만 먹지 말라는 경고로 바뀌었다.

미국 국민들은 신선 농산물, 특히 로메인 상추의 오염으로 인한 리콜 뉴스를 번번이 듣는다. 올해만 해도, 올봄에 로메인 상추 이콜라이 오염으로 인해 이미 리콜 사태가 있었고, 최근 여름엔 맥도날드 샐러드 제품 제품에 Cyclospora라는 기생충 오염으로 인해 507명이 식중독을 일으킨 바 있다.

일단 신선 농산물의 오염이 생기면 원인을 밝혀내기가 어렵다. 공급망 사슬 속에 어느 지점에서 발생했는지 구별하기가 어렵다. 농산물을 키운 농장주, 유통업자, 최종 판매 상점 등의 사슬에 잠재적 오염원이 존재하기 때문이다. 또한 미생물균이 흙, 공기, 사람의 속, 오염된 장비 기구, 물 등의 여러 원인에서 발생할 수 있기 때문에 쉽사리 오염원을 파악하는 것이 쉽지 않다.

이에 대한 방안으로 미국의 식품 안전화현대화법(FSMA)이 2011년 제정되어 지금 미국 전방위에 걸쳐서 새로운 위해요소 관리를 위한 시스템을 시행 중이다. 그중에 하나가 농산물 규정(Produce Safety Rule)이다. 식품을 가공하는 공장처럼, 종업원 위생관리, 가공 포장 시설의 위생관리, 장비 기구의 위생관리, 야생동물 관리, 농업용수 관리, 퇴비 관리 등을 서면 절차를 가지고 철저히 관리하고 서면으로 기록하도록 요구하고 있다. 이 농산물 규정이 미국 내에서도 중소 농장주들의 반발로 시행이 쉽지는 않은 상황이지만, 계속적으로 일어나고 있는 신선 농산물의 리콜을 감안하면, 농산물 규정을 시행하지 않을 수 없는 상황이다.

이렇게 지속적으로 신선 농산물 리콜 이슈들이 나오면서 최근에 FDA에서는 인더스트리에 블록체인 기술을 도입해 식품의 유통 과정을 추적할 수 있도록 유도하고 있다. 월마트기 이전에 블록체인 기술을 이용해 추적 가능성을 높이기로 한 계획을 발표한 바도 있다. 아직 중소규모 업체들이 도입하기에는 비용 면에서 부담스럽기도 하지만, 앞으로 이런 IT기술을 접목하여 식품위생 관리를 할 기회들을 모색하고 있다.

또한 로메인 상추 리콜 후에 FDA가 발표한 소비자 가이드 라인에 보면 온실에서 재배한 농산물 섭취를 권유하고 있다. 일반 농장에서는 흙, 공기, 물, 동물 등 여러 위해요소 공급원들이 있지만 그나마 온실은 외부와의 접촉이 적기 때문에 오염 가능성이 낮을 수 있다. 최근 한국에 불고 있는 스마트 팜이나 도시형 팜 모델이 하나의 대안이 될 수도 있다.

그리고, 농산물 규정에 여러 항목들이 있지만 그중에 하나가 농업용수 관리 부분이다. 일전에 농업용수의 오염으로 인해 농산물이 오염된 사례에서 보면 농업용수 관리가 필요하다는 데 동감한다. 주기적으로 농업용수의 대장균을 모니터해야 하는 규정이 중소규모 농장주들에게는 많은 부담이 될 수 있으나 FDA의 의지로 보면 지속적으로 시행될 것으로 본다.

마지막으로 한국 농산물의 생산, 관리 등을 돌아보면 특별한 의

무적인 관리 규정이 없는 상황에서 전통적인 재배 방법으로 신선 농산물을 국민들에게 제공한다. 한국인들이 주로 직접 소비하는 쌈류(상추, 깻잎, 김치용 배추, 무 등)에 대해 미생물 오염으로 인해 리콜 되었다는 뉴스를 본 적은 없는 것 같다. 그렇다고 시대가 변하는데 우리가 우리의 방식만을 고수할 수는 없다. 미국으로 수출되는 농산물은 당연히 미국 농산물 규정을 준수해야 하고, 또한 한국 내의 농산물 위생관리의 선진화를 위해서도 미국 농산물 규정을 벤치마킹하는 것도 좋은 방안이다. 한국 내에서 샐러드 소비 또한 늘어나는 상황에서 우리의 현주소도 점검할 기회인 것 같다.

발행일 2018.12.11.

한국과 미국 식품 안전인증의 차이

한국 HACCP 정부 인증 ··· 문제 발생 땐 공신력 실추
하드웨어 쪽 접근 ··· 시설투자 비용 부담으로 기피도
미국 민간 인증 ··· 공장 허름해도 위해요소 철저 관리

한국 식품 업계에서도 HACCP이 많이 보편화되어 있고, 일부 업체들은 국제 기준의 식품 안전기준들(ISO22000, FSSC22000등)을 인증받고 있다. 한국 업체들의 식품 안전 기준서들과 양식들을 보면 참 잘 만들었다는 생각이 든다. 정부 기관들의 많은 지원으로 식품 안전 기준서들이 일반적으로 공용할 수 있도록 많이 개발되었고, 컨설팅 업체들도 기준서 및 양식들을 개발하여 업체들이 쓸 수 있도록 하는 것이 HACCP 등의 보편화를 위한 밑거름이 된 것 같다.

그런데, 미국과 한국에서의 식품 안전인증에 대한 접근이 많이 차이가 나는 것 같다. 한국에 있는 업체들을 컨설팅 하는 경우에 보면, HACCP이나 식품위생인증을 위한 준비를 시설투자에 많이 초점을 두고 있는 것이다. 한국에 웬만한 중소규모의 식품 공장들을 방문하다 보면 에어샤워기부터 해서 장화 착용 및 장화 UV 소독기 등의 기본 GMP를 위한 시설들이 참 잘 되어 있는 것을 본다. 어떤 경우에는 과하다 싶을 정도로 GMP 시설을 준비하고 있다.

그런데, 한국에서는 그런 시설들을 HACCP 시설이라고 부르고 HACCP을 위한 필수 시설로 인식하고 있다는 점이다. 그런 시설들이 경우에 따라 필요하지만 HACCP을 위해서 필수사항은 아니다. 미국에서는 위해요소(또는 리스크)의 분석을 통해 효과적이고 효율적으로 관리하는 것이 목적이므로 위해요소 관리 측면에서 주요한 리스크 발생 지점들을 잘 파악해서 관리하고 서면 기록화하는 게 목적이 있다. 한국의 경우에는 소프트웨어보다는 하드웨어 접근식으로 가다 보니 HACCP이나 기타 식품인증을 시설투자로 인식하여 비용 부담이 되어 못하겠다는 부정적인 측면이 많이 퍼진 것 같다.

미국에 공장 시설들을 보면 오래된 건물들도 많고 외관상으로는 한국보다 열악한 곳들이 많다. 그러나 차이점은 위해요소의 정확한 인지와 그것을 관리하기 위한 소프트웨어적인 측면을 강조한다. 종업원들이 정확히 기준서대로 일하고 서면 기록하는 것을 중요시한다. 미국 식품 공장에서는 서면 위조가 생길 시에는 관용 없이 직원들을 해고 시키는 경우가 많다. 많은 업체들이 그렇지는 않겠지만 극소수의 업체들을 HACCP이나 식품인증 심사 전에 몰아서 서류작업들을 하는 경우도 있는 것으로 안다.

또 하나는 일반화된 기준서나 양식을 쓰다 보니, 자기의 특정 시설에 맞지 않은 기준서들을 수정 없이 써서 생기는 비효율과 식품위생관리의 구멍이 생길 수 있는 점이다. 컨설팅 업체나 정부 기관의 가이드용 기준서들이 리뷰없이 사용되다 보니, 자기 공장에 특유한 위해요소들을 반영하지 못하는 경우가 있다. 이럴 경우에는 위해요소가 적절하게 관리되지 못하여 결국 오염된 식품을 소비자에게 판매할 수 있는 확률이 높다. 일반적인 기준서들을 이용한다 하더라도 반드시 자기 몸에 맞게 옷을 만들어 입어야 한다.

그간 한국에서도 식중독 사태, 살충제 계란 파동 등 적잖은 식품 안전 사고가 발생하는 현실을 보면, HACCP이나 식품위생인증의 구멍이 있음을 알 수 있다. 이를 보완하기 위해서는 형식적인 HACCP이나 식품인증관리가 아닌 몸에 밴 식품위생관리가 절실하다. 시설투자에 초점을 두는 것이 아니라 실질적으로 소비자 안전 보호를 위해서 전 방위에 걸쳐서 리스크를 관리할 수 있는 시스템적인 사고가 필요하며, 요식행위가 아닌 경영시스템으로 인식하고 실행하여야 할 것이다.

특히, 한국 HACCP의 경우엔 식약처 이름까지 들어가서 정부 주도의 인증이 되었는데, 이는 민간에 인증들을 맡겨놓는 미국의 FDA

의 경우와 대조적이다. 한국 정부가 HACCP의 인증자가 되어서 우리 인증들의 공신력을 유지하는 것이 대단히 중요하다. FDA가 실제 한국 공장들을 심사할 때 한국 HACCP의 수준들을 평가하여 부정적인 인상을 받는다면 한국 정부 주도의 HACCP 전체의 공신력이 떨어질 수 있으므로 각별히 주의해야 할 것이다.

최근 신문에 보면 앞으로 한국의 HACCP 심사 시 불시에 심사하는 것으로 보완한다는 뉴스를 보았다. 앞으로 업체들의 몸에 밴 식품 안전 관리가 필요하다. 시설 면에서나 기준서, 양식의 서류 자체 준비성은 탁월하다고 생각한다. 이제는 우리도 하드웨어는 준비되었으니 실제로 식품위생 기준들을 습관화해서 실행할 소프트웨어의 수준을 높일 수 있는 기회가 되어야 한다. 그리고, 미국 식품 안전화 현대화법(FSMA)의 시행으로 전 세계가 한층 높은 식품 기준으로 나아가고 있는 상황에서, 세계와 경쟁을 하려면 우리 식품 업계도 적극적으로 식품위생 기준들을 적용하고 습관화해야 할 것이다.

발행일 2018.12.17.

3

★★★

클린라벨과 한국 식품

'최소 성분-최대 맛-영양 전략'으로 승부를

　미국에선 몇 년 전부터 클린라벨(Clean Label)의 식품들이 트렌드가
되었고 현재 최대한 단순한 원재료를 쓰는, 인공첨가물들을 쓰지 않
은 제품들이 대세이다. 한국에서 미국으로 수출되는 제품들을 평가
및 분석(해외공급자 검증제도: FSVP)하다보면 거의 대부분의 한국 제품
들이 너무 많은 성분들과 감미료, 인공첨가물 등을 사용하는 것을
보고 있다. 기존에 한국의 제품들로 제품의 수정 없이 미국의 소비
자를 타깃으로 안 한 경우도 있어서 그렇지만 많은 경우 미국의 식

문화를 이해 못해서 그런 경우도 많다.

한국의 경우에는 음식 방법들이 여러 가지 재료들을 섞어서 만들고, 특히 발효시키는 음식들이 많다. 예를 들어 김치와 같이, 최대한 많은 원료들을 섞어서 감칠맛을 나게 하는 것이 한국 전통 음식이었다. 그렇다 보니 제품이 최대한 소비자의 입맛을 맞추려고 여러 가지 감미료, 첨가물, 향들을 쓰는 경우가 많다. 그렇다 보니 미국 수출 시에 성분검토의 어려움, 알레르기 성분표 미표기로 인한 리콜, 성분표기 시 누락, 미국 소비자들의 클린라벨 선호로 인한 주류 시장으로의 진출의 어려움 등이 생길 수 있다.

미국 '클린라벨' 선호로 원료 단순 … 많아야 2차
한국산 감칠맛 내려 다양한 성분 … 5차성분까지

미국 제품의 경우에는 많아야 2차 성분 정도이다. 그러나 한국제품의 경우에는 2차, 3차, 4차 심지어 5차 성분까지 성분이 섞여 있는 것을 보았다. 영양정보란에 성분을 표시할 공간이 부족할 뿐만 아니라 성분 미표시로 인한 FDA의 수입통관 거절 또는 리콜도 당할 수 있어서 딜레마에 빠지는 경우가 많다.

또한 알레르기 표기의 경우에는 2차, 3차 등의 하위성분에 소량의 미국 알레르기 성분(FDA 지정 8개 알레르기 물질: 밀, 우유, 계란, 대두, 땅콩, 생선, 갑각류, 견과류)이 있는 경우에 꼭 빠지지 않고 알레르기 표기 사항란에 표기를 하여야 하지만 간혹 하위 성분에서의 알레르기 파악 불가 또는 공간 부족 등으로 인해 표기 누락으로 인해 FDA 리콜 사유가 되는 경우도 있다.

미국 수출 전에 꼭 먼저 해야 하는 것이 제품에 들어간 성분들이 미국에서 허용되고 있는 성분들인지 먼저 체크를 하는 것이다. 그러나 하위 성분들이 추적이 어렵고 소량이라는 생각에 실수 또는 고의로 누락을 하더라도 FDA의 랜덤 샘플링에 의해 승인되지 않은 물질이 발견되면 리콜, 수입 거절 등의 불이익을 받게 된다.

표기누락 · 알레르기 미표시 … 통관 거절 등 다발
백인주류 시장 진출 땐 성분 · 첨가물줄이 기필수

특히, 미국 주류 백인들을 대상으로 한다면 클린라벨을 위해 성분을 간소화하고 식품 첨가물들을 줄이는 것이 중요하다. 애플 아이폰의 성공요소 중 하나가 Simple한 컨셉이라면 식품 또한 간단한 성분들과 자연 또는 유기농 제품들이 미국에선 대세이다.

한국의 제품들이 미국 시장 등 백인 타깃층을 목표로 하고 있다면 클린라벨 전략을 고려해야 한다. 음식은 문화이다. 우리의 음식 문화를 한류열풍으로 타 인종들이 알아서 와서 먹는 것도 좋지만, 우리도 그들의 식습관이나 트렌드를 연구하여 현지화하는 전략이 중요하다. 제품 개발 시 최대한 성분들을 간소화하고 인공첨가물들

제이 리(Jay Lee)의 미국 식품 트렌드

을 제한하여 프리미엄 제품들을 포지셔닝하는 것도 전략이다.

미국의 수출을 위한 제품뿐만 아니라, 이제 한국 내의 소비자들을 위해서도 클린라벨의 무첨가 제품들을 개발하여 여러 타깃층을 확보하는 것도 전략이다. 최소한의 성분과 최대한의 맛, 영양을 쫓을 수 있는 전략을 만들어야 한다. 뿐만 아니라 성분화, 간소화 등은 생산 공정의 간소화, 공급망·공급처 관리의 간소화로 식품 안전 또한 더 효과적으로 운영할 수 있을 것으로 기대된다.

이제 인공첨가물들을 대체하기 위한 자연대체 물질들의 개발과 클린라벨을 위한 제품들의 개발로 타사와의 경쟁 및 미국 주류 시장 진출의 두 마리 토끼를 잡을 수도 있고, 4차 산업혁명의 기회가 될 수도 있다고 생각한다.

발행일 2019.1.7.

4

---★★★---

몰랐어요, 배째라 … 한국식 적당주의
미국선 안 통해

경찰관 구타했다간 총 맞아 죽는 법치 사회
지자체 수출 사절단 둔감한 준법 의식에 아연

　미국에 있다 보니 지자체별로 식품 수출 사절단을 데리고 오는 것을 많이 보았다. 미국 교민 장터에 지자체 특산물을 판매함과 동시에 수출 판로를 위해 많은 중소 식품 업체가 지자체 공무원과 함께 오고 있다.

　최근 식품안전현대화법(FSMA) 발효로 외국 식품의 미국 진출이 까다로워졌음에도 불구하고 이에 대한 정보가 전혀 없고 되레 '이런 법이 언제 생겼냐', '전에는 문제없이 수출했다', '우리는 안 해도 된다.' 등의 다양한 반응을 보이고 있다. 여러 지자체의 수출 사절단 세미나에 필자가 강사로 초빙되어 미국 FDA법에 대한 설명을 할 때마다 반응이 시큰둥하다. '우리가 수출을 얼마나 한다고 그런 것들을 다 지키면서 하느냐'는 식이다.

미국 법률은 엄격하다. 한국에서 일어나는 성폭력 범죄, 경찰관 구타 등에 대한 솜방망이 처벌을 보면서 한국은 법 안 지켜도 괜찮은 나라라는 생각도 든다. 미국은 성폭력, 특히 아동 성범죄에는 몇백 년 형량을 부과할 정도로 매우 엄격하다.

경찰관 구타에는 처벌이 아니라 아예 경찰관의 총에 맞아 죽는 수가 허다하다. 미국에서 이민자로 살아온 나로서는 조그만 법규 하나 어길까봐 노심초사하는데 한국 중소기업의 법규에 대한 의식을 보면 놀라지 않을 수 없다.

수출 판로 개척 전에 먼저 미국의 법규에 대한 검토가 선행되어야 한다. 새로 생긴 FSVP(해외 공급자 검증 제도)만 보더라도 일정 수준 이상의 제품만 미국으로 들어올 수 있다. 이제는 '몰랐어요.' 또는 '괜찮아.' 등 막무가내식의 자세는 허용되지 않는다.

물론 미국법도 소규모 업체에 대한 면제나 완화 규정이 있지만 그렇다고 문제 발생에 대해 책임을 면제해 주는 것이 아니라 신의 성실의 의무(Due Diligence)를 다해야 한다. 최근 트럼프 대통령이 유례 없이 많은 거짓말을 해 신뢰와 정직을 바탕으로 한 미국의 가치가 손상되고 있지만 아직도 정직을 바탕으로 한 사회이다. 미국 공장에서는 문서 하나만 조작해도 바로 해고되는 경우가 많다.

판례 중심 자율 책임 … 문제 발생 땐 처벌 엄격
수출 전 법령 검토부터 … 모를 땐 전문가 활용

미국 법은 한국 법과 달리 세세한 시행규칙까지 마련하는 법률 구조가 아니라 사례 중심, 판례 중심이라 법의 의도에 따라 개인이나 회사가 책임 있게 행동해야 할 때가 많다. 또한 법규 준수에 대해 감시보다는 자율 책임의 성격이 강한 대신 문제가 생기면 처벌이 엄격하다. 한국은 세세한 규칙까지 만들어 그 법만 겨우 지킬 뿐 처벌은 미국보다 심하지 않은 것 같다.

법의 발효와 개정에 대한 최신 동향을 알고 적용하는 것은 업체의 책임이다. '몰랐어요.' 자세는 허용되지 않는다. 큰 업체는 사내에 관련 부서가 있어 전담하지만 작은 업체는 전문가나 정부 기관의 도움이 필요하다. 해외 수출이 많은 한국으로서는 외국의 법령에 대한 정보 제공 등이 우선적으로 홍보되어야 한다. 한국 전문가들이 해외의 규정을 모르면 교포든 외국인이든 해외의 전문가를 활용해야 한다.

눈 가리고 아웅 식의 시대는 지났다. 법규 준수는 물론이고 한 단계 높은 식품 안전을 기할 때이다. 정부가 업체들을 감독하느라 기관의 규모를 무한정 늘릴 수도 없는 노릇이다. 효율적인 유관 기관

의 감독과 업체의 자율적 책임 및 권한 강화, 처벌 수위 강화 등으로
한 단계 선진화된 식품 업계의 발전이 필요한 때이다.

발행일 2019.1.28.

미세먼지와 식품 안전

미세 먼지 영향에 대한 식품 환경 평가 필요

최근 나는 한국을 방문하고 미세 먼지를 제대로 체험하였다. 계절별로 자주 한국에 출장을 왔지만 이렇게 심한 적은 처음이다. 마침내 목감기가 걸리고 계속 콜록거리면서 출장 내내 기침을 했다. 미국 식품안전현대화법(FSMA)의 주요 개념은 리스크 베이스의 위해요소 관리이다. 외부 공기와의 식품 접촉은 장·단기적으로 인체에 영향을 미칠 수 있는 위해요소라는 생각이 들었다.

최근 경상대학교 농업생명과학대학 원예생산공학연구실에서는

'미세먼지가 식품 안전에 미치는 영향에 대한 인식 조사' 결과를 1월 14일 발표했다. 10명 중 9명이 미세먼지가 식품에 영향을 미칠 것이라는 우려를 나타냈다. 농식물의 생산과 유통뿐만 아니라 길거리 음식에도 영향을 미칠 것이라는 우려를 보이고 있다. 본인 또한 한국에서 길거리 음식을 오랜만에 먹으면서도 이 미세 먼지가 음식에 분명히 묻어 있거나 국물에 빠질 텐데 하면서 찜찜한 기분으로 먹기도 하였다.

하지만 미세 먼지가 식품에 미치는 영향에 대해 체계적인 연구나 논문은 많지 않은 것으로 안다. 내가 사는 캘리포니아에는 대기관리청(AQMD)이 있어서 대기만 관리하고 있다. 캘리포니아가 다른 주보다 환경 관리에 엄격해 제조업체들이 캘리포니아에서 사업하기가 쉽지 않다. 하지만 제조업체가 캘리포니아 주민의 건강을 지키면서 그 기준을 충족시키기 위해 기술을 발전시켜 환경법에 적응하고 있다.

예를 들어 캘리포니아에서는 다른 주보다 휘발유 가격이 비싸다. 이는 기름에 부과되는 유류세 이외에 캘리포니아의 환경 기준에 맞추기 위해 정제 비용이 더 들어 휘발유 가격이 높은 것이다. 당장은 그 비용이 소비자에게 전가되지만 장기적으로 주민의 안전을 생각하면 긍정적 효과가 많다. 미국에서는 버스나 트럭이 아니면 다 휘발유로 가동되나 한국에서는 일반 승용차도 경유를 사용하는 것을 보고 내심 '대기 환경에 괜찮을까?'라는 생각을 해보았다.

이제는 미세 먼지가 식품에 주는 영향에 대한 학문적, 실무적 연구가 필요하고 미세 먼지라는 위해요소가 인지되면 식품 안전 계획에 포함해야 할 것 같다. 미국 식품안전현대화법은 리스크에 근거한(Risk-based) 예방 관리여서 정부가 공표한 위해요소 외에도 업체 자체의 주의 의무로서 식품 제조 및 판매·유통 단계에서 일어날 수 있는 위해요소를 파악하고 예방하도록 규정하고 있다.

농수산물은 외부에서 자연광으로 말리는 게 많은 것으로 알고 있다. 이것이 농수산물엔 직격탄이다. 미세 먼지와 상관없이 외부 환경에 드러내 말리는 것 자체가 미국 식품 관리 기준에 맞지 않을 뿐더러 미세 먼지를 생각하면 더욱 주의를 요하는 원인이 될 수 있다. 또한 길거리 음식이 외부에 노출된 상태에서 조리되니 미세 먼지의 직접적인 영향을 받을 수 있어 무언가 대책이 필요하다.

소비자를 안심시켜 매출이 떨어지지 않도록 하려면 이에 대한 가시적인 대책을 세우고 시행하는 노력이 필요하다. 한국 유관 기관은 위해요소를 파악하고 필요 시에는 관련 법을 제정하는 것도 고려해야 한다. 미세 먼지의 위해요소는 HACCP의 생물학적, 화학적, 물리적 위해요소 중 화학적이나 물리적 위해요소의 범주에 들 수 있다. 최근 미세 플라스틱의 경우도 식음료에 혼입되어 나쁜 영향을 주고 있으나 관련 법규나 연구 결과가 많지 않은 것 같다. 앞으로 이 또한 위해요소 관리의 대상이 될 것으로 보인다.

미세 먼지가 장기적으로 인체의 장기에 손상을 줄 수 있다는 사실, 그리고 치매에도 영향을 준다는 기사들을 볼 때 걱정하지 않을 수 없다. 미세 먼지의 영향에 대한 한국산 식품의 환경 평가가 필요하다. 특히 외부에 노출된 농산물과 가공식품 공정에 대해 수입국인 미국, 캐나다 등이 한국을 미세먼지 위험 국가로 분류할 수도 있다.

일본의 방사능 사고로 FDA의 식품안전현대화법이 방사능을 화학적 위해요소로 간주해 분석하듯이 조만간 미세 먼지에 대한 위해요소 분석도 의무화될 날이 올 수도 있다. 이제는 미세 먼지를 마시는 것만 걱정하는 게 아니라 음식을 통해 입으로 들어갈 수 있다는 현실이 안타깝다.

발행일 2019.2.11.

6

★★★

미국 FSMA 인증 기관 심사에서 느낀 점

인간용 식품에 대한 통제를 HACCP과 동일시 … 결격

　나는 현재 미국 식품안전현대화법(FSMA)의 기술자문관(Technical Expert)으로서 미국의 모 인정 기관(인증 기관을 관할하는 Accreditation Body)에서도 활동하고 있다. 얼마 전에는 멕시코에 기반을 둔 인증 기관(Certifying Body)의 FSMA 인증 자격을 심사하러 갔었다. 전 세계에서 제일 큰 식품 회사의 FSMA 인증 증인 심사(Witness Audit)여서 업체를 심사하는 심사관과 인증 기관의 시스템을 심사하는 것이었다.

　아직 한국에는 FSMA 인증을 받은 기관이 없는 것으로 알고 있다.

최근의 심사를 통해 느낀 점을 몇 가지 적어 본다. 앞으로 한국 업체도 미국에 식품을 수출하기 위해 자발적으로 또는 FDA 명령으로 FSMA 준수 사항을 미리 인증 받을 수 있는 제도가 있으므로 미리 알아 두면 유용하리라 생각된다.

첫째는 FSMA의 PCHF(인간용 식품에 대한 예방 통제)의 기준이 HACCP과 동일하다는 오해이다. 미국에서 제일 큰 식품 회사의 멕시코 공장인데도 HACCP 시스템을 거의 그대로 옮겨다 PCHF라고 쓰고 있었다.

인간용 식품에 대한 예방 통제는 FDA 취지상 HACCP과는 다르게 알레르기 관리, 공급망 관리, 세척 관리를 추가 의무 사항으로 만들었다. 특히 미국의 8가지 알레르기를 꼭 식별하여 한국이나 지역 국가의 알레르기와는 별도로 구분해야 한다는 점이다.

그리고 위해요소가 있는 원재료를 사용하면 공급망 관리를 해야 하고 가공된 제품이 외부환경에 노출돼 환경성 박테리아에 오염될 염려가 있으면 세척 관리(Sanitation Control)를 해야 한다. 그러나 그 개념이 명확하게 잡히지 않으면 그냥 HACCP과 동일하다고 생각하고 그대로 카피하는 사례가 많다.

FDA의 공장 실사 때 이러한 사항들이 부적격 사유가 될 수 있다는 점이다. HACCP을 보여 주는 것만으로는 충분하지 않고 미국 FSMA 기준의 PCHF를 별도로 만들어서 구비해야 한다. 그리고 반드시 PCHF에 들어간 계획은 실제 서면으로 기록 및 관리를 해야 한다.

둘째는 외국의 인증 기관조차 FDA 관점에서 업체를 심사하지 못

한다는 점이다. 한국 인증 기관들도 언젠가 FSMA 인증 자격을 얻을 텐데 인증 기관이 업체 심사 시에 FDA의 관점을 충분히 반영하지 못할 수 있다는 점이다. FDA가 보는 것들을 한국의 인증 기관들이 같은 관점으로 심사할지 의문이다.

실제로 한국에서는 PCQI 교육을 누구에게서 받느냐에 따라서 PCHF 계획도 천차만별이다. 언젠가는 한국 기관이 인증한 식품 수출업체들이 나올 터인데 한국 인증 기관에 대한 FDA의 신뢰가 중요하다. PCHF는 기존의 여러 FDA법률(예를 들어 저산성 식품21 CFR113)과 얽혀 있어 그 법들을 이해하지 못하면 PCHF 심사를 제대로 하기가 어렵다.

셋째는 한국 인증 기관의 인증과 컨설팅 겸업을 어떻게 보느냐이다. 미국에서는 인증 기관이 컨설팅과 인증을 동시에 못하도록 되어 있다. 이해 관계의 충돌이라는 문제가 생기기 때문이다. 한국은 같은 인증 기관이 인증하는 심사관과 컨설팅하는 심사관이 다르면 하나의 인증 기관이 동시에 하는 것을 허용하는데 미국의 관점에서는 신뢰성 문제가 발생할 수 있다.

아직 미국의 식품안전현대화법이 초기 단계라 넘어야 할 산이 많다. 해외 공급자가 어떻게 미국 기준을 준수할 수 있도록 법을 시행할지는 두고 봐야 한다. 최근 한국의 대기업 및 중소기업이 포화 상태인 내수 시장을 넘어 해외 수출에 눈을 돌리고 있고 그중 큰 시장 하나가 미국이다. 한국 교민도 많고 최근 한류 열풍 덕분에 가능성이 많다고 생각되기 때문이다.

하지만 한국에는 새로 생긴 FSMA나 관련 법 전문가가 부족하다. 정부도 그 방대한 법의 갱신 정보를 정확히 이해하고 업체에게 홍보하기에는 역부족이다. 한국 중소 수출 기업의 지원 사업에 대해 국내 컨설팅 업체 위주로 지원 사업을 하는 것도 해외 전문가의 도움을 받는 데 장애물이 되고 있다. 더군다나 캐나다에도 새로운 식품법(SFCR)이 발효되어 캐나다에도 새로운 법 준수가 요구되고 있는 상황에서 해외 전문가와의 협업과 인증 기관의 해외 법규에 대한 전문성이 더욱 요구되고 있다.

발행일 2019.2.25.

7

★★★

식품업체의 미국 아마존 진출과
식품안전현대화법(FSMA)

'아마존' 중소 업체에 유용한 판매 플랫폼
식품안전현대화법 대비해야 효과 극대화

요즘 아마존의 행보를 보면 가히 놀라지 않을 수 없다. 매출액은
2017년 기준으로 190조 원을 넘고 시가 총액도 애플에 이어서 2위
에 해당한다. 사업 분야도 온라인 판매에서부터 웹 서비스, 보험, 제
약, 운송, 식품 유통 등 전 방위에 걸쳐 다양해 이제는 어떤 업종도
아마존을 견제하지 않을 수 없게 되었다.

또한 아마존을 이용한 비즈니스는 소규모 기업이나 창업자에게는 더할 나위 없는 판매 플랫폼이 되고 있다. 손쉽게 물건을 올릴 수 있고 전 세계 소비자를 대상으로 팔 수 있어서 거래 가능성도 다른 유통 채널보다 높다. 특히 식품의 경우 전 세계의 식품이 아마존에서 거래되므로 모든 가공식품을 맛볼 수 있다.

그러나, 미국이나 캐나다의 경우 새로운 식품법의 발효로 아마존을 통한 식품 판매가 쉽지 않다. 미국은 식품안전현대화법(FSMA)의 발효로 미국으로 수출하는 수출자(제조자)가 식품의 위해요소 분석과 적절한 통제를 해야 한다. 그리고 미국의 수입자가 수출자의 위해요소 관리를 검증하게 되어 있다(해외 공급자 검증 제도·FSVP). 그러나 아마존을 이용해서 미국에 식품을 수출하는 경우에는 통관 시에 DUNS#(수입 단계에서 수입자 고유 식별 번호)를 요구하고 미국에 FSVP를 시행할 에이전트를 지정해야 한다. 그러나 이러한 사항을 모르고 있는 사례가 많다.

또 하나의 문제는 아마존에 병행 수출을 하는 경우이다. 본인이 직접 제조한 물건이나 OEM 생산한 제품은 위해요소 관리 서류를 갖추면 되나 국내 대리점 유통용 물품을 미국에 수출하는 경우에는 수출용 물건이 아니므로 제조사에게 관련 서류를 요청하는 것이 거의 불가능하다.

아마존에 식품을 올려 미국에 수출해서 대박이 났다는 기사를 가끔 본다. 그러나 식품안전현대화법의 시행으로 관련 서류를 챙기는 것이 좋다. 가끔 미국 본사가 한국의 제조자나 수출자를 상담하면 정확하지 않는 정보를 습득하여 잘못된 방향으로 FSMA 준비를 하는 것을 본다. 한국의 컨설팅 업체들이 미국의 수출입 통관 경험이 없으므로 FDA의 요구 사항을 정확히 모르기 때문이다.

최근 미국에서는 수입식품에 대한 검열이 강화되고 있다. 실제로 FSVP를 통해서 수입자에게 관련 서류를 요구하고 있다. 특히 해산물의 경우에는 기존 FDA Seafood HACCP의 규정을 깐깐하게 적용해 미국 내 한인 수입업자들이 많은 어려움을 겪고 있다. 이는 그동안 규정에 대한 연구가 깊이 이루어지지 않아 한국의 정보 부족이 원인인 것 같다.

캐나다도 SFCR(Safe Food for Canadian Regulation)의 발효로 미국과 비슷하게 위해요소 관리를 요구한다. 비슷하지만 미국과 다른 점들이 있다. 이 또한 국내에는 아직 생소하다.

아마존과 같은 플랫폼은 분명히 중소 업체에 많은 기회를 주리라 생각된다. 그러나 해당 국가에 대한 규정을 이해하지 않고 판매에만 신경 쓰면 언젠가는 재앙이 될 수 있다. 특히 한국의 식품법과 업계의 현실을 보면 아직 개선해야 할 점이 많다. FSMA 같은 법은 국내 식품 업계의 수준을 높일 수 있는 좋은 벤치마킹 수단이다.

아마존 판매를 위해서는 미국에 FSVP 에이전트를 지정(그런 서비스를 제공하는 컨설팅 업체를 선정)하고 관련 서류를 준비해야 한다(식품예방 전문가 과정·PCQI). 그리고 FSMA에서 요구하는 식품 안전 계획을 수립하고 시행하면 된다. 그것이 아주 어려운 것도 아니다. 우리가 모르기 때문에 두려운 것이지 알면 그다지 어렵지 않다. 이러한 준비를 갖추면 자신감 있게 아마존에 진출해서 분명히 많은 기회를 포착할 것이다.

발행일 2019.3.11.

8

★★★

식유튜브 통한 한국 식품 홍보 파급력

중소 기업은 저비용으로 홍보 가능

미국에서 태어난 우리 아이는 한국의 KPOP과 음식 문화에 관심이 많다. 특히 한국의 매운 식품을 좋아한다. 그 매운 볶음면을 유튜브를 보면서 먹는다. 유튜브는 주로 미국 아이들이 스스로 찍은 먹방 같은 동영상이다. 아이들은 대리 만족 겸 아니면 같이 그 제품을 보면서 즐긴다는 생각으로 먹는다. 맛을 좋아하기도 하고 그런 자극적인 제품을 즐기는 미국 젊은이들의 취향이기도 하다.

큰 아이의 고등학교 친구들은 우리 애한테 한국 라면을 가져다

달라고 부탁하기도 한다. 미국 아이들도 주변의 한국 학생을 통해 한국 식품을 많이 접한다. 특히 인기 있는 유튜버의 동영상에 해당 식품이 올라가면 모방 심리로 먹으려는 미국인들이 기하급수적으로 늘어난다.

음식은 문화이고 유행이다. 한인이 많이 사는 곳의 코리안 BBQ 레스토랑은 어디를 가도 인기이다. 요즘은 '엘프'를 통해서 금방 입소문이 나서 미국 손님들이 붐빈다. 한국의 가공식품 또한 기회가 될 수 있다. 미국의 파워 유튜버나 한인 2세들이 가교 역할을 한다. 그들을 제품 개발 기회나 마케팅의 인플루언서로 사용한다면 미국 시장 진출이 한결 쉬울 수 있다.

파워 유튜버 활용하면 미국 시장 진출 쉬울 수도
영어 콘텐츠만 잘 만들어도 안방서 세계 시장 홍보

미국의 콘텍스트를 모르고 세계화(Globalization)와 현지화(Localization)가 적절하게 융합되지 않으면 교민 시장인 한인 마켓에만 머무르게 된다. 이를 극복하기 위해서는 미국의 젊고 영향력 있는 유튜버나 마케터와의 협업이 필요하다.

요즘은 SNS 및 여러 개인 방송 채널이 보편화되어 기존의 매스마케팅보다 게릴라식으로 마케팅을 할 기회가 많다. 대기업이야 많은 예산을 들어 TV 광고 등을 할 수 있지만 중소기업도 소셜 미디어나

개인 방송 등을 통해 물건을 홍보할 기회가 많아졌다. 해외 진출을 위한 방법으로 현지어 방송이나 유튜브 등으로 홍보할 수 있는 채널들이 생기고 있다. 이런 소셜 미디어나 개인 방송 등에 저예산으로 접근하다 보면 골수팬과 접촉할 수 있고 잘 활용하면 이들이 마케터가 되어 준다.

요즘 미국 아이들에게는 매운 스낵이 인기이다. 그리고 특히 히스패닉이 매운 음식을 좋아하므로 한국의 매운 라면이나 음식이 인기이다. 한국의 라면류가 인기를 끄는 이유도 매운 음식에 대한 골수팬과 한국 제품이 시의적절하게 잘 만났기 때문이다.

아무래도 다른 식문화에 대한 거부감이 덜한 젊은 층을 공략해야 한다. 그들이 만들어 내는 콘텐츠를 따라가다 보면 게릴라식 기회가 보일 수 있다. 미국에서 한인 마켓이 없는 지역은 아마존 같은 유통 채널도 유용한 수단이다.

한국에서는 초등학생 인기 직업 중의 하나가 유튜버라고 들었다. 현재 수많은 유튜브 크리에이터들이 한국에서 활동하는 것으로 알고 있다. 이제는 영어 실력을 겸비한 유튜버 또는 미국 내 한인 2세 유튜버를 활용할 수 있는 기회가 많을 것이다. 식품과 접목할 수 있는 기회가 생기기를 바란다.

나 또한 영어, 한국어 등으로 식품 관련 교육 자료를 유튜브에 올리고 있다. 홍보 수단이기도 하고 반복되는 간단한 강의는 올려놓으면 사람들이 편하게 찾아 들을 수 있는 장점이 있기 때문이다. 4

차 산업혁명 시대에는 바뀌는 트렌드를 따라잡아야 살 수 있다. 식품 또한 예외가 아닐 것이다. 이제는 한국 안방에서 영어로 콘텐츠만 잘 만들면 전 세계로 마케팅할 기회도 많아지리라고 본다. 결국 콘텐츠를 잘 만드는 것이 생명이고 4차 산업혁명의 핵심은 콘텐츠라고 생각된다.

발행일 2019.3.25.

제이 리(Jay Lee)의 미국 식품 트렌드

9

★★★

미국 대마초 성분 CBD 식품에 활용 움직임

마리화나 사촌격 … 미국 CVS, CBD 의약 대체품
8개주 800개 매장서 판매

최근 몇 년 동안 미국에서는 CBD(캐나비디올) 성분의 건강식품 및 의약용 대체제에 대한 관심과 수요가 높아지고 있다. 특히 지난 3월 미국 애너하임에서 열린 자연건강식품 박람회(Natural Food Show)의 화두를 뽑는다면 단연 CBD와 식물성 단백질 식품이 아닐까 한다.

마리화나의 사촌인 CBD가 이제는 식품 및 건강식품 등에도 응용되려는 움직임이 몇 년 전부터 활발하다. 얼마 전에는 미국의

CVS(미국에서 전국적 체인망을 둔 약국 체인점)에서는 CBD 의약 대체품을 8개 주 800개 매장에서 판매한다고 발표했다. 특히 미국에서 의료용 및 기호용 마리화나를 허용한 주에서는 경기를 끌어올리는 가장 핫한 산업이 되고 있다.

아직 국내에서는 CBD가 합법화되지 않은 것으로 안다. 미국에서는 마리화나를 의료용 마리화나 또는 기호용으로 합법화한 주들이 있다. 내가 사는 캘리포니아에서는 기호용으로 마리화나 판매가 합법이다. 마리화나가 합법화된 주에서는 이로 인해 요즘 경기가 활성화된 곳이 많다. 한국의 정서상 대마초에서 추출한 물질이라는 인식 때문에 CBD 성분에 대해 부정적인 시각이 많은 것 같다. CBD는 대마에서 추출해서 나오는 성분 중 하나이다. 보통 대마 추출 성분 중에는 THC와 CBD가 있는데 THC는 환각 증상을 일으키는 성분이지만 CBD는 환각 증상이 없고 진통 및 안정제 작용을 하는 물질로 알려져 있다.

그러나 아직 미국 FDA에서는 THC는 물론이고 CBD의 사용도 제한적으로만 인정하고 있다. FDA에서는 CBD를 음식이나 건강식품에 사용하는 것을 아직 허용하지 않고 있으며 화장품에서의 사용도 제한적이다. CVS에서 판매할 CBD 제품도 먹는 식품이나 건강식품이 아니라 주로 로션이나 스프레이, 바르는 연고이다. 그 또한 치료제의 역할을 한다고 광고를 하면 FDA법상 위법이 될 수 있다.

아직 미국 FDA에서 공식적으로 인정하는 CBD 치료제로는 에피디올렉스(Epidiolex) 제품 하나뿐이다. 미국 식품이나 건강식품 업계의 뜨거운 관심사이지만 아직 법적으로 정립된 근거는 없다. FDA 또한 이에 대해 뚜렷한 지침을 내놓지 못하고 있다. 다만 헴프 씨앗 오일, 헴프 씨앗 단백질, 껍질 벗긴 헴프 씨앗(hulled hemp seed)만 GRAS(일반적으로 안전하다고 인정된 식품)으로 인정하고 있다.

미국의 건강식품은 사전 승인을 받지 않으므로 시중에 유통되는 CBD 제품 판매가 합법이라는 것을 보장하지 않는다. 실제 FDA 웹사이트에 보면 CBD 건강식품 제조업체에 보낸 경고장이 수도 없이 많이 발표되고 있다.

또한 과학적 연구 논문도 활발히 발표되고 있지만 확실한 과학적 효능에 대한 근거가 부족하다. 어떤 사람에게 효과가 없거나 부작용이 생기는 경우도 있다. 모든 약이나 의료적 도움을 다 받아도 치료가 안되는 환자들에게 희망이 될 수 있지만 만병통치약은 아니다. 이 부분도 좀 더 검증되어야 할 부분이다.

CBD라 하더라도 추출 정제 중에 THC가 미량 함유될 수 있고 THC의 기준량 또한 정립되어 있지 않다. 최근 한국에 유통되는 변종 마약류를 생각하면 THC를 소량 함유한 CBD제품은 언제든지 마약 중독자들에게 변종 마약류로 유통될 가능성도 있다. 이젠 한국도 마약류가 국민들에게 점점 확산되는 분위기여서 조심하지 않을 수 없다.

아직 한국에서는 CBD 제품이 많이 알려지지 않았고 법적 근거도 없는 것으로 안다. 최근 뇌전증 치료제로 식약처에서 CBD에 대한 허용을 한다는 뉴스를 본 적이 있다. CBD의 관심과 판매·유통에 대비해 학계의 연구와 관련 정부 기관의 연구 및 정책 수립을 위한 준비가 필요하다. 마약 성분이 없고 환각을 일으키지 않는 CBD를 잘 사용하면 좋은 치료제나 식품 원료가 될 수도 있고 또 하나의 시장을 만들 수 있을 것이다. 또한 미국에 불고 있는 열풍을 기회로 생각하고 관련 제품의 수출도 생각할 수 있을 것이다. 다만 너무 거품처럼 부풀려진 CBD에 대한 부작용 검증 등도 해야 할 것이다.

발행일 2019.4.8.

10

★★★

미국 GMO 라벨 표기 의무화에 대한 대비

NBFDS법에 의거 '생명공학적 제조 식품'으로 표시

미국에서는 2020년 1월부터 GMO 성분을 포함한 식품에 대해서 GMO 성분표기를 하도록 하고 있다. 정확히 말하면 'Bioengineered Food(BE/생명공학적 제조식품)'라고 표기한다. 관련부서는 USDA에서 관할하며, '국가 생명공학적 제조식품의 공개기준(The National Bioengineered Food Disclosure Standard, 일명 NBFDS)'이라는 법에 의거한다.

일단은 규모가 큰 기업들을 대상(연매출액 천만 불 이하 기준)으로 2020년 1월부터 시작하고, 다음 해에는 나머지 중소업체가 2021년

1월부터 시행을 하도록 하고 있다. US FDA의 새로운 라벨링 포맷 시행일과 맞물려서 하려는 의도로 잡은 시행일이나, 기존의 라벨을 만들어 놓은 제조업체를 감안하여 의무시행일은 2022년 1월부터 하기로 하였다. 하지만 먼 얘기가 아니라 미국에 수출하는 식품에 대한 준비를 하여야 하고, 또한 국내의 GMO 현황도 살펴볼 때이다.

최근 뉴스에 한국에서도 청와대 국민 청원에 의해 GMO 표시제를 도입하자는 국민 여론이 있었던 것으로 안다. 'GMO 표시제도 개선 사회적 협의체'가 구성되어 관련 제도의 준비와 여론을 수렴하는 역할을 한다고 들었다. 미국에서도 최근 GMO 표기사항과 관련되어 많은 논의를 거쳤다. 특히, 미국에서 시작된 GMO가 인더스트리의 반대에도 불구하고 시행이 되는 것을 보면, 이것이 전 세계적인 트렌드가 될수 있고, 무역 진입장벽 요소가 될 수 있다는 점이다.

전 세계에서 GMO 식품을 소비하고 있는 현실이지만, GMO의 안전성은 많은 논란을 가져오고 있다. 학계에서는 의견이 나뉘고 있는 상황이다. 미국이나 선진국에서는 기존에 개별적, 자발적으로 Non-GMO 라벨을 붙이는 인증을 시행하고 있다. 소비자의 알권리를 중요시 하기 때문에 과학적으로 안전하든 안하든 소비자는 알기를 원한다.

GMO의 경우, 주로 옥수수, 대두, 카놀라, 사탕무, 인공연어가 GMO로 변형될 수 있는 대표적인 농수산물이며, 직접 그대로 요리하여 섭취하거나, 가공식품의 성분으로 쓰이기도 한다. 일부 학계에서는 탄수화물이나 지방은 유전자 변형과는 상관이 없으므로 단백질이 없는 가공된 원재료의 경우에는 라벨에 표시를 할 실익이 없다는 주장도 있다. 그러나 이 또한 소비자는 알기를 원한다.

대기업 2020년 1월, 중소업체 2021년 1월부터 시행
옥수수·대두 등 대표적 농산물 … 수출업체준비요망

유기농 식품을 제조하는 업체들은 반사이익을 누릴 수 있다. 미국 같은 경우에는 유기농 제품만을 판매하는 식품마켓이나 제조업체들의 시장이 활성화되어 있다. 한국의 경우에도 시장은 미국보다 작겠지만 유기농이나 안전한 식재료를 위한 제품들이나 생협 같은 대안적 유통채널도 많이 이용하는 것으로 안다. 이것은 위기이자 또 하나의 기회가 될 수 있는 것이고, 해외 수출시장에 진출하려는 기업들에게는 하나의 준비단계가 될 수도 있다.

이제는 GMO의 표기가 미국에서 의무적으로 시작된 만큼 인더스트리에서도 준비를 해야 할 때이고, 한국의 정부 기관들도 해외의 GMO 규정들을 살펴보아야 한다. 인더스트리에서는 식품가격이 상승될 수 있다고 항변하고 있다. GMO 표시 자체야 가격 상승 요인이 아니지만 소비자의 불안을 감안하며 자꾸 GMO 대체 원료의 사용이 선호될 수 있기 때문이다.

특별히 아이들을 키우는 30, 40대의 주부들이 가장 큰 GMO 표시제에 찬성하는 그룹으로 알려져 있다. 아이들의 경우에 어릴 적부터 장기적인 섭취로 인해 어떠한 영향을 미칠지 불안하기 때문이다. 정부 기관은 이들의 욕구를 무시할 수도 없고, 그렇다고 식품업계의 비용 상승을 모른 척 할 수도 없는 노릇이다.

그러나 이제는 전 세계적으로 GMO에 대한 표시제가 트렌드화되고 있는 이상 이에 대한 여론을 듣고 업계도 준비해야 할 때인 것 같다. 요즘 전 세계 식품 관리 규정 등이 점점 강화되고 미국의 FSMA, 캐나다의 SFCR 등의 도입과 맞물려 한국의 전반적인 식품관리체계의 선진화가 필요한 때인 것 같다.

발행일 2019.4.22.

제이 리(Jay Lee)의 파구멘신

11

★★★

식품 안전문화의 도입
(Food Safety Culture)

BRC 등 다수 인증 '식품 안전문화' 심사

최근 BRC 식품인증기준 Version 8에는 '식품 안전문화(Food Safety Culture)'도 심사의 대상이 되었다. BRC 외에 여러 인증기준들도 경영진의 식품 안전문화에 대한 헌신(Commitment)를 중요시하고 심사대상으로 하고 있다. 예전에는 HACCP이나 식품위생관리를 실무담당자에게 맡겨두는 경우가 많은데 효과적이고 실질적인 관리를 위해서는 대표이사로부터 경영진의 지원과 관심이 필요하고 또한 그위에 식품 안전을 중요시 하는 문화가 중요하기 때문이다.

문화는 우리가 생각하는 방식이나 태도를 말한다. 문화는 꼭 금붕어가 어항에 있을 때 어항에 들어있는 물과 같아서 우리와 밀접한 관계가 있지만 눈에는 보이지 않는다. 그래서 식품 안전문화는 측정하기도 어렵고 구체적인 수치화된 목표를 잡기 어려운 점이 있다. 보통 목표라 함은 구체적이고 측정 가능해야 달성 가능성이 있고, 수치화된 목표는 수시로 성취도를 쉽게 측정할 수 있기 때문이다. 그러나 어떻게 측정할지, 어떻게 목표를 잡을지는 쉬운 문제가 아니다.

한국에서는 HACCP이나 식품 안전시스템을 시설투자적이고 하드웨어적으로 접근하는 경우가 많아서 돈이 들어가는 일회성 이벤트로 생각하는 경향이 깊다. 그러나 미국의 경우에는 하드웨어적인 투자보다는 소프트웨어적인 접근이다. 식품 안전문화의 도입은 이러한 미국 등의 선진국들이 외형적 껍데기보다는 실질적으로 식품을 다루는 철학이나 가치관에 가까운 것으로 본다. 식품공장에서 생산성이냐 안전성이냐 두 가지의 토끼를 잡는다면 안전성이 먼저라는 것을 가치관과 공장의 시스템에 정착시켜서 경영진부터 구성원에 이르기까지 '습관화' 시키는 것을 말한다.

식품 안전 뿐만 아니라 기타 새로운 경영시스템을 도입하여 회사에 정착시키기 위해서는 시간과 에너지가 소모된다. 기존에 습관에다가 새로운 습관을 입히기 위해서는 부단한 노력이 필요하다. 특히 구성원이 새로운 식품 안전문화를 정착시키기 위한 핵심 요소이다. 그러나 새로운 식품 안전에 대한 요구사항들을 시행할 때 저항에 부딪히기 마련이다. 그럴 땐 항상 경영진과 구성원 간의 소통이 중요하다. 왜 새로운 식품 안전 관리 시스템을 하여야 하고 이것이 회사에 어떤 영향을 주고 구성원 개개인에 어떻게 영향을 줄지 같은 목적와 방향을 공유해야 한다.

그리고 구성원 식품 안전 문화를 개선할 수 있도록 동참하도록 권유하여 경영진의 일방적인 목표라기보다는 모두의 목표임을 인지하도록 해야 한다. 구성원의 참여, 식품 안전 및 품질 개선문화에 대한 아이디어 공유와 보상, 식품 안전 우려에 대한 비밀 보고 시스템 및 Whistle Blower(내부고발자) 역할 등의 아이디어들을 실천해 볼 수 있다. 특히, 미국에서는 Whistle Blower라는 시스템을 도입하여 내부자 고발 시스템을 적극 권장하고 이에 대해서 회사가 보복하지 못하도록 법적으로 구성원을 보호하고 있다.

식품 안전 시스템에 이어 회사의 경영문화와 연결되다 보니 사람에 대한 이해 필요하고 사회과학 및 경영학의 접목이 필요하다. 어떻게 조직 문화를 바꾸고 조직원들의 행동을 바꿀지 과학적인 접근도 필요하다. 식품과 사람을 움직이는 경영·사회과학·인문학의 융합적인 사고도 필요하다. 필자의 경우에는 미국 식품 공장에서 공장장, 부사장 등의 경험과 미국서 경영학을 공부한 사람으로서 식품 안전지식과 사람을 움직이기 위한 경영학적 접근도 필요함을 뼈저리게 많이 느꼈었다.

한국 시스템도 이제는 외국의 선진법규를 벤치마킹하여 많이 업그레이드 된 것 같다. 그러나 아직은 우리의 몸에 맞게 뼛속까지

DNA로 식품 안전문화가 정착하기엔 시간이 걸릴 듯하다. 한국에서는 식품법이 굉장히 구체적인 지침을 주기 때문에 업체들이 수동적으로 최소한의 법규 준수만을 목표로 하는 인상을 많이 받는다. 미국식품법의 경우에는 업체에 맡기는 자율적인 제도가 많으므로 업체가 식품 안전에 대한 적극성이 높은 것도 큰 환경적 차이인 것 같다.

요즘 한국 공장에서 외국인 노동자들까지 함께 일하고 있는 것을 보면 내가 미국 공장에서 여러 인종들이 섞여서 일했던 기억들이 난다. 언어소통의 어려움까지 더하면 식품 안전문화와 시스템 정착이 쉽지는 않을 것이다. 그러나 회사가 진정성으로 소비자 안전을 위한다고 느끼게 하고 경영진부터 솔선수범하는 모습을 보인다면 시간이 걸리더라도 언젠가는 식품 안전문화가 정착될 날이 오리라 생각된다.

발행일 2019.5.7.

12

★★★

4차 산업혁명 시대 식품도 창의적 혁신 필수

식품, 한국의 발전된 IT와 접목하면
무궁무진한 시장을 만들 수 있어

요즘은 식품 업계에도 4차 산업혁명의 키워드가 화두이다. '4차 산업'이라는 용어를 많이 쓰는데 한국에서는 유행어가 된 듯 산업 전반에 걸쳐 난리인 것 같다. 최근엔 미국의 월마트도 식품 안전관리 시스템을 업그레이드하기 위해서 블록체인을 도입한다는 얘기가 나온 바 있다. 이제는 식품 안전관리, 추적성 및 유통이력 정보 등을 블록체인을 이용해 방대한 양의 데이터를 보관하려 한다.

4차 산업을 대표하는 키워드는 모든 사물을 연결하는 사물 인터넷으로 초연결성, 다른 영역 간의 융합, 공유경제, 빅데이터 및 인공지능, 무인자동차, 3D프린팅 등의 기술을 활용해 모든 인간의 삶과 산업의 혁명을 말한다. 4차 산업혁명 시대에 생존하려면 새로운 것을 만들어 내는 창의성이 생명이다.

그러면 창의성은 어디서 나올까? 한때 한국은 창조경제니, 창조경영이니 창의성을 화두 삼아 정부가 주도하는 사업처럼 보이기도 했다. 창의성은 억지로 짠다고 나오는 것이 아니다. 미국의 실리콘밸리가 IT 혁신을 주도하는 이유를 알아야 한다. 창의성은 회사에 각종 편의시설을 만들고 직원의 복지 혜택을 늘리는 것만으로는 되지 않는다. 창의성은 놀이와 자율성, 안식, 행복에서 나오는 것이다.

최근 저자는 '게으름의 경영학'이란 책을 출간한 바 있다. 내 사업을 하면서 어떻게 창의성을 늘려갔는지가 포함되어 있다. 창의성은 상상력이어서 틀에 짜인 프레임에 살면 생기지 않고 'Out-of-box'의 특이한 아이디어가 나오지 않는다. 충분한 휴식, 묵상, 독서, 여행, 가족과의 시간, 취미, 봉사 활동 등 여러 영역의 영감들이 어우러져 나오는 경우가 많다. 책상에 앉아 창의성을 만들어 낸다는 것은 한계가 있다.

한국은 권위 문화, 유교 정신이 근본적으로 조직 문화의 바탕이 되어 있기 때문에 틀을 벗어나서 자기의 생각과 아이디어를 쉽게 내놓지 못하는 경우가 많다. 이런 아이디어를 내면 상사가 어떤 반응을 보일까 등 남을 의식하는 눈치 문화 또한 발목을 잡는다.

교육 또한 주입식으로 지식을 외우는 방식으로 가는 한 4차 산업 혁명에 대비하기 어렵다. 이제는 우리가 지식을 머릿속에 많이 넣어서 암기하는 것은 인공지능이 하는 것보다 비효율적이다. 우리는 인공지능이 할 수 없는 것을 해야 한다. 창의, 지혜, 영성, 공감 능력은 인간의 영역이다. 그러려면 많이 놀아야 하고 어릴 때부터 봉사하고 물질주의에 빠진 시대를 분별하여 더 높은 가치를 추구하는 영성과 지혜가 필요하다.

미국의 유대인들이 정치, 경제, 문화, 과학을 주름잡고 있는데 그들에게 창의성은 원동력이다. 그들의 교육 방식은 묻고 대답하는 것이 일상화되어 있다. 질문하고 답하는 것이 그들에게 깊이 사고하는 능력을 가져다준다.

한국인에게도 무한한 잠재력이 있다. 요즘 나오는 제품이나 서비스를 보면 미국에 없는 신기한 것들이 많다. BTS가 미국에서 대규모 관중을 동원해 콘서트를 하고 있으니 이제는 한국도 문화 콘텐츠 수출국이다.

식품 또한 한국의 발전된 정보기술(IT)과 접목하면 무궁무진한 시장을 만들 수 있는 능력이 있다. 이제는 아마존처럼 블루오션을 직접 만들어 갈 때이다. 한국이 빠른 추격자(Fast Follower)의 전략으로 선진국 대열에 들어섰다면 이제는 선도자(First Mover)가 될 때이다. 한국에 가보면 4차 산업과 관련된 교육이 즐비하고 새로운 비즈니스 모델로 창업하는 사람들을 보면 고무적이다.

구글, 아마존, 페이스북, 애플 등 미국의 신생 대기업을 보면서 한국도 이제는 하드웨어를 잘 만드는 기술뿐만 아니라 소프트웨어를 이용한 창의적인 비즈니스 모델로 도약할 때라는 생각이 든다. 한국의 식품 시장이 포화 상태라 수출도 많이 하는 추세이지만 언젠가 수출의 성장동력도 다할 때가 올 것이다.

　그 다음엔 4차 산업혁명과 접목된 식품 산업의 이노베이션이 필수라는 생각이 든다. 최근 미국에선 대체육 비욘드미트가 IPO 상장으로 대박이 났다. 한국에도 이런 기업들이 많이 나왔으면 하는 바람이다.

발행일 2019.5.20.

제이 리(Jay Lee)의 미국 식품 트렌드

13

★★★

빨리빨리 문화와
슬로우 앤 스테디 문화

미국 식품 수출 단기간 큰 성과 어려워
슬로 앤 스테디 문화 ⋯ 참고 기다려야 결실

한국인들은 성격이 다른 민족에 비해 급한 편이다. 나도 성격이 급한 사람 중에 한 사람이다. 처음에 미국 이민가서 느낀 것은 모든 게 느리다는 점이다. 관공서는 물론이고 기업들 서비스, 모든 일의 진행이 더디게 진행된다. 심지어 내가 처음에 이민 온 2005년에 하던 한 고속도로 확장은 아직도 진행 중이다. 한국이면 1년이면 할 것을 10년 이상 시간을 들여서 한다. 이런 점이 힘들어서 미국에 적응 못하는 한국인들도 많다.

그러나 해외진출하려면 시간개념에 대한 다른 국가와 민족들의 이해가 필요하다. 빨리빨리 문화와 슬로우 앤 스테디 문화의 장단점이 분명히 있다고 본다. 빨리빨리 문화의 장점은 일을 단시간에 많이 성취한다는 점이다. 남을 쫓아서 벤치마킹 할 때는 순발력이 필요하다. 그러나 빨리 번 아웃 될 수 있고 기초가 약할 경우가 많다. 빨리 따라는 하지만 외형적인 요소 말고 내형적인 정신은 몸에 배지 않은 경우가 많다. 경제는 잘 살지만 시민의식이 선진국처럼 못 쫓아갈 수도 있다.

빨리빨리는 외국인들이 한국에서나 외국의 한국인들에게 가장 많이 듣고 배우는 말이다. 미국의 한국 가게에서 일하는 히스패닉 직원들도 '빨리빨리'라는 단어는 알아듣는다. 히스패닉 직원들이 힘들어 하는 것이 한국인들은 성격이 급하다는 것이다. 특히, 미국에 상당수의 인종을 차지하는 중남미 이민자들의 '마냐나 라 마냐나(내일 일은 내일로)' 정신을 한국인들은 이해를 하지 못한다.

요즘 한국에 있는 기업들을 컨설팅하는 나로서는 한국의 빨리빨리 문화가 적응이 안될 때가 있다. FDA관련 등록이든, 청원서든, 미국 기업들과의 업무진행이든 빨리빨리 진행이 안 되어서 불만을 토로하는 경우가 있다. 그러나 어쩌랴 해당 국가의 문화도 이해해야 한다. 미국이나 외국의 경우엔 한국처럼 일이 빨리 진행되는 게 없다. 미국에 식품을 수출해서 대박이 났다는 장밋빛 아메리칸 드림은 이런 문화차이를 극복하지 못하면 이룰 수 없다. 투자한 시간과 노력에 인내심이 바닥나 지치고 당장 결과가 안 나오니 얼마 있지 않아 철수하는 경우를 많이 본다.

미국에선 법제정과 시행에 한참이 걸린다. FSMA라는 미국 식품 안전화법도 그렇다. 그러나 새로 제정된 법에는 업계의 세심한 소리도 반영되며, 한 번 시행되면 엄격하게 시행하고 형식적인 시행보다는 월마트나 코스트코 등의 인더스트리 리더들이 먼저 적극적으로 법 시행에 대한 엄격한 준수를 위해 하청업체들에게 FSMA법을 요구하는 등 법 준수의 '내재화(imbedded)'를 하려고 한다. 한국의 식품위생법이나 HACCP 등은 해외 여러 기관들의 좋은 점들은 빨리, 그리고 잘 벤치마킹하는 것 같다. 하지만 우리의 몸속까지 퍼져서 '내재화'되어 있는 거 같지는 않다. 겉 흉내는 내지만 실제 민간업계의 자발적 자기통제 기능은 아직 더 개선되지 않아야 할까 생각된다.

한국은 6.25 전쟁 이후 빨리빨리 정신으로 선진국 대열에 들게 되었다. 전 세계에 유례없을 정도로 성실한 민족이다. 그러나 이젠 좀 여유를 가지고 생각하고 쉬면서 창의적인 사고가 필요하다. 우리는 남의 것은 빨리 잘 베끼지만 First Mover의 창의성은 부족하다. 요즘의 경영학 화두 중에 'Agility'이라는 단어가 유행이다. 번역하면 '민첩성' 또는 '순발력' 정도로 볼 수 있겠다. 순발력도 필요하지만 기다릴 줄 아는 인내와 여유가 필요하다. 한국엔 정치적 이슈가 연예계 가십뉴스가 생기면 거품처럼 확 일다가 또 금방 사라지고 잊혀진다. 그러나 미국의 뉴스를 보면 한국의 경우처럼 한 가지 이슈로

온 국민이 거품처럼 확 일어났다가 사라지는 일이 거의 없다.

기회가 왔을 때 포착하고 실행하는 순발력(Agility)과 여유를 가지고 기다리는 인내와 여유로움은 양쪽의 수레바퀴인 것 같다. 필자가 최근에 식품대전에서 '미주시장진출과 대응전략'에 대해 주제발표를 하면서 많은 수출관심 업체들이 왔는데, 너무 당장 미국서 물건이 대박 나고 성공 사례만 보다보면 실제 진출 시에 현실은 다를 수도 있다는 경각심을 주고 싶다는 생각이 들었다. 기회는 빨리 포착해서 실행하되 낚시하는 강태공의 인내도 필요하다.

발행일 2019.6.3.

식품방어, 의도적 오염,
식품사기의 개념 바로알기

IA 규정, 의도적 오염 또는 식품방어계획
내달 26일 시행 … 수출 기업 준비 서둘러야

지난달 한국 방문 중에 국내 모기업을 대상으로 '식품방어'에 중점을 두어 강의했다. 미국의 FSMA(식품안전현대화법) 중에 IA(Intentional Adulteration) 규정은 식품방어라는 이름으로도 쓰고 있다. 올해 7월 26일부터 시행되는 법이라 시간이 많이 남지 않아 미국에 식품을 수출하는 대기업은 서둘러 준비해야 한다. 하지만 아직 한국에서 용어의 개념이 정확히 전달된 것 같지 않다.

IA규정은 '의도적 오염' 또는 '식품방어계획'이라고 한다. 한국에서는 TACCP(Threat Assessment and Critical Control Points)으로 알려져 많은 대기업이 이미 TACCP를 준수하고 있고 GFSI(국제 식품 안전기준 중 하나) 수준에서도 Food Defense로 다루고 있다. 그러나 기존에 알려진 TACCP 식품방어계획과 미국에서 요구하는 의도적 오염은 개념상 차이가 있고 또한 FSMA 중의 하나인 인간용 식품에 대한 규정(PCHF: Preventive Control for Human Food)에서 요구하는 식품사기(Food Fraud) 또는 경제적 목적을 위한 이득(Economical Motivated Adulteration)과도 다른 개념이다.

먼저 TACCP라고 알려진 식품방어계획은 주로 물리적이고 장소적인 보안 사항에 대한 대응을 중점적으로 다루었다. 외부에서 오는 침입자를 어떻게 통제할 것인지가 주요 사항이고 의도적으로 식품 오염을 일으킬 수 있는 공정상의 위험도 부분적으로 포함하지만 물리적, 장소적 방어 계획이 주요 내용이다. TACCP는 외부인의 침입에 대한 통제에 초점이 맞춰져 있다.

미국의 FDA에서 요구하는 의도적 오염(IA)의 식품방어계획은 장소적 개념보다는 공정 단계별 취약성 분석(Vulnerability Assessment)을 하여 취약한 부분을 방어하기 위한 완화 전략(Mitigation Strategies)이 골자이다. 또한 공격의 주체로 외부 침입자(테러리스트 포함)뿐만 아니라 내부 관계자도 포함한다.

식품사기(Food Fraud) 또는 경제적 목적을 위한 오염(EMA: Economically Motivated Adulteration)은 동기가 '경제적 이득'을 위해 제품에 혼

입이나 변성을 통해 제품의 동질성을 속이는 것인데 의도적 오염은 공중의 안전을 해칠 의도가 있지만 식품사기는 경제적 목적을 위한 오염(EMA)으로 공중의 안전을 해치는 게 목적이 아니다.

식품사기나 EMA는 미국 식품법 21CFR117에서 규정하는 대로 식품 안전 계획(Preventive Control for Human Food)의 위해요소 분석 부분에 포함하면 된다. GFSI(국제 식품 안전 기준)에서도 식품사기에 대해 요구하고 있다.

장소적 개념보다 공정별 취약성 보완 ⋯ 내외부 관계자 포함
식품사기 · EMA는 공중의 안전 아닌 경제적 이득이 목적

식품방어와 관련된 기준들은 미국의 9·11 테러 이후에 강화된 규정이다. 실제로 미국에서는 굵직한 식품 테러 사건이 있었고 한국 또한 과거에 그러한 사례가 있었다. 특히 1985년에 모기업의 독극물 계란 과자 사건으로 전 국민이 공포로 떨었던 일이 있다. 그 무렵 모방 범죄는 각종 제과 업체들을 긴장시켰다.

식품 안전을 위한 식품방어계획은 장소적인 방어뿐만 아니라 공정상의 취약성에 대한 완화 전략을 병행해야 완벽해진다. 식품사기 또한 소비자를 기만하고 제품의 품질을 속여 이득을 취하는 것이므로 제조자가 주의 깊게 위험성을 파악하고 통제해야 한다.

식품 제조자의 할 일이 점점 많아지고 있다. 한국 법은 모르는 경우에 식품 안전사고가 발생하면 법의 집행이 관대한 것으로 안다. 그러나 미국 법은 무지, 과실에 대해서도 적용이 엄격하다. 식품 업체를 운영한다면 관련된 법률을 이해하고 그에 상응한 준수를 하여야 하고 개정된 법률의 내용을 수시로 알아야 한다.

한국 뉴스를 보면 사회에 불만을 가진 사람들이 선량한 시민을 대상으로 무차별 테러를 가하는 것을 심심치 않게 접한다. 식품 테러 또한 방심할 수 없으므로 이에 대한 체계적인 대응이 요구되고 전 세계의 추세이므로 간과해서는 안 된다.

발행일 2019.6.17.

15

★★★

"넷플릭스야 고마워"
한국 식문화 자발적 소개

주류 시장 진출하려는 한국 식품에 판 깔아줘
CJ식품+엔터테인먼트 사업 병행은 '좋은 조합'

최근 미국 Netflix에서는 'Always Be My Maybe'라는 드라마가 성황리에 상영 중이다. 배경은 샌프란시스코 베이지역에 사는 한인 2세의 성장과 연애, 일의 스토리이다. 그 드라마를 통해서 김치찌개와 같은 한국음식과 아시아 음식들이 등장한다. 미국 CNBC뉴스에서는 Netflix의 'Always Be My Maybe' 드라마를 소개하면서 최근 한국 음식 및 아시안 음식에 대한 미국인들이 관심을 소개하였다.

한 통계를 보면 미국에 아시아-태평양계 레스토랑의 2014-2018의 매출 성장세가 114%에 이른다고 한다. 미국서 미국인들이 한국인을 만나면 K-POP, Korean BBQ 등으로 화두를 꺼내기 일쑤이다.

더구나 요즘의 유튜브 채널이나 각종 Netflix, Hulu, Amazon Prime TV 등의 On-demand 채널을 통해서 한국의 영화, 드라마가 더욱더 급속도로 전파되고 있다. 몇 년 전에만 해도 Netflix International section에 한국 드라마, 영화가 드문드문 보이다가 최근에는 Netflix에 주요 섹션으로 한국 드라마와 영화가 도배를 하고 있고 인기를 누리고 있다. 미국 내 시골을 여행해도 Netflix에서 한국 드라마를 본 미국인들이 한국인이냐고 먼저 물어보고 한국 드라마나 K-POP 얘기를 하려고 말을 건다. 이를 통해 문화의 힘을 느낀다. Netflix에서는 이제 아예 자체적으로 한국드라마를 제작하고 있다. 인기리에 상영되는 'Kingdom' 외에도 Netflix에서 자체 제작한 여러 작품이 올여름에 방영될 전망이다. 미국 내에서 한국이라는 존재가 그냥 Minority로 살아왔던 이민자들에겐 자랑스러운 일이 아닐 수 없다.

미국 내에 출장을 가면 각 도시마다 적어도 한 개 이상의 Korean BBQ 레스토랑은 찾을 수 있다. Korean BBQ 레스토랑은 한국문화, K-Pop을 접할 수 있는 물리적 공간의 역할을 한다. 일본의 스시문화가 아이콘으로 정착했듯이 이젠 Korean BBQ가 한국인들을 대표하는 먹거리 아이콘이 되었다. 순두부 또한 인기 있는 식당메뉴이다.

해외로 진출하려는 한국 식품기업들에겐 어떻게 마케팅 할 것인가가 큰 관건이다. 동남아, 중동에서는 좀 비슷한 문화권내에 있어서 쉽지만, 유럽이나 북미 쪽의 진출은 쉽지 않았다. 그러나 한류열풍을 타고 한국 문화와 음식이 소개되면 자연스레 관심이 커지고 있다.

한국 식품 기업인 CJ의 경우에 식품 사업과 엔터테인먼트 사업을 병행하는 것은 전략적으로 좋은 궁합이라고 생각한다. 내가 사는 캘리포니아 LA지역(엄밀히 말해 오렌지 카운티)에는 CGV 극장이 두 군데나 있다. 특히 CGV 극장몰에는 여러 인종들이 방문하여 한국영화, 음식 등을 체험한다. 타 인종에게 식품을 마케팅 하려면 먼저 이해를 시켜야 하는데 문화적 접근을 병행해야 효과적으로 음식에 대한 홍보도 된다고 믿는다.

요즘 한국에는 미국 등의 해외시장을 수출하려는 대기업, 중소기업들이 많은 것으로 안다. 기존에 미국에 사는 한인들 대상으로 수출을 했지만 이제는 주류시장으로 나가려고 한다. 대기업들은 상당한 마케팅 비용을 들여서 마케팅전략을 세우고 있다. 중소기업은 자체 역량이 안 되므로 온라인 진출 등의 게릴라식 전략이 좋다. 그러나 반드시 타문화에 대한 이해가 필요하다. 현지화전략(Localization)과 한국음식의 정체성을 잘 섞어야 한다. 반도체나 스마트폰은 기능과 기술을 파는 것이므로 되레 쉽다. 식품은 문화를 파는 것이므로 훨씬 힘들 수가 있다.

그러므로 미국서 일고 있는 한류열풍이라는 파도를 이용하면 좋을 것 같다. 그러려면 현지전문가들과의 연계, 창의적 마케팅 접근 등의 부단한 고민이 필요하다. 역사적으로 보면 국가의 흥망성쇠에는 사이클이 있다. 적어도 한국은 경제, 문화적으로 상승세라고 보기 때문에 앞으로 더 큰 기회들이 오리라 본다. 성공은 운에 좌우되지만 성공은 준비된 자들이 운을 만날 때 이루어지는 것이다.

발행일 2019.7.1.

16

★★★

LA 타임즈에 나온 한국식품 소개

한국 식품 '마케팅 특이점' 접근 중 … 영어 콘텐츠로 소통하라

미국 시골에도 농심 라면·CJ 만두 코스트코 판매

풀무원 김치 월마트 진입

    얼마 전 LA타임즈을 읽다가 한국식품에 대한 흥미로운 기사를 읽었다. 기사제공자가 'Dami Lee'라 하여 찾아 봤더니 미국서 활동하는 한인카툰작가였다. 기사 내용은 H Mart(미국과 캐나다에 있는 한인 및 아시아 최고의 그로서리 스토어)에 구매하는 식품 품목에 대한 재미있는 구매이유에 대한 설명과 제품들 소개다. 요즘 한인 그로서리 마

켓에 보면 미국인들이 많이 온다. 그러나 어떻게 먹어야 하는지 모르는 경우가 많고 식품에 대한 설명이 제대로 되어 있지 않아서 구경만 하다 가는 경우도 많다. 이러한 신문기사를 보니 좋은 홍보수단이라는 생각이 들었다.

기사에서는 초코파이, 불닭볶음면, 요구르트, 바나나우유, 햇반, 맛동산, 에이스 크래커 등의 구체적인 브랜드에 대한 언급과 구매하는 이유를 재밌게 묘사하고 있다. 음식은 문화이므로 쉽게 타 민족이 구매하는 게 쉽지 않다. 하지만, 간편식인 라면, 햇반, 스낵류, 음료류 등은 그나마 타 인종들이 구매하는데 큰 이해 없이도 가능하다. 한국 라면의 경우에는 유튜브를 통해서 많이 확산 되어서 매운 라면류가 젊은이들 사이에 인기다. LA Times에 나온 기사를 보면 스토리텔링의 힘이 크다는 것을 느낀다. 결국 마케팅은 고객과의 소통이다. 무작정 제품만 개발하여 맛있고 몸에 좋다고 하는 마케팅은 너무 식상하다. 특히 한국 음식 자체를 모르는데 Context에 대한 이해 없이 일방적 홍보는 소비자들에게 쉽게 파고들지 못한다.

한국에 정부 기관들, 협회들, 업계에서는 부단히 한국식품을 해외에 홍보하려고 힘쓰고 있다. 단편적인 전시회에서의 홍보도 좋지만 해외 소비층들이 한국 음식에 대한 이해를 돕기 위한 영어 콘텐츠들이 많이 필요하다. 유튜브 채널이나 인스타그램 등의 SNS를 통한 정부차원의 홍보, 업체별 제품홍보 등이 가능하다. 또한 많은 해외의 인기 유튜버를 섭외하여 한국제품들의 홍보가 좋은 방법이다. 해외에 있는 1.5세나 2세들은 언어의 장벽이 없고 타민족과 사회생활 하는 경우가 많기 때문에 한국음식의 전도사들이 될 수 있다. 필자의 자녀들도 미국 학교친구들을 데려다가 라면을 끓여 먹이고 한국 과자들 주면서 적잖이 홍보를 하고 있는 것을 보았다.

먹는 방법 몰라 한인 마켓에서 구경만 하는 고객 다수
"맛있고 몸에 좋아" 홍보 식상 ··· 창의적 스토리텔링 절실
정부·기업, 교포 2세 활용 카툰·유튜브 등 다각적 접근을

얼마 전에 월마트에 풀무원의 김치가 판매된다는 기사를 보았다. 미국 내에 웬만한 시골에 있는 월마트를 가도 한국의 농심라면들을 볼 수 있다. 이제는 김치도 판매하니 반가운 소식이다. 그동안 김치가 마이너리티들이 먹는 식품에서 전 세계인들 사랑하는 음식으로 오기까지는 부단한 노력이 있었다. CJ의 만두가 코스트코에서 판매되고 여러 제품들이 진출 예정이다.

그동안 미국 시장 진출에 1세대 역할을 한 한국 대기업들과 현지 한인 수입업자들의 노고가 조금씩 결실을 거두고 있다. 마케팅에 투여된 시간과 노력은 직선적이지 않다. 복리법처럼 처음에 효과가 없다가 어느 특이점을 지나면 갑자기 뜨는 시점이 온다. 그때가 언제인지는 모르겠으나 요즘 조금씩 그 징후들이 보인다. 조만간 오지 않을까 생각이 된다.

그렇다고 막연하게 그동안 하던 방식으로만 하면 안 된다. 4차 산

업 혁명을 맞아 더욱더 창의적인 방법이 필요하다. 문화와 접목해서 그들의 사고와 생활방식을 공략해야 한다. 해외에 퍼진 한인 디아스포라가 좋은 교두보이다. 특히, 1.5세, 2세들을 활용해야 한다. 좋은 퀄리티의 제품과 소프트웨어적인 콘텐츠와 스토리텔링을 접목해서 좋은 트렌드로 만들 수 있으리라 본다.

음식자체에 대한 정부차원 영어 스토리텔링 콘텐츠의 제작과 브랜드 자체에 대한 기업차원의 영어 스토리텔링 콘텐츠의 제작이 병행되어야 할 것으로 보인다. 전통적인 방식으로 마케팅하면 레드오션에서 놀거나 블루오션인 것 같지만 아예 물고기가 오지 않는 망망대해에 낚싯대만 담구고 있을 수도 있다. 하지만 이제는 콘텐츠와 스토리텔링으로 해외 소비자들을 향하여 적극적인 소통을 해야 할 때이다.

발행일 2019.7.15.

제이 리(Jay Lee)의 미국 통신

17

★★★

해양수산물 보호와 관세장벽

농어 등 특이종 통관 국가해양위원회가 관여
SIMP · TED 등 관련법 비관세 장벽으로 작용

최근 미국에 수산물 수입에 제동이 걸리고 있다. 미국 NOAA(National Oceanic and Atmospheric Administration)에서는 특정 어종인 전복, 붉은 도미, 대구, 해삼, 블루 크랩(대서양), 상어, 돌고래어(Mahi Mahi), 새우, 농어(Grouper), 황새치, 킹크랩(붉은), 참치류(Albacore, Bigeye, Skipjack, Yellowfin, Bluefin)에 대한 수입 모니터링 제도(SIMP: Seafood Import Monitoring Program)를 시행하고 있다. 이미 미국 수산물은 주로 FDA

가 관할하지만 특이종에 대해서는 Fish and Wild Life(야생동물보호국) 에서도 수입 및 통관에 관여하며, NOAA에서도 2018년 1월부터 시행된 SIMP를 시행 중에 있다. 아직 한국 수출업체나 미국 내 수입업체도 생소한 법이며, 어떻게 준비해야 할지 막막해 한다.

또한 새우에 대해서는 TED(Turtle Extruder Device)라는 장비를 이용해서 잡은 새우만 미국에 수입이 가능하다. TED는 거북이들이 새우 그물에 잡혀서 죽지 않도록 고안된 특수한 고물망으로 미국 NOAA Fisheries에서 TED에 관한 규격을 정의하고 따를 것을 요구한다. 미국에 수입되는 새우의 대부분이 외국에서 수입되는 것을 감안하면 상당한 여파를 줄 것으로 판단된다.

특히, 중국이나 동남아, 심지어 한국에서도 미국에서 지정된 보호 야생동물을 식용으로 사용하는 경우가 있어서 주의를 요한다. 최근에 TV를 보니 한국 예능프로그램 출연자가 태국에서 보호종인 대왕 조개를 채취하여 먹는 것을 방송에 내보냈다가 태국 당국으로부터 고발당하는 수치를 겪었다. 미국에 사는 한인들도 전복이니 산삼이나 뭣 모르고 채취하였다가 수만 불의 벌금을 물었다는 뉴스도 종종 본다.

한국선 마케팅에 주력 … 이런 법 존재 유무도 몰라
정부 · 연구기관 투명한 어획, 기록 관리 등 대비를

제이 리(Jay Lee)의 미국 식품 트렌드

이제는 이런 동물보호에 대한 규제도 비관세 장벽으로 사용될 전망이다. 특히 중국의 경우에는 날아다니는 것은 비행기, 물속엔 잠수함 빼놓고 다 먹는다는 얘기가 있듯이 모든 야생동물들을 무차별 포획하여 전 세계 국가로부터 지탄을 받고 있는데, 미국 수산어종에 대한 보호조치로 미국으로 수출은 타격을 받을 것이다.

한국 또한 이 법에서 예외가 아니므로 준비를 해야 한다. 그런데 한국의 업체들이 이런 법이 있는지 조차 모르고 있고 한국의 해당 관련 기관들이 얼마나 수출업계에 대응방안을 홍보하고 준비를 하고 있는지 의문이다. 주로 해외 수출 장려를 위한 영업 및 마케팅에는 힘을 쏟지만 법 규정에 대한 스터디는 소홀히 하는 경향이 있다.

한국에서 이 법에 적용되는 품목들이 얼마나 있는지 모르지만 관련 법 준수를 위해 정부 기관, 대기업, 연구기관들이 같이 협력하여 투명한 어획과 기록 관리를 어떻게 할지 고민해야 한다. SIMP나 TED법을 적용하면 이를 준수할 수 있는 업체들이 많지 않을 것이다. 미국 현지에서 보면 항상 한국으로 새로운 법이 전파되기까지 상당한 시간이 걸린다. 민간업체들에게 홍보해도 당장 일이 벌어지지 않으면 법 준수는 나중 문제로 생각하기 일쑤이고, 정부 기관들도 당장 수출 영업이 관심사이므로 아젠다에서 우선순위가 밀리기 일쑤이다.

요즘 전 세계는 다시 보호무역 정책으로 자국의 무역이익을 보장하려 한다. 그 과정에서 의도적이지 않게 생기는 비관세 장벽도 많다. 새로운 법규를 만들어 싼 물건이 그 법을 준수할 여력을 없게 만들어 수입을 막는 전략이다. 최근에 일본이 불화수소를 북한으로 전략물자 수출을 했다고 생트집 잡는 요즘 판국에는 관세 이외의 명분으로도 다양한 방법으로 보호무역을 취한다.

수산어종 보호법은 환경을 생각하는 측면에서는 환영할 일이다. 수산자원을 고갈하고 환경과 공존하지 않으면 인간도 같이 망한다. 무자비한 어획과 특별 어종이 멸종위기를 면하려면 특단의 조치를 해야 하고 이에 한국도 국제적인 기준으로 수산업을 한 단계 업그레이드 할 때이다.

발행일 2019.7.30.

18

= ★★★ =

Kraft Heinz의
비용 절감 경영방식의 한계

R&D · 혁신 위축으로 작년 10조 원대 영업 적자 기록

Kraft Heinz는 전 세계 식품기업 중에 4위에 해당하는 글로벌 기업이다. 작년 매출이 약 26조 원이나 되는 기업이지만 약 10조 원의 영업 적자를 기록했다. 그동안의 비용 절감 정책으로 인해 새로운 이노베이션과 R&D가 위축되었고, 장기적인 성장 동력 또한 만들지 못한 것들이 이유 중의 하나이다. 지금과 같은 4차 산업혁명 시대에서는 비용 절감 전략만으로는 한계가 있다. 소비자 트렌드에 맞춰서 제품군들도 다양한 시도를 해야 하고, 차별화 전략도 취하면서, 장기적인 R&D 전략이 필요하다.

특히, Kraft Heinz의 2대 주주인 브라질 3G 회사의 비용 절감 전략은 악명이 높다. 2015년에 크래프트와 하인즈 합병 후에 2,500명을 구조조정하면서 17억 달러의 비용을 절감하였지만, 절감된 비용이 R&D나 장기적인 비즈니스에 대한 투자로 이어지지 않아서 그 후폭풍들이 지금 나타나고 있다는 분석이다.

단기적으로 쥐어짜기식 경영방식은 한계가 있다. 특히, 미국 기업이 실적이 나쁘면 사람이 다이어트 하듯이 인력 구조조정을 하여서 비용을 절감한다. 그러나 이것도 한두 번은 통하지만 계속 실적이 안 좋으면 쓸 수 없는 전략이다. 전에는 비슷한 제품들을 만들어서 팔기 때문에 결국 원가를 얼마나 절감하느냐가 관건이던 시절이 있었다. 특히, 식품업계는 비용 절감이 곧 생존의 관건이었다. 식품공장들은 Lean Management 등의 비용 절감 경영전략을 취하는 것이 특히 미국에서는 대세이다.

요즘 미국 식품시장도 세분화되어서 기존에 Mass Production하는 획일화된 제품은 점점 자리를 잃어간다. 오가닉·내추럴 식품시장의 증대와 타 인종들의 식품들이 주류시장을 야금야금 대체하고 있으며, 특히 하인즈라는 케첩의 대명사를 이제는 특이하고 고품질의 브랜드들이 틈새시장으로 들어와 갉아먹고 있다. 일례로 Heinz 하면 케첩의 대명사이지만 요즘 Sir Kensington's라는 내추럴 케첩이 Heinz의 케첩시장을 파고들고 있다.

Innovation은 에너지를 소모한다. 한국 식품업계도 비용 절감의 한계를 느낄 것이다. 각종 원재료는 오르고 인건비는 오르는데 비용 절감도 한계가 있다. 식품업계도 더 다양한 시장세분화와 차별화된 제품들, 또는 새로운 카테고리를 만들 식품들이 필요하다. 그리고 이제는 4차 산업시대와 맞물려 빅데이터를 이용한 제품개발이 점점 마케팅과 R&D의 짐을 덜어 줄 수 있다.

최근에 삼양의 불닭볶음면이 2018년에 전 세계 76개국에 수출되어 약 2800억 원의 매출을 올렸다는 뉴스를 보았다. 이는 유튜브 등의 매운 음식 먹방 동영상이 SNS를 타고 급속도로 번져 외국 젊은 이들에게 인기가 되었다. 의도하진 않았겠지만 이것도 하나의 스토리텔링이다. 그리고 제품의 종류들도 다양하게 해서 기존 소비층이 새로운 제품들이 나올 때마다 재구매할 수 있도록 유인하는 전략이 좋았다.

이제는 돈을 적당히 벌어서 자린고비하듯 아끼는 것보다, 특이한 제품과 기발한 마케팅 등으로 돈을 많이 버는 것이 4차 산업시대에 맞다. 제품에 대한 사이클도 짧아져서 그만큼 순발력도 필요하다. 이것은 급한 한국인들의 성격과도 잘 맞는다고 생각한다.

비단 식품업계뿐이 아니다. 요즘은 식품업이 본업이 아닌 업체들도 식품을 부수적으로 한다. 게임업체에서는 게이머들이 지치지 않게 하기 위해서 집중하면 잠을 깨는 에너지 드링크도 만들어 같이 판다. 식품업계 또한 연계 마케팅을 할 수도 있다. 불닭볶음면과 같이 의도하였든 아니었든, 성공의 비결은 계속 타석에 많이 서는 것

이다. 그래야 홈런도 칠 수 있다. 또한 남들이 하는 대로 비용 절감
으론 한계가 있음을 알아야 한다. 식품업계도 IT처럼 창의성이 필요
한 업계다. 그러기 위해서는 좋은 인재와 자유로운 의견교환을 할
수 있는 조직문화도 필요할 것이다. 많은 젊은 창업가들도 식품 스
타트업에서 대박을 나기를 하는 바람이다.

발행일 2019.8.19.

제이 리(Jay Lee)의 미국 식품 트렌드

19

★★★

KCon과 한식 홍보

CJ '음식+엔터테인먼트' 패키지로 묶어 시너지 효과
aT소비자 체험존 운영 … K-푸드 부스 포토존으로 인기
한국 식품 수출 늘리려면 유튜브 통한 스토리텔링 전파를

지난 8월 16일부터 3일간 LA에서 개최되는 KCon에서는 한식 홍보가 활발히 진행되었다. 2012년도부터 미국 남가주에서 CJ의 주최로 하는 한류문화의 종합선물세트와 같은 자리를 매년 해오고 있다. K-Pop 콘서트와 각종 한국제품들의 홍보가 어우러져 미국 젊은이들에게 한국문화와 제품들을 알리는 좋은 자리가 되고 있다.

특별히 올해는 농수산물유통공사의 LA지사에서 김치, 비빔밥, 삼계탕, 장류와 유자 케이크, 오미자 음료, 면류, 스낵제품을 차려 놓고 K-푸드 소비자 체험존을 운영했다. 이는 콘서트를 찾는 젊은 밀레니얼 세대에게 한국식품의 인지도를 높여서 미래에 소비층으로 끌어들이기 위한 전략이다. 또한 인기 K-POP 아이돌 그룹 '아스트로'의 화보 사진을 바탕으로 디자인한 K-푸드 부스는 관람객들의 포토존으로도 인기를 끌었다. 부스에서는 미국에 유명 한인 쉐프인 리키 황이 불고기, 비빔밥, 김치전, 유자 케이크 등의 한식을 선보였다. 그리고 인기 SNS 인플루언서인 LA푸디도 섭외해서 SNS 이벤트도 마련했다.

CJ에서도 부스를 마련해 한국 대표 기업으로서의 입지를 확고히 하며 젊은이들에게 만두, 비빔밥 등의 한국식품 홍보에 박차를 가하였다. CJ는 미국 코스트코에서 비비고 만두판매로 성공하고 미국 냉동식품업계인 스완슨을 인수하면서 미국 시장 진출의 발판을 깔고 있다.

필자가 전에도 칼럼에 많이 썼지만 결국 음식은 문화이기 때문에 문화라는 콘텐츠를 같이 가지고 들어가서 알려야 사람들이 문화를 통해 음식을 소비하게 된다. 장기적인 관점에서 CJ의 KCon 주최는 이러한 포석을 깔고 진행한 것이라 본다. 결국 CJ의 사업 포트폴리오가 이러한 음식 및 엔터테인 비즈니스를 하나의 패키지로 묶음으로써 시너지 효과를 본다고 생각한다.

특히, 콘서트에 K-POP 스타를 보러 온 미국 젊은이들을 대상으로 한 한식 홍보는 그들의 인생에 걸쳐 한식에 대한 친근함과 소비, 그리고 밀리니얼 세대들의 SNS 확산 등으로 아주 긍정적인 효과를 볼 수 있다. 그리고 마케팅에서 'Life Time Value'라는 개념으로 한 고객이 평생 걸쳐서 소비하게 될 한식의 소비를 생각하면 그 영향력은 말할 수 없을 정도로 크다.

그리고 스토리텔링은 사람들의 기억 속에 오래 남도록 하고 소비자가 소비의 주체가 되도록 하는 힘이 있다. 일방적인 한식 마케팅은 한국 음식을 전혀 이해 못하는 미국인들에게 어려운 도전이다. 어떻게 먹을지도 모르고, 왜 먹는지도 모른다면 누가 시도를 하겠는가? 유튜브나 콘텐츠와 어울러 스토리텔링이 되어야 맥락 속에서 음식을 이해하고 소비하기가 쉽다. 미국 시장 수출 뿐만 아니라 전 세계에 한식을 수출하려면 이러한 스토리텔링이 필수적이다. 미국이나 전 세계 시장을 노리는 수출 기업들은 영어로 된 유튜브 콘텐츠 제작을 추천한다. 사용 방법, 제품 특징, 유명 유튜버에 의한 소개 등 저비용으로 효과적인 스토리텔링을 할 수 있는 수단이 될 것이다.

BTS의 팬클럽 A.R.M.Y는 BTS의 홍보대사 역할을 한다. 골수팬이 생기면 그들이 홍보대사가 되어 SNS 등에 전파한다. 한식도 이러한 젊은 골수팬들의 역할이 중요하다. 미국 한인타운에 보면 한류스타들의 팬시용품을 파는 가게에 미국 젊은 사람들로 북적인다. 한류 골수팬들도 한식 홍보대사가 될 수 있는 가능성 있는 인플루언서들이다. 그들에게도 한식홍보를 투자를 하면 어떨까 생각도 해본다.

우리의 음식문화는 다양하며 유서가 깊다. 좋은 하드웨어적인 음식은 이미 잘 갖춰져 있다. 간만에 LA 한인타운을 지나다가 한인 식당에 젊은 미국인들이 줄서서 차례를 기다리는 것을 보면 감회가 새롭다. 다만, 심플하고 편하게 소비할 수 있게 만들어주고 소프트웨어적으로 스토리텔링만 잘 된다면 앞으로 한식의 국제적 부흥은 곧 올 것이라 생각한다.

발행일 2019.9.2.

제이 리(Jay Lee)의 미국 식품 트렌드

20

=== ★★★ ===

기업은 무엇을 위해 존재하는가

기업의 사회적 책임, 홍보용 아닌 생존 전략

얼마 전에는 미국의 글로벌 기업의 CEO들이 모이는 Round Table 모임에서 기업의 목적에 대한 재정의를 내리고 발표를 하였다. 보통은 기업의 목적을 이익실현이라든가 주주의 가치를 최대화 하는 것으로 생각한다. 특히, 트럼프 정부가 들어선 지금으로선 기업들은 이익실현과 주주이익의 극대화만 이루면 되고 사회적, 환경적 문제에 대해서는 나몰라라 하는 분위기가 강해졌다. 그러나 최근에 미국 내에서도 양극화로 인한 사회문제가 대두되고 있고, LA와 같은 대도시는 늘어나는 홈리스 문제를 해결하지 못해서 골칫거리가 되고 있다. 이 가운데 Round Table에서 발표한 기업의 목적은 이익 추구 외에 사회적 책임이 있다는 것은 의미심장한 일이다.

프랑스 기업인 다농그룹은 식품업계 사회적 책임(CSR: Corporate Social Responsibility)의 원조격이다. 방글라데시에서는 가난한 계층에 마이크로 파이낸스를 하는 그라민 은행과 연합해서 지역 농민들을 채용하여 요구르트를 생산하고 저렴한 가격에 건강식인 요구르트를 판매하며, 지역주민들이 판매유통을 맡아서 일자리 창출 및 영양실조에 취약한 계층에 건강식 제공이라는 두 마리 토끼를 잡는다. 기업의 사회적 책임활동에 성공적인 케이스로 MBA에서도 많이 다루는 케이스 스터디 소재이다.

사회적 책임(CSR)에는 환경적 책임도 포함한다. 사회적 책임은 직원, 관계 협력사, 지역사회, 정부 기관, 주주들, 고객들에 대한 책임을 말한다. 고객과 주주만 왕이 아니라 모든 이해관계자(Stakeholder라고 함)들이 같은 공유된 가치를 가지고 사회에 대한 책임을 지는 것이다. 직원들을 배려하고 협력사에 갑질을 하지 않으며, 주주의 이익을 대변해야 하고, 정부규율을 제대로 지켜야 한다. 또한 환경문제에 있어서도 환경오염이 될만한 생산 공정이나 제품 패키징의 사용을 줄이는 등의 노력을 하며, 친환경을 위한 제품을 개발할 수 있다. 최근에 미국에 식물성 대체식품의 개발은 이러한 환경을 위한 선한 목적이 있기에 자각 있는 소비자들이 그 기업들의 제품을 구매하는 것이다.

제이 리(Jay Lee)의 미국 식품 트렌드

사회 양극화 속 밀레니얼 세대 착한 기업 선호
미국 식품 유통사 소셜 오딧 … 한국 업체 탈락도

특별히 요즘 코스트코나 미국의 대형 그로서리 리테일에 제품을 판매하는 경우에는 납품업체에 대한 소셜 오딧(Social Audit)을 하는 경우가 많다. 아직 한국 기업들에게는 낯선 항목이다. 주로 공장 내의 종업원에 대한 적절한 보상과 복지제도, 안전문제, 그리고 환경에 대한 책임을 다하는지 심사하는 것이다. 한국 기업들은 아직 이러한 심사에 익숙하지 않다 보니 준비 없이 심사를 받았다가 떨어지는 기업들을 많이 보았다. 물론 이러한 심사는 아주 최소한의 지킬 것들을 심사하는 것이라 크게 어렵지는 않다. 하지만 이제는 우리의 기업들도 몸에 밴 사회적 책임을 다하는 게 중요하다.

한국도 기업의 사회적 책임에 대한 논의가 된지 오래되었고, 식품기업은 아니지만 그래도 SK그룹의 경우 오래전부터 이쪽 분야에 관심을 보이며 지속적으로 최태원 회장이 관여하여 직원들에 대한 배려와 사회적 책임을 위한 노력들을 하고 있는 것으로 보인다. 기업의 사회적 책임은 당장 노력한다고 눈에 보이는 결과가 바로 나오는 것도 아니고, 실적에 쫓기다 보면 뒷전으로 밀리기 일쑤이다. 그리고 SK처럼 지속적으로 투자한다면, 지역사회의 건강한 발전과 종업원들의 회사 충성도가 커질 것이다. 이제는 식품기업들도 기업의 사회적 책임(CSR)을 하는 기업들이 많이 생기는 것 같다.

기업의 경쟁은 서로 제 살을 깎아 먹는 제로섬 게임보다는 상생의 경제나 윈-윈 할 수 있는 부분도 있다. 기업 활동도 건강한 생태계 안에 존재해야 오래간다. 풀도 있고, 초식동물도 있고, 육식동물들도 있으며, 자기의 먹을 것을 먹어야 생태계가 오래간다. 양극화 현상이 점점 심해지는 지금, 가난한 소비자가 많아지면 기업의 매출 급감으로 이어진다. 그래서 최근 미국의 CEO들이 Roundtable에서 이러한 교훈을 얻지 않았나 싶다.

한국에 보면 사회적 기업들이 많이 있어서 취약계층의 일자리 창출과 환경적 책임을 다하는 비즈니스를 창의적으로 하는 것을 본다. 이제는 CSR이 그냥 보여주기식으로 하는 마케팅 홍보용이 아니라 기업의 생존 전략으로 비즈니스 모델화를 할 필요가 있다. 그리고 CSR이 효과를 보려면 진정성 있는 CSR이 필요하다. 회사 웹사이트에는 거창하게 CSR 홍보를 하지만 실제로는 직원들, 협력사들에게 갑질하는 경우도 있다. 진심으로 고객, 직원, 주주, 협력사, 커뮤니티를 생각하는 기업들은 충성된 고객들이 지속적으로 관심을 보일 것이다. 특히 밀레니얼 세대들은 이러한 친환경 제품과 착한 기업들을 선호하는 경향이다. 이제는 기업의 DNA에 CSR을 접목할 때이다.

발행일 2019.9.30.

제이 리(Jay Lee)의 미국 식품 트렌드

제이 리(Jay Lee)의 마구 통신

21

★★★

교포 의류 업체 '포에버21'에서 얻는 교훈

온라인 비즈니스 커지고 오프라인 소매는 하향세

최근 미국 LA에 본사를 둔 재미교포가 창업한 포에버 21 의류소매업체가 챕터 11 파산(법정관리)에 들어갔다는 뉴스가 나왔다. 재미교포의 성공신화로 기록되면서 승승장구하던 회사가 변화되는 트렌드에 밀려서 결국 파산한 것이다. 이것을 보면서, 식품업계도 교훈을 얻을 것이 많을 것 같다는 생각이 든다.

한때는 전 세계에 약 700개의 점포를 오픈하면서 무섭게 성장하였다. 1984년도에 창업하면서 저렴한 가격의 의류를 제공하는 '패

스트 패션(Fast Fashion)'의 트렌드는 최근까지 젊은층의 사랑을 받아
왔다. 하지만, 미국의 대부분의 산업은 아마존으로 대표되는 온라인
비즈니스의 여파로 기존의 오프라인 소매점(Brick & Mortar Store)들의
하향세가 지속되고 있다. 패스트 패션의 빠른 변화를 추구하는 사
업모델이면서 동시에 오프라인에서 온라인으로 변화되는 산업추세
를 읽지 못한 게 아이러니라 하지 아닐 수 없다.

패스트 패션이 빠른 변화 못 읽어 파산 … 아이러니
시대 흐름 맞게 사업 모델 전환 · 혁신 아이디어 필수

큰 재난이나 사고 관련해서 많이 인용되는 하인리히의 법칙이 있
다. 한 명의 중상자가 나오려면 29명의 경상자가 300개의 작은 징
후가 나온다는 이론이다. 이미 온라인 시장으로 산업들이 변화되고
있는 것은 누구나 안다. 이미 수많은 회사들이 이로 인해서 문을 닫
고 있지만 계속적으로 같은 식으로 매장수를 오픈하는 것은 시대적
흐름을 잘못 읽었거나 알아도 무시한 것일 수 있다. 파산 이후에 온
라인 비즈니스에 전력을 다하겠다고 하는 뉴스를 보면 늦어도 한참
늦었다는 생각이 든다.

특히, 최근 신세대들인 밀레니얼과 Z세대들은 온라인을 통해서
도 많이 구매하면서 SNS를 통한 마케팅에서 소통하길 원한다. 그리
고 포에버 21의 경우에 끊임없는 저작권소송, 종업원 관련 노동법

소송 등이 끊이질 않았다. 특히 밀레니얼 세대들과 Z세대들은 기업의 사회적 책임에 대한 관심이 많기 때문에 기업이 이익만을 추구하는 것보다 사회적·환경적 책임을 지는 회사에 대한 제품과 서비스를 선호하는 것으로 조사되었다. 그런 좋은 기업의 이미지가 없으면 살아남기 힘들어졌다.

이번의 뉴스로 식품업계 또한 배울 점이 있다. 기존의 과다 경쟁 구도인 오프라인 마켓시장은 더 이상 커지지 않는다. 온라인 시장의 확대로 가야할 것이며, 차별화 서비스를 제공하기 위해서 창의적인 아이디어가 많이 필요하다. 또한 젊은 세대들의 사회적·환경적 책임에 대한 식품들의 관심도 높아지는 추세에서 그에 대한 비즈니스 모델의 전환도 필요하다. 건강에 좋은 제품뿐만 아니라 환경에도 좋은 영향을 줄 수 있는 제품이 필요하다. 미국에서 핫한 육류대체 햄버거(예를 들어 Impossible Burger) 등 지구 환경에 적은 영향을 주는 먹거리가 인기이다.

하인리히의 법칙은 여기저기 쓰인다. 미국 경기가 아직까지 뜨거운데 내년부터 소강세에 접어들 것이라는 추측이 나온다. 하지만 아직도 경기에 대한 낙관론, 특히 미국 부동산 시장에 대한 낙관론이 너무 많다. 2008년 미국 금융위기 전에도 똑같은 분위기를 겪었다. 캘리포니아, 특히, LA쪽의 집값은 이민유입으로 인해 떨어지지 않는다고 했다. 하지만 금융위기 후에 폭락한 집값을 보면서 '이런 일이 벌어지는구나.'라는 생각을 했다. 사람은 믿고 싶은 것을 믿는 경향이 있다.

결국 시대적 흐름을 잘 읽어야 한다. 특히 4차 산업혁명의 여파로 조만간 모든 산업들이 영향을 받을 것이다. 식품산업도 이제는 AI, 빅데이터, 사물인터넷, 로봇 등의 기술들과 접목하여 더욱더 부가가치를 창출할 수 있다. 어제 성공했다고 해서 내일도 성공할 수 있다고 보장할 수 있는 시절은 지나갔다. 시대적 흐름을 타지 못하는 회사는 하루아침에 망할 수 있는 시대이니 혁신에 혁신을 할 때이다.

발행일 2019.10.21.

제이 리(Jay Lee)의 미국통신

22

★★★

BTS 마케팅에서 배우는 마케팅 전략

SNS를 통한 팬들과의 소통 공감대 형성
A.R.M.Y가 고정 고객이자 마케터 역할
얼리어답터 넘어 대중 구매층 형성

최근 한국의 스타트업 식품 회사를 방문한 적이 있다. 미국 수출
을 위한 규정 등을 문의하기 위한 미팅을 했는데 회사가 1년도 안
된 스타트업 회사였다. 외형상 외관은 과연 미국에 수출을 할 수 있
는 역량이 있을까 하는 의문이 들었다. 그러나 대화를 이어가면서
젊은 회사대표의 마케팅전략을 들으니 '뭔가 다른 회사구나.'라는 생

각이 들었다. 그 회사는 이미 한국 내에서 중국인 관광객들을 상대로 각종 건강식품 및 식품 브랜드로 면세점에서 성공한 회사였다. 짧은 기간에 그렇게 성공할 수 있었던 이유와 앞으로 전 세계 시장으로 나가기 위한 전략이 4차 산업시대의 트렌드와 너무 잘 맞는다고 생각이 되었다.

미국 진출의 경우엔 통상적으로 많은 자본과 시간이 든다. 땅덩이도 넓어서 한 번에 여러 지역을 공략하려면 돈이 엄청나게 들어간다. 예전에 한국 대기업들은 이렇게 미국에 진출하여 10년, 20년 오랜 시간을 감내하며 버텨내서 최근에 조금씩 열매를 보고 있다. 기존에 이렇게 진출하는 전략이며 대기업이 할 수 있는 '규모의 경제' 전략이다.

그러나 4차 산업시대에는 누구나 저예산으로 SNS 등의 마케팅 수단으로 전 세계에 금방 전파할 수 있다. BTS의 성공요인 중 하나가 각 멤버들의 SNS를 통한 팬들과의 소통이 손꼽힌다. 내가 방문한 그 업체도 SNS를 활용하여 많은 매출을 올릴 수 있었다. 그리고 많은 고객 팬들을 확보하여 신제품이 나올 때마다 꾸준히 구매하고 또 그 제품을 다른 지인들에게 구전으로 홍보하는 역할을 해온 것이다.

BTS의 성공 수단 중 또 하나는 A.R.M.Y가 있다는 점이다. 이러한 A.R.M.Y가 마케터 역할을 해준다. 현재 플랫폼 비즈니스를 하여 성공한 회사들을 보면 이러한 두꺼운 고객층을 확보하고 있다는 것이다. 식품회사들도 신제품을 매년 쏟아내지만 제품들을 성공시킬 확률은 높지 않다. 일정한 고객층이 팬이 되지 않으면 얼리어답터에서 대중 구매자층으로 넘어갈 확률이 낮다. 내가 방문한 회사 또한 고정 중국 고객층이 있기에 지속적인 신제품들도 큰 매출로 성공할 수 있었다.

일반 식품이건 건강식품이건 맛이나 기능은 경쟁 제품들 간에 그다지 크지 않다. 실제 코카콜라와 펩시콜라를 상표를 가리고 블라인드 테스트를 해보면 실제 맛의 차이가 나지 않고 되레 펩시콜라가 맛있다고 응답하는 비율이 높다. 그러나 상표를 보여주고 먹으면 코카콜라가 맛이 있다고 한 응답이 더 많이 나온다는 실험결과를 들은 적이 있다. 그만큼 고객충성도가 높은 브랜드를 만드는 것이 중요하다.

요즘은 아마존으로 식품을 수출하려는 중소기업들도 많다. 막연하게 '아마존에 물건 올리면 팔리겠지.' 하는 전략으로는 성공할 수 없다. 유망한 아이템을 선정해서 어떻게 어필할지, 브랜딩과 네이밍, 패키징 디자인은 어떻게 할지 고민해야 한다. 이미 포화되고 경기침체로 인한 내수시장을 극복하려면 해외 진출은 필수적이다.

최근의 마케팅 트렌드는 SNS를 이용한 고객과의 소통이 중요시되고 있다. 고객의 의견을 중시하고 제품에 피드백을 반영해서 그들도 점점 A.R.M.Y로 만들어 고정 고객, 팬들을 확보하는 것이 중요하다. 특히 밀레니얼 세대들은 SNS를 통한 친구들의 구매 결정들에 영향을 많이 받는다. 밀레니얼 세대가 아닌 세대들, 특히 기업들의 직급이 높아질수록 이러한 트렌드에 대한 감이 떨어져서 부하직원들의 번쩍이는 아이디어들을 무시할 수 있지만, 중요한 시장의 흐름을 간과해서는 안 된다.

　기존의 규모의 경제 시절은 점점 퇴색되어 간다. 기업들의 생명도 줄어든다. 전통적인 식품시장은 다른 산업에 비해 그나마 타격이 줄지만, 이제는 그나마 내일도 보장할 수 없다. 크래프트 하인즈의 비용 절감 식 경영은 이미 한계를 보이고 있다. 파괴적인(Disruptive) 제품들을 만들어내야 하고 전통적인 마케팅이 아닌 SNS 마케팅 등의 차별화된 전략도 필요하다.

　오늘날 BTS가 전 세계를 제패한 이유를 곰곰이 생각해 보면, 식품업계 또한 배울 점이 많을 것이다. BTS가 기존에 큰 기획사들의 자본력을 극복하고 생존해서 대박이 날 수 있었던 것은 팬들과의 소통, A.R.M.Y 확보, 진정성, 연령대의 고민들에 대한 공감 등 여러 가지가 작용했다. 식품업계 또한 케이스 스터디를 통한 배울 점이 한두 개가 아니라 생각한다.

발행일 2019.11.4.

제이 리(Jay Lee)의 미국 통신

23

★★★

기후 비상 상태와 식품 산업의 미래

과학자들 성명 … 밀레니얼 세대 환경 중시
식품 업계에 새로운 비즈니스 모델 요구
플라스틱 포장 줄이고 대체육 등 개발

얼마 전 세계 153개국의 과학자 11,000명은 국제 학술지 '바이오 사이언스'에 공동성명을 발표했다. 지구를 살리기 위해 즉각적인 행동을 취하지 않으면 기후 위기는 인류에게 막대한 재앙을 가져다줄 것이라는 경고이다. 사실 이러한 경고는 자주 언급되지만 무감각증에 걸려서 별로 와닿지가 않는다. 당장에 먹고살기 바쁘니 이러한 이상 기후의 현상은 남의 일이 되어 버렸다. 정부가 알아서 하겠지, '누군가 알아서 하겠지.'라고 생각하고 우리는 무관심하기 일쑤이다.

현재 지구촌 곳곳에는 각종 이상 기후 현상들이 지속적으로 보이고 있다. 필자가 사는 캘리포니아만 해도 심한 가뭄으로 인해 해마다 심한 산불을 내며 피해가 이만저만이 아니다. 호주 또한 가뭄으로 인해 산불 피해가 막심한 것으로 알고 있다. 또한 이상기후로 인한 농작물의 재배가 피해를 입어서 우리가 먹는 농산물의 가격 상승을 초래한다. 북극에서는 1900년대 이래 최근 2014년부터 2018년까지의 온도가 가장 높다고 하며 21세기 말에는 북극의 얼음이 다 녹을 것으로 예상하기도 한다. 또한 바다엔 플라스틱 쓰레기들로 인해서 해양 생물들의 미세 플라스틱 오염이 심각한 문제이다. 우리가 먹는 수산물들에 함유되어 우리 인체에 나쁜 영향을 줄 것이다.

최근 미국이 트럼프의 경제우선 주의에 의하여 파리기후협약을 탈퇴한 것은 선진국으로서 무책임한 행동으로, 다른 후진국들 및 경제개발국들도 눈치 볼 것 없이 각자 자기 경제 살리기에만 급급한 분위기를 만들었다. 당장 우리가 사는 세대는 어찌되었건 넘어가겠으나 앞으로 우리의 자식 세대, 손자 세대들은 환경오염으로 인한 피해를 고스란히 감내해야 할 때가 오고 있다. 『총, 균, 쇠』의 저자 제래드 다이아몬드 교수는 우리가 결단하여 노력하지 않으면 인류는 50년 이내에 멸망할 것이라고 예측했다.

이제는 삶의 방식과 다른 비즈니스 모델을 생각해 봐야 한다. '바이오 사이언스'의 과학자 성명에는 다음과 같은 행동강령이 제시 되었다. 첫째, 화석 연료를 청정 재생 에너지로 대체할 것. 둘째, 지구 온난화를 초래하는 메탄·수소불화탄소·블랙카본 등 단기수명가스(SLCPs)를 억제할 것. 셋째, 대규모 개간 억제와 삼림·초원·맹그로브 등의 생태계를 복원 및 보호할 것. 넷째, 육류 섭취 감량 및 채식 위주 식단 전환, 음식물 쓰레기를 줄일 것. 다섯째, GDP 성장률과 풍요가 아닌 '생물권 지속 가능성'에 주목한 탄소 없는 경제로 전환할 것. 여섯번째, 세계인구를 안정화 할 것 등이다. 당장 경제가 안 좋고 먹고 살아야 하는 경제 우선주의와는 다른 가치관이라 양립할 수 있을지 의문이다. 그러나 조만간 그 피해가 점점 피부로 느껴지는 순간, 위에 제시된 대안들이 재조명 될 것이다.

식품업계에서는 여러 가지 형태의 모습으로 위의 환경적 요구에 대응한 비즈니스 모델을 강구하여 발전시키는 것이 차세대를 위한 숙제이자 당면 과제이다. 최근에 미국에 불고 있는 육류대체 식품의 인기는 이러한 시대적 요구사항을 반영한다. 비욘드 미트와 임파서블 버거는 단지 환경적 의무를 넘어서 맛과 진정한 소비자 가치를 주고 있다. 또한 음식 포장 패키지의 생분해 대체 플라스틱 사용과 포장재료의 경량화 등을 통해서 플라스틱 쓰레기를 줄일 것이다. 일부 선진국들에서는 점점 더 일회용 용기의 사용을 금지하는 추세이다. 식품 또한 쓰레기 발생의 큰 부분을 차지하는 이상 대안적인 포장 재료의 개발 및 사용이 시급하다. 일부 소비자들이 중심이 된 생협 활동 등이 한국에는 활성화되어 있는 것으로 안다. 유기농 제품들과 농산물 및 가공식품의 직거래로 유통마진을 줄이고 생명의 가치를 살리는 모토로 소비자와 생산자들이 식문화를 만들고 있다. 그리고 여러 사회적 기업들이 환경적 책임을 지는 제품과 서비스를 창업들을 하고 있는 것으로 안다.

다른 패러다임으로 산다는 것은 쉽지 않다. 환경 관련 이슈는 하루 이틀의 문제가 아니다. 그러나 먹고 살고 바쁘니 신경 쓸 겨를이 없다. 현재 한국은 경기가 안 좋아 환경문제는 둘째 문제이다. 기업 또한 생존하기 급급하므로 이러한 환경적 책임에 대한 의무가 짐만 될 뿐, 비즈니스 모델까지 가는 것에 대해 신경 쓸 겨를이 없다.

그러나 이제 밀레니얼 세대는 이러한 환경적 책임을 중요시 한다. 식품업계에도 미국의 의류기업인 파타고니아와 같은 기업들이 나올 때이다. 한국에서도 이러한 새로운 패러다임을 가진 식품 기업들이 나와서 새로운 시장을 만들 때이다.

발행일 2019.11.18.

제이 리(Jay Lee)의 미국 식품 트렌드

제이 리(Jay Lee)의 마구통신

24

★★★

한인 디아스포라와 한식의 해외전파

해외 동포 740만 명 식문화 인플루언서
2세 한인, 외국 친구-주류 시장과 연결
정부 기관 · 식품 기업 마케팅에 활용을

외교부 통계에 의하면 2019년도에 약 740만 명의 한인이 해외에 거주하고 있다. 이들 중에 한인의 1/3은 북미 지역, 1/3은 중국 동포, 나머지 1/3중에 일본이 약 85만 명으로 추정되고 있다. 지난 일제 강점기에 중국으로, 일본으로 간 동포들과 미국 등에 더 잘살기 위해 조국을 떠났던 사람들 등 이유는 다양하다.

이제는 100년 이상의 해외 이민 역사를 가진 한인들이 그 나라에 서 뿌리를 내리며 잘 정착하였고 특유의 근면함과 똑똑한 두뇌로 어느 인종보다 잘 사는 계층이 되었다. 특히, 한국 음식과 문화를 그 나라에 전파하고 알리는 역할을 톡톡히 하고 있다. 특히, K-POP에 빠져있는 해외 젊은 세대들은 한국에 올 형편이 안 되면 주로 그 나라에 한인타운 등에서 한국 음식과 문화를 즐기는 창구 역할을 하고 있는 것이다.

처음에 한인 가공식품들을 수출하게 된 계기도 해외에 형성된 한인마켓에 식자재를 수출하면서 시작되었다. 해외에 한인들도 한국 음식을 먹어야 하므로 대도시를 중심으로 형성된 한인타운에 한국 가공식품을 수출하면서 외국에서도 한국 음식을 맛볼 수 있었다. 이제는 타 인종들도 한인마트에 한국음식을 사러 많이 오는 추세이다. 다만 아직 포장디자인이 대부분 현지화되어 있지 않고 김치, 만두, 라면 외에 생소한 음식들이 많아 외국인들이 이해하기는 쉽지 않다.

또한 전 세계 어디를 가도 Korean BBQ 레스토랑은 적어도 한 군데는 있다. 해외에 화교들이 가는 곳마다 중국음식점을 차리듯, 한인들도 식당을 차리는 경우가 많다. 이제는 한인만 한국식당을 이용하는 것이 아니라 외국들도 한식을 맛보러 많이 온다. 어떻게 보면 마케팅 개념에서 인플루언서 역할을 하는 것이 한인들일 수 있다. 먼저 한국에서 대박 난 식당이나 제품들은 해외 젊은이들이 따라 구매하거나 시식하는 경우가 많다.

한인 디아스포라이자 2세 한인들은 문화 및 언어적으로 외국인들의 다리 역할을 하고 있다. 1세 한인들은 문화, 언어적으로 현지 사회로부터 고립되어 사는 경우가 많으나 2세들은 언어도 편하고 외국 문화도 편하다. 외국 친구들과 외국 주류사회와의 연결 고리 역할을 하면서 한식문화를 알리는 역할을 하고 있다.

한국 정부 유관 기관 및 기업들은 이러한 2세 한인들의 역할을 잘 이용하고, 또한 1세, 1.5세의 장점 또한 살려서 해외에 퍼진 한인 디아스포라의 훌륭한 인적자원을 이용할 필요가 있다. 매년 열리는 해외 한상 대회와 같이 네트워킹과 비즈니스 기회를 도모하는 자리도 있다. 한국 기업들이, 특히 중소기업의 경우에는 인적자원이 한계가 있으므로 한인 디아스포라가 다리 역할을 충분히 할 수 있다.

인구의 10% 이상이 해외에 거주하는 것은 큰 자산이다. 일본의 경우에 해외로 나가는 인구가 많지 않다. 국민성이 주로 폐쇄적인 것도 있고 자국이 잘 살기 때문에 자국 내에 안주하는 것이다. 전 세계 유대인들이 정치와 경제를 각국에서 주무르듯이 이제는 해외 한인 네트워크도 그 역할을 하고 있다고 생각한다. 얼마 전 신문에는 볼리비아에 한인 대통령 후보가 나온다는 뉴스를 접했다. 이제는 해외 한인들의 리더십이 그 나라를 이끌 시대도 왔다.

아직도 한국에 취직이 안 된 우수한 젊은이들이 해외에 도전하여 더 나가도 좋다고 생각된다. 한국에서 우수한 인력들이 서로 경쟁하면서 고시 공부하는 것이 안타까운 현실이다. 시야를 넓혀서 해외에 다른 가치들로 사는 삶도 공부하면서 인생 설계를 다시 하고 해외 취업도 도전할 만하다.

일제 강점기에 암울한 시절에 이민자들, 70,80년대에 잘 살기 위해 떠났던 이들, 이제는 그들이 자리 잡고 본국 한인들과 네트워킹으로 시너지 효과를 보기에 충분한 자산이 되리라 본다. 다만, 본국한인들이 해외 동포에 대한 시선도 개선되어야 한다고 본다. 특정국 동포에 대한 무시와 차별 등이 있으면 이러한 좋은 자산의 가치를 잃어버리는 것이다. 그들의 장점을 살려서 한국 식품산업의 해외진출을 위한 빅픽쳐이자 교두보로 삼아야 한다.

발행일 2019.12.2.

제이 리(Jay Lee)의 미국 식품 트렌드

25

★★★

미국 유업계 거인 딘푸드의 몰락과 교훈

4차 산업혁명 시대 큰 흐름 읽는 통찰력 절실
IT · 의류 회사가 식품 만드는 '크로스오버' 추세
안정적 프레임 종말 ⋯ 민첩한 경영으로 대처를

얼마 전 미국의 최대 유업회사인 딘푸드(Dean Food)가 파산신청을 하였다. 최근 미국 내에서의 우유 소비 감소세와 월마트의 자체 우유 생산 공장 설립으로 인한 매출 감소 여파가 컸다. 하지만 이러한 부정적인 요소는 어느 한순간 나온 것이 아니라 몇 년 전부터 예견되어온 징후들이 있었기에 '올 게 왔구나.'라는 생각이 들었다. 이를 보면서 교훈들을 되새겨 볼 점들이 많은 것 같다.

첫째는 예측 가능성과 불확실성 사이에 우리가 할 수 있는 것은 해야 한다. 큰 흐름이란 게 있다. 인구의 변화, 라이프 스타일, 소비 형태, 기술의 발전 등 여러 요소들을 고려하여 향후에 미래 트렌드를 예측하는 것이 중요한 요소로 차지하고 있다. 우리가 컨트롤 할 수 있는 미래와 컨트롤 할 수 없는 미래를 나눠서 적어도 큰 흐름을 읽는 통찰력이 4차 산업시대에는 중요하다. 기술적으론 인공지능, 무인화, 블록체인, 사물인터넷, 3D 프린팅, Bio 기술 등의 요인들이 식품산업들과 접목이 될 것이고, 한국사회적 요소들은 인구감소세, 노령화, 나홀로 가족의 증가, 비정규직 증가로 인한 가계 소득 감소 요인이 작용할 것이다. 이런 복잡한 요인들을 바탕으로 신제품, 신서비스, 타깃 계층의 세분화 등의 분석이 필요하다.

둘째는 유연성과 변화의 속도이다. 거대 기업일수록 유연성이 떨어진다. 마치 공룡들이 지구상에서 멸종되었듯이 큰 덩치가 되레 짐이 될 수 있다. 다가올 4차 산업혁명 시대는 '규모의 경제(Scale of Economy)'라는 개념은 지고 있는 시대이다. 대량 생산을 통한 원가절감을 하여 싼 가격에 소비자에게 제품을 생산하는 시대는 지났다. 제품들은 과잉 생산되어 넘치고 넘친다. 가격만이 소비자의 구매를 결정하는 요인이 아니라 소비층의 기호, 의식적이고 윤리적 소비 및 가치관, 편의성 등의 여러 요인들이 복합적으로 작용하게 되었다. 5년, 10년의 장기 플랜이 의미가 없어진다. 중요한 것은 그때그때 시장에서의 요구 사항에 얼마나 빠르게 대처하느냐이다. 요즘 경영의 화두인 'Agile(민첩한)' 경영방식이 대세이다.

셋째는 이제는 회사가 아니라 인더스트리가 생존 위협받는 시대이다. 미국에 아마존의 등장으로 기존의 오프라인 쇼핑몰들이 추풍낙엽처럼 줄줄이 도산하고 있다. 125년이나 된 시어스 백화점이 파산하고 미국 내 한인 최대 의류 소매점인 '포에버 21'이 파산하였다. 이제는 회사 자체가 아니라 인더스트리 자체가 기술발전으로 하루 아침에 등장한 온라인 플랫폼 비즈니스 업체에게 자리를 내어주는 일이 빈번하다. 한국 내 유업계도 이러한 우유소비 감소세 등을 감지하고 사업 다각화 등의 노력을 하는 것으로 알고 있다. 오늘의 성공이 내일을 보장하지 않는다. 현재 잘 나가는 식품회사들이라도 다음을 준비할 수 있는 투자가 필요하다.

넷째는 사업구도의 다변화이다. 요즘은 IT 회사가 음료를 만들고 의류 회사가 식품을 만드는 등의 거대한 연결고리의 크로스 오버가 추세이다. 친환경 의류회사인 파타고니아는 친환경 맥주와 친환경 비프처키(육포)을 출시하여 판매하고 있다. 가치관을 공유하는 의식적 소비자들을 위한 제품출시이다. 예전에는 기술을 바탕으로 기술을 응용하여 제품을 개발하였다면, 이제는 기업이 추구하는 가치관을 중심으로 제품이나 서비스를 확장하는 사업모델들이 활성화되고 있다. 제품과 서비스의 정의가 점점 넓어져서 제품 자체가 소비자에게 전달하는 액면가치보다는 회사가 소비자에게 제공하는 큰 개념의 가치들을 확장하여 제품과 서비스가 개발되는 것이 추세이다. 예전의 '선택과 집중'이라는, 한정된 자원으로 가장 가능성 높은 곳에 집중 투자하는 경영방식에 한계가 있다. 향후 트렌드에 미리 포석을 깔아두는 통찰력과 실행력이 필요하다.

　앞으로 오는 4차 산업시대에서 식품업계의 자리가 어떻게 될지 모른다. 사람이야 언제나 의식주가 있어야 하지만, '식'이라는 개념도 공상과학 영화처럼 영양알약이나 주사만 맞고 먹지 않아도 되는 시대도 오지 않을까. 미래 트렌드를 읽고 계획을 만들어 행동으로 옮기는 데는 과감한 투자와 실행력이 필요하다. 기존 식품업계의 경직된 조직문화와 오너 일가의 경영으로 인한 전문성의 결여 등 내부적인 저해요인들이 걸림돌이 될 수도 있다. 되레 새로운 통찰력과 가치를 읽어낸 식품 스타트업들이 생태계에 풀뿌리처럼 자라나서 기존의 식품대기업들이 투자나 인수하는 것도 좋은 전략들이다. 식품산업이 얇고 길게 가는 안정적인 산업의 프레임이 이제는 종말을 고하는 시대가 온 것이다.

발행일 2019.12.16.

2장

2020년 :

팬데믹이 불러온
뉴노멀

제이 리(Jay Lee)의 미국 통신

26

★★★

김난도 교수팀의 2020년 마케팅 키워드

소비자 계층 이동 … 빅데이터 활용 마이크로 세분화 필요
거대한 트렌드 변혁 읽는 능력 갖추고 스마트하게 일해야
편리한 구매 방법 제공, 충성 고객과의 소통 등도 중요

다사다난했던 2019년을 보내고 2020년을 맞이하면서 한해를 정리해 보고 새해를 준비하는 시간은 개인적으로나, 기업적으로도 중요한 시간이다. 우리가 앞만 보고 달리던 시대는 지났다. 옆도 봐야 하고 잠시 멈추고 도끼날을 가는 시간이 더욱 필요한 때이다. 내년도 트렌드를 생각하면서 2020년을 준비했으면 하는 바람이다.

서울대 김난도 교수팀의 2020년도 트렌드의 키워드는 매년 마케팅을 하거나 기업의 성장을 하는데 좋은 방향성을 제시해 주고 있다. 10개의 키워드를 뽑자면 멀티 페르소나, 라스트 핏(Last Fit), 페어플레이(Fair Play), 스트리밍 라이프, 초개인화, 팬슈머, 특화생존, 오팔세대(Old People with Active Life), 편리미엄, 업글인간이다. 그리고 크게 세 축으로 분류하여 세분화, 양면성, 성장으로 분류하였다.

　책의 내용을 다 소개할 수는 없지만 우리 식품업계와 해외 시장을 준비하는 기업들에겐 묵상해 볼 좋은 토픽들이다. 최근의 밀리니얼 세대와 Z세대의 등장으로 소비자 계층이 이동되면서 트렌드도 같이 그들의 성향을 따라 가는 듯하다. 먼저 멀티 페르소나는 우리는 온라인 가상의 공간 및 오프라인에서도 여러 가지의 페르소나(사회, 가정적 역할이나 정체성)을 가지고 산다. 전에는 한 개인을 마케팅의 수단으로 삼았다면 이제는 개인 하나를 더 잘게 쪼개서 여러 페르소나로 나눠서 극세분화 타기팅을 할 수 있다. 아마존은 0.1명 단위로 고객을 나눈다. 출근할 때, 퇴근할 때의 고객이 다르고, 집에 있을 때 가정에 있을 때의 행동이 다르다. 마이크로 세분화를 하는 것이 현재 빅데이터를 이용한 마케팅 전략이다.

　BTS의 팬클럽 A.R.M.Y의 등장으로 '팬슈머' 마케팅도 중요해졌다. 고객의 충성도가 중요해진 만큼 SNS 활용 등 지속적인 고객과의 소통이 중요하다. 고객들을 지속적으로 팬으로 만들려면 그들을 감동시켜야 하며 그들의 가치관과 라이프 스타일에 맞는 제품군이나 서비스도 중요하다. 밀레니얼 세대들의 '공정한' 세상에 대한 욕

망과 윤리적인 소비는 기업이 돈만을 위해서 고객을 이용하지 않는 다는 돈 이상의 가치를 전달해야 한다. 2020년도 트렌드 키워드 중의 하나인 '업글인간'은 젊은 세대들이 더 이상 돈만을 위해서 사는 것보다 매일 자신이 성장하는 것을 목표로 삼는다. 그만큼 돈 이상의 의미를 찾는 고객과 소통해야 한다.

또 하나의 중요한 키워드는 '편리미엄'이다. 가정간편식과 배달식품 및 음식은 소비자들의 편의를 극대화하여 마케팅을 하는 방향으로 가고 있다. 트렌드 중의 하나인 라스트 핏(Last Fit)은 결국 제품의 특성도 좋지만 고객 구매하는 방법이 편하고 쓰기 편하냐에 구매결정이 바뀌는 경향이다. 미국의 아마존 쇼핑은 한 번 클릭으로 구매가 결정된다. 때론 손가락 실수로 잘못 구매해 버리기도 하지만 요즘 소비자들은 복잡한 것을 싫어한다. 단순화 시키는 것도 하나의 기술이다. 소비자의 시간을 줄여주는 것이 고객에게 전달해 줄 수 있는 가치이다. 오팔세대 또한 매력 있는 고객 세대가 될 수도 있다. 구매력 있고 디지털에 센스 있는 50대도 하나의 매력적인 고객층이다. 기존에는 시니어들이라고 경제력도 없고 센스도 없는 노인이라고 생각했지만 지금은 그렇지 않다. 가장 구매력이 활발하고 이미 아이들이 출가하여 자신을 위해 돈을 쓰는 세대이다. 그리고 점점 노인층의 인구가 늘어나면서 그에 대한 고객층이 두터워져 간다. 노인의 나이대별 마케팅 전략도 필요하다.

한국에서는 4차 산업혁명이라는 거대한 기술의 트렌드도 읽어야 한다. 얼마 전 이세돌 프로가 '한돌'이라는 인공지능에게 바둑을 진

것은 이제 인간이 인공지능에 많은 역할들을 내줘야 한다는 큰 의미가 있다. 앞으로 우리가 살아갈 5년, 10년 뒤는 지난 5년, 10년 뒤와는 다를 것이다. 변화의 속도가 점점 빨라지고 마케팅의 방식도 기술 발전 및 사람들의 행동양식의 변화와 더불어 복잡해지고 빨라졌다. 그만큼 시대를 읽는 능력이 있어야 생존이 가능하다.

크래프트, 딘푸드 등 미국의 큰 식품회사가 줄줄이 파산하는 것을 보면서, 어제의 성공 방식으로 비용 절감만 하는 것은 단기적 성과 외에 도움이 안 된다는 것을 알 수 있다. 변화를 감지하고 먼저 창의적이고 실험적으로 혁신해야 하는 것이 앞으로 식품업계와 기업들이 살아갈 핵심 전략이다. 또 2020년은 열심히 보다는 좀 더 스마트하게 일할 때이다.

발행일 2020.1.6.

제이 리(Jay Lee)의 미국 트렌드

27

★★★

김치 세계화 조건과 식품위생 문제

미국서 리스테리아균 감염 ⋯ 리콜
서양인에 안전한 식품 입증 필요
국제화된 영문 검증 자료 준비를

　최근 풀무원 김치가 미국 월마트에도 판매가 되기 시작하면서 김치의 세계화는 이제 점차 날개를 달고 있으며, 미국의 다른 메이저 유통업체에서도 많은 관심을 갖고 있다. 하지만 아직 기술적으로 해결해야 할 부분이 있는데, 중요한 것이 식품 안전 계획이며 HAC-CP 관점에서 안전한 식품임을 입증하는 것이다. 아직 각 수출업체들이 개별적으로 HACCP이나 식품 안전 계획을 준비하다 보니 미흡한 점이 있고, 외국기준으로 볼 때 납득이 안가는 부분이 많다. 이러한 기술적인 부분이 해결되지 않으면 김치 세계화에 계속 걸림돌이 될 수밖에 없다.

김치는 살균되지 않은 제품이지만 자연발효 식품이고 우리가 오랫동안 즐겨 먹던 음식이라 김치가 위험한 제품이라고는 생각하지 않는다. 그러나 미국이나 서양의 관점에서는 살균단계가 없고 초기 생산 시에 pH도 낮아서 유해 병원균 생성을 억제할 방법이 없다는 데 있다. 실제 미국에서 약 10년 전 소규모 업체가 생산한 제품이 리스테리아균에 감염되어 FDA가 리콜을 시킨 사례가 있다. 한국에서는 김치 먹고 식중독 걸렸다는 사람이 없는 것 같지만, 실제 리스테리아 같은 병원균이 검출될 수 있는 사례가 있으므로 대책이 필요하다.

보통 김치를 만들고 나면 자연적으로 유산균 활동이 활성화되어 유해균들의 성장에 방해가 되기도 하고 pH도 4.6 이하로 떨어져 산성식품이 되므로 많은 병원균 생성이 억제된다. 하지만 문제는 김치를 담근 지 얼마 안 된 상태에서는 아직 발효가 제대로 이뤄지지 않아 병원균이 들어가 있으면 치명적일 수 있다는 것이다. 특히 미국에서는 리스테리아뿐만 아니라 보툴리늄균도 잠재 가능한 병원균으로 여겨져 큰 불안요소가 된다.

보통 김치의 경우에는 배추 및 양념을 씻는 과정에서 이물질을 제거하고 미생물을 제거하는 것이 HACCP의 주요관리 방법이다.

하지만 이 과정에서 얼마나 유해 미생물이 제거되는지에 대해서는 검증된 데이터가 없는 경우가 대부분이다. 이러한 검증을 개별 업체가 하기에는 연구 비용이 많이 들 수도 있고 각 상품마다, 제품 패키징마다 변수가 많아서 검증(Validation)을 하는 것도 쉽지 않다. 필자 본인도 가끔 김치 세척에 대한 검증이나 유해균에 대한 처리 방안에 대한 논문이나 연구 자료를 찾아봐도 많지가 않다. 결국 해외 식품당국 입장에서 보면 유해균들을 처리 못한 제품을 소비자에게 유통시킨다는 인상을 주기 쉽다.

따라서 한식 세계화를 위해 김치 수출을 더 확대하려면 이러한 검증 및 실험 자료들이 필요하다. 요즘 정부 기관들의 많은 예산이 수출기업을 위해 지원하는 것으로 안다. 마케팅 및 영업과 관련된 사항에도 지원되어야 하지만 한식 제품에 대한 식품 안전의 근거 자료를 만드는 것도 시급하다.

더불어 김치뿐만 아니라 고추장, 된장 등 한국의 전통장류도 발효 식품으로서 식품 안전 계획이 취약하다. 또 젓갈류나 기타 여러 발효 제품과 전통식품도 국제화된 식품 안전 검증(Validation)자료가 필요하다. 그것도 한국어로 된 것이 아닌 영문으로 발표된 논문이 필요하다. 정부 기관뿐만 아니라 산학협동을 통해 대학 및 연구기관에서 이러한 자료들이 많이 만들어져야 한다.

또한 4차 산업혁명 시대를 맞아 김치나 전통장류를 만드는 공정도 기존의 살균이 아니라 최첨단 살균 기법과 기술을 개발해 적용할 필요가 있다. 외국 전문가도 적극 영입해 식품 안전의 현대화와 관련 자료들의 영문화 작업도 진행되어야 한다. 식품 마케팅이 수출의 시작점이라면 식품 안전의 현대화와 국제기준의 검증자료가 마침표라고 보면 된다. 전통제품이 월마트나 코스트코 등 글로벌 유통에 진출하려면 정부와 대학, 기업의 식품 안전에 대한 규격화와 검증자료들이 절대적이다.

발행일 2020.1.28.

28

★★★

코로나 바이러스를 통해 본 식품의 미래

박쥐 먹는 과거 식습관 탈피를
대체육 등 식품 패러다임 바꿀 때

　최근 발발한 코로나 바이러스로 인해 전 세계가 다시 공포에 휩싸였다. 몇 년 주기로 사스, 메르스 등 전 세계적 전염병이 창궐하는 시대에 살고 있다. 독일 사회학자 울리히 벡이 '위험 사회'라는 논문을 1986년에 발표했는데, 우리가 살아갈 현대사회가 과학기술은 발전하고 민주화가 진행되지만 각종 환경오염, 전염병, 테러 등으로 인해 위험한 사회를 살아갈 것이라고 예측했다. 요즘 그러한 징후들을 보면서 일리가 있는 통찰이라고 생각된다. 하루가 멀다 하고 찾아오는 테러소식, 기후 변화로 인한 재난, 경제적 리스크, 전염병의 창궐 등은 우리를 더욱더 불안하게 하며, 더욱더 개인주의가 팽배한 사회를 만들 수 있다.

코로나 바이러스의 정확한 원인은 아직까지 제대로 밝혀지고 있지 않으나 중국인들의 식습관을 큰 요인 중에 하나로 꼽고 있다. 요즘 인터넷엔 중국인들이 박쥐나 새끼 쥐들을 먹는 유튜브가 SNS를 통해 번지고 있다. 음식이야 각 나라마다 식습관이 달라 뭐라고 할 수 없다. 한국도 개를 먹는 나라로 전 세계에 알려져 동물애호가들의 지탄을 받고 있다. 하지만 야생동물의 섭생은 고려할 필요가 있다. 대체 식재료가 발달된 현대에 굳이 과거 먹거리가 귀한 시절에 먹던 식습관을 지속할 이유가 없다. 중국의 야생동물 시장 규모가 1조 원이 넘는다는 기사를 보고 놀라지 않을 수 없었다. 한국도 많은 수의 야생동물을 중국에서 수입하는 것은 생각해 볼 일이다.

한국에서도 확진자의 문제로 모든 국민이 패닉에 빠졌다. 코로나 바이러스로 사람들이 외출을 꺼려 배달음식이 호황이다. 그리고 아직 백신이 개발 되지 않아 유사 치료제나 민간요법이 인터넷에 떠돈다. 마늘이나 양파의 알리신 성분이 면역력에 좋은 식품으로 알려져 있어 전문가들이 항바이러스 음식으로 많이 추천한다.

호흡기나 타액으로 감염이 되기 때문에 마스크도 예방하는 도구이지만, 찌개 같은 음식을 먹을 때는 각자 덜어 먹어야 감염이 안 된다. 필자도 한국에 있을 때는 찌개 하나에 온 가족이, 회식자리에 온

팀원들이 침 묻은 숟가락으로 하나의 탕이나 찌개를 떠먹고 술잔도 돌리고 했다. 그런데 미국에 오니 이와 같은 행위를 더블디핑(Double Dipping)이라고 하며 마치 야만인처럼 쳐다본다. 그리고 한국에서는 재채기를 할 때 손으로 덮거나 아니면 아예 공중으로 재채기를 하는데 이것도 미국에선 야만인으로 본다. 반드시 팔을 접어 재채기를 막아야 한다. 우리의 식습관과 생활양식에서 고쳐야 할 부분이다.

최근 미국 및 전 세계적으로 대체육 단백질 제품들이 개발돼 인기를 얻고 있다. 환경오염, 바이러스 전염 등 지속가능성을 생각하는 밀레니얼 세대들은 굳이 동물들을 키워서 탄소배출을 시키고 잔인하게 도살하는 등의 비인격적인 음식문화를 다시 생각하고 있다. 또한 동물 단백질도 요즘은 실험실에서 배양해 먹는 제품들이 상용화되고 있다. 머지 않아, 공상영화에서 보듯 공기 중이나 자연환경에서 화학 물질을 합성해 인공적인 음식을 만드는 것도 개발될 것이다.

특히 한국의 경우에 구제역이나 돼지 열병, 조류독감 등으로 해마다 어려움을 겪고 있다. 그로 인한 피해도 어마어마하다. 이제는 미래 먹거리 트렌드를 생각해 대체 단백질 소비나 식생활 패러다임이 바뀔 때다. 미국도 채식 위주로 많이 전환되고 있어 축산업이 점점 감소하고 있는 추세다. 한국도 이에 대비해 대체 식품의 개발이 시급하다.

최근 대체육을 개발한 한국 스타트업이 미국에 진출한다는 뉴스를 보았다. 이 업체는 아시안 스타일의 대체육을 미국시장에 판매할 예정이라고 한다. 이제 대체육 시장이 무르익어서 어느덧 티핑 포인트를 넘어서면 시장은 폭발적으로 늘어날 것이다. 코로나 바이러스를 보면서 이제는 우리의 식문화와 식품산업도 패러다임을 바꿔야 할 때임을 느낀다.

발행일 2020.2.10.

봉준호 감독에게서 배우는 식품의 미래

K-컬처 바람 타고 식품 산업 웅비할 때
영화 등 한국의 창의 · 상상력 세계적 붐
CJ문화 사업에 대한 과감한 투자 결실

봉준호 감독이 최근 아카데미 4관왕의 영광을 차지하면서 우리 식품산업의 미래도 배울 점이 많을 것 같다는 생각을 하게 되었다. 첫째는 봉 감독의 리더십에 관한 것이고, 또 하나는 그의 창의성에 관한 것이다.

영화의 독창성도 독창성이지만, 영화를 만드는 과정에서 배우들 및 스탭들과 관계를 유지하고 배려하는 그의 리더십은 배울 점이 많다는 생각을 한다. 그의 리더십은 예의와 배려, 관계중심적이라고 생각한다. 또 스탭들의 이름을 하나하나 불러가며 대화하고 함께 작업한다는 것을 들으면 권위를 벗어나 인격체로 대하는 것 같다.

한국에서 가끔 CEO들의 갑질 소식을 접한다. 아직까지 권위와 공포로 움직이는 조직문화가 사라지지 않고 있는 것 같아 씁쓸하다. 이와는 달리 봉감독은 권위적이고 상하적인 영화계에서 벽을 허물고 사람이 먼저인 수평적 팀워크를 중시하고 있다.

한 보도에 의하면 그는 영화감독의 권위보다는 조곤조곤 이야기 하면서 스탭과 배우들의 능력을 최대한 끌어내는 힘이 있다고 한다. 좋은 리더는 조직원들의 개인 역량들을 파악하고 적재적소에 이들의 탤런트를 끌어낼 수 있는 능력이 있어야 한다.

또한 스트리보드판에 콘티를 만들어 배우와 스탭들에게 공유해 최대한 혼선을 줄이고 완성도 높은 영화를 만들어 간다. 그리고 배우들에게도 자율성을 줌으로써 창작의 과정에 팀원들이 최대한 참여하도록 한다. 대표적 예가 〈살인의 추억〉에서 송강호 씨의 애드립으로 유명한 "밥은 먹고 다니냐?"란 대사다. 당시 봉감독은 송강호 씨에게 클라이맥스 대사를 일임했고, 결과적으로도 그 대사가 그 영화를 기억해내는 명장면이자 많은 여운을 남기는 대사였다.

배우 송강호 씨와의 인연은 '삐삐' 일화가 유명하다. 봉 감독의 첫 영화에서 무명인 송강호 씨는 오디션에서 떨어졌다. 그렇치만 봉 감독은 삐삐에 "이번 작품은 이러 이러한 이유 때문에 함께 작업을 못할 것 같지만, 다음엔 꼭 뵙고 싶다."고 정말 정성을 다해서 녹음을 남겨 놓았다며 그의 됨됨이에 반했다고 한다.

그 이후로 서로의 가능성을 보며 〈기생충〉까지 오게 된 것이다. 그의 리더쉽은 소통, 배려, 예의, 관계중심, 비권위적 등을 바탕으로 한다. 식품업계 또한 창의성을 요구하는 이 시대에 직원들에게 창의성을 말로만 요구하는 것이 아니라 창의성을 만들 수 있는, 봉 감독처럼 창의성을 만들만한 조직문화의 토양을 만들어야 한다.

또 하나 배울 점은 그의 창의성이다. 그가 감독한 영화들은 주제와 장르가 다양하다. 〈플란다스의 개〉, 〈괴물〉, 〈살인의 추억〉, 〈설국열차〉, 〈옥자〉, 〈기생충〉에 이르기까지 다양한 주제이면서 다양한 표현방식을 보이고 있다. 모든 영화가 히트를 친 것도 아니지만 그의 실험정신은 오늘날 아카데미상 수상까지 오게 만든 힘이다.

그의 인터뷰에 의하면 혼자 사색을 많이 한다고 한다. 그의 상상력은 곧 작품에 묻어나온다. 허구맹랑한 SF뿐만 아니라 그 안에 메시지도 충분히 담아낸다. 그의 영화관은 상업적인 환경에서도 꾸준히 자기만의 색깔을 담아내며 타협하지 않는 자기만의 색깔을 만들어 냈다.

한국의 식품산업도 이제는 봉 감독의 창의성과 리더십을 벤치마킹해 한 단계 더 도약할 때이다. 조직원과의 소통과 배려, 상상력을 바탕으로 창의적인 제품들을 개발해 전 세계에 진출할 때이다.

식품은 결국 문화 산업이고 콘텐츠 산업이다. 봉 감독과 BTS의 전 세계 문화 파급력은 막대하다. 이를 바탕으로 이제는 식품 산업도 한국 문화가 무르익은 때를 이용해 파도타기를 해야 한다.

CJ와 같은 대기업의 미국 시장 진출이 식품만이 아니라 엔터테인먼트와 같이 병행해 진출한 것도 큰 포석이다. 〈기생충〉의 화려한 수상 소식 이면에는 문화 사업에 대한 CJ의 지속적인 투자가 있다.

이제는 한국의 상상력과 창의성이 한국적인 옷을 입고도 먹히는 시대가 왔다. 올해의 시작에 들려온 영화 〈기생충〉의 수상 소식에 기분이 좋다. 한국의 전자제품들, 영화, K-POP 그리고 한국 문화와 식품들이 올해도 해외에서 더욱더 많은 관심을 받을 것으로 생각돼 기대가 된다.

발행일 2020.2.24.

30

★★★

미국 속 한국의 프랜차이즈 전성시대

K-POP, 〈기생충〉, 도약 발판
해외 진출로 기회 찾아야

최근 미국 LA에서는 한국에서 유행하는 핫도그들이 한인타운을 중심으로 인기를 얻고 있다. SNS를 통해 알려지면서 비단 한인들뿐만 아니라 많은 미국 젊은 층들도 흥미롭게 맛을 즐기고 있다. 다양한 브랜드와 각기 다른 모양과 맛이 있다 보니 한 개만 먹는 게 아니라 여러 개를 사서 이것저것 먹어보는 미국인들도 보았다.

전에는 코리안 바비큐(BBQ), 김치 등이 유명했다면 이제는 한국의 군것질 문화가 미국에 소개되면서 많은 인기를 얻고 있다. 핫도그의 경우, 미국에선 핫도그 번에 소시지를 넣고 양파나 피클, 겨자소스, 케첩 등과 함께 먹는 음식으로 생각하지만 한국의 핫도그는 어릴 때부터 먹던 싸구려 소시지에 튀김반죽을 입힌 튀김핫도그이다. 미국인에게 코리안 스타일 핫도그라 하면 좀 의아해 하고 신기해 한다.

비단 핫도그뿐만 아니라 각종 치킨 프랜차이즈도 많은 브랜드가 들어와 있다. 미국 프라이드치킨은 플레이버가 다양하지 않은데 비해 한국의 프라이드치킨은 다양한 질감(Texture)와 플레이버(Flavor)로 자기 입맛에 맞는 것을 고르는 재미가 있다. 한국에는 동네마다 한 집 건너 한 집이 치킨집이라 포화상태다. 그래서 더욱 미국 또는 해외로 진출하는 프랜차이즈 기업들이 많은 것 같다. 그 결과 한국의 대표 문화인 치맥을 미국에서도 큰 문화 장벽 없이 즐길 수 있게 되었다.

미국에는 순두부 식당들이 많은데 한인교포나 타 인종 손님들로 북적거린다. 정작 한국을 방문해 보니 순두부 식당들이 많이 없는데 미국에 순두부 식당이 더 많은 것이 좀 이상하긴 하다. 아마 타 인종에게 순두부가 건강식으로 알려져 있어서 많이 먹지 않을까 생각된다. 그리고 떡볶이 프랜차이즈도 많이 들어와 있다. 주로 한인들이 많이 먹긴 하지만 관심 있는 미국 젊은이들도 찾는다. 그런데 한국의 떡볶이는 너무 매워 맵기를 조절해야 할 것 같다.

이처럼 다양한 한국 프랜차이즈가 미국 또는 해외에 진출하지만 모두가 성공하는 것은 아니다. 예전에 한국의 카페베네가 미국에 진출한 적이 있다. 스타벅스가 거의 시장을 장악한 상태에서 카페베네 특유의 경쟁력이나 차별화를 느끼지 못했다. 그냥 한인타운동네 카페 정도로 운영하다가 결국은 문을 닫은 것으로 안다. 특이함과 차별성, 맛이 없으면 빛을 보지 못하고 실패하는 경우가 많다.

한국에서 하던 방식대로 하다보면 미국의 문화나 소비자 기호 등과 맞지 않을 수 있고, 미국의 매장 운영방식이나 인허가 등이 한국에서 생각하는 것보다 쉽지 않을 수 있다. 이는 철저한 검증과 스터디를 하고 접근을 해야 한다. 또한 프랜차이즈의 일부 식재료를 미국으로 공급하다 보면 FDA나 USDA의 관련 등록, 허가 등을 간과하는 경우가 있는데 이러한 부분도 사전에 준비해야 한다.

미국에는 직장인들을 위한 푸드트럭이 많다. 거기에서도 한국의 김치 타코, 불고기 타코, 한국의 핫도그, 치킨, 컵밥 등을 파는 한인 푸드트럭들을 보았다. 프랜차이즈 메뉴들이 푸드트럭과 연결해 시장을 확대할 수 있다.

K-POP과 봉준호 감독의 〈기생충〉으로 한국의 문화가 한 번 더 알려졌다. 봉준호 감독이 다녀갔던 식당들은 한인교포와 미국인들로 북적인다고 들었다. 이제는 한국의 프랜차이즈들도 각자의 독특한 맛을 가지고 접근하기 좋은 타이밍이다. 백종원 씨의 프랜차이즈들을 포함해 한국의 웬만한 프랜차이즈는 미국에 다 들어온 것 같다. 한국의 불황을 극복하고 해외시장을 개척해 더 큰 기회를 찾아볼 만하다.

다만, 요즘 코로나19로 인해 한인 식당들도 매출이 줄고 있다. 코로나에 대한 공포가 아직까지 한국보다는 덜 하지만, 한국이 세계 2위의 바이러스 확진자 보유국이 되면서 한인 식당에 가기를 꺼려하며 한인타운 방문 자체를 꺼리고 있다. 조만간 이 상황이 종료되길 바라며, 코로나 바이러스가 진정되면 다시 한 번 한국의 프랜차이즈들이 다양한 맛과 음식으로 적극적으로 해외 진출을 시도해 볼 때이다.

발행일 2020.3.9.

한국산 팽이버섯 리콜을 보면서

오염원에 대한 근본적인 원인 찾아야

현지 식문화 이해하고 수출해야

FSMA농산물 규정 등 파악해야

최근 미국에서는 한국산 팽이버섯을 먹고 리스테리아균에 감염돼 4명이 사망하고 30여 명이 식중독으로 입원하는 사태가 벌어졌다. 이에 농림축산식품부는 해명자료를 통해 '한국에선 팽이버섯을 세척 후 가열 조리해 먹지만, 미국은 익히지 않은 샐러드 형태로 먹는 등 식문화가 달라 식중독이 발생한 것으로 추정된다.'고 설명했다.

미국에서는 샐러드를 익히지 않은 야채들로 만들어 먹는다는 건 익히 알려진 사실이다. 또한, 미국에 새로 생긴 FSMA(식품 안전화 현대화법) 규정 산하에 농산물 규정(Produce Safety Rule)이 신설돼 신선 농산물의 규정을 강화하고 미국 내 수입자는 FSVP(해외 공급자 검증제도)를 통해서 안전한 제품을 수입하도록 규정하고 있는 상황에 이런 일이 일어난 것이다.

이에 대해 느끼는 게 몇 가지 있다. 첫째는 원인 규정을 소비자의 식습관에 두는 피상적인 원인 파악보다는 오염원에 대한 근본적인 원인을 찾아야 한다. 농식품부 관계자는 "리스테리아균은 섭씨 70도 이상에서 3~10분 가열하면 사멸하기 때문에 팽이버섯을 익혀서 먹으면 식중독을 예방할 수 있다."고 발표했다. 샐러드를 먹는 미국 사람에게 팽이버섯을 삶아서 먹으라고 얘기한다는 것은 현실성이 떨어지며 FDA가 리콜에 대한 책임을 면제시켜 줄 사유도 되지 않는다. 이미 버섯류는 법적으로 농산물 규정(Produce Safety Rule)에 포함되어 있어서 생물학적 위해요소를 관리해야 하고 농업용수관리 등 여러 필요한 사항을 지켜야 한다. 원인 파악이 잘못되면 해결책도 달라지고 향후 또 다른 문제가 발생한다.

둘째는 현지의 식문화를 이해하고 수출해야 한다. 외국에 수출할 경우에는 현지에서 어떻게 소비되는지 꼭 알아야 한다. 마케팅 측면에서도 필요한 데이터이며 또한 식품 안전을 위해서도 필요하다. 섭취방식 따라 위해요소의 심각성이 더해질 수 있기 때문이다. 예를 들어, 김치 같은 경우에는 발효식품이지만 pH나 수분활성도에 의한 미생물 억제를 제어하지 않기 때문에 식품 안전상 샐러드에 가깝다. 거기에다가 살균과정이 없으므로 유해 미생물들이 생장할 수 있다고 생각할 수 있다. 실제로 김치류 제품에 대한 식품 안전 계획을 코스트코나 대형 리테일러에게 주면 식품 안전담당자는 우리의 김치 제조과정에 대한 결함을 제기하곤 한다. 그것이 바로 문화의 차이다. 우리에겐 안전한 제품이 다른 나라 사람들에겐 식습관의 차이로 인해 치명적일 수도 있다.

셋째는 새로운 규정을 알고 있어야 한다. 특히 농산물 규정의 경우에는 농업용수 관리, 퇴비 관리, 종업원 위생관리 등 상당히 까다롭다. 필자가 2019년도에 FSMA 농산물 규정에 대해 aT(한국농수산식품유통공사) 주최로 세미나를 개최한 적이 있는데 미국으로 수출하는 업체들이 이에 대한 인지와 대응이 거의 미미하다는 것을 알았다. 해외에 수출하려면 해당 법을 알아야 하고 모르면 전문가의 도움을 받아야 한다. 해당국가의 법령을 어겼을 경우 모르쇠 자세가 면책 사유가 되지 않는다. 특히, 미국법의 경우엔 법의 형량이 엄격하고 몰랐다고 봐주지 않는다.

앞으로도 이런 일이 또다시 발생할 수 있다. 한국의 농산물이 해외에 수출되는 양이 많지는 않지만 해당 국가의 소비자 보호와 식품 오염 예방을 위해서는 농산물 생산 농가의 교육과 식품 안전 지원이 필요하다. 한국 내 전문가가 없으면 해외 현지 전문가들과 협업으로 대응 방안을 세우는 것도 중요하다.

요즘은 전 세계가 코로나 바이러스로 난리다. 중국은 확진자 추세가 어느 정도 진정되는 듯하다. 그러나 최근 뉴스에 우한 주민들에게 돼지고기를 쓰레기차에 실어 배송했다는 뉴스를 보면서, 코로나로 인해 중국에서는 위생관리의 중요성을 또 한 번 절감했으리라 생각되지만 세균 오염이 될 수 있는 쓰레기차에 돼지고기를 배달한다는 일은 아이러니다. 중국이든, 우리든, 코로나든, 팽이버섯 리콜이든, 실패로부터 교훈을 배우고 두 번 다시 같은 실패를 반복해서는 안 된다.

발행일 2020.3.23.

32

★★★

코로나가 보여준 미래 식품 산업

집콕으로 가공식품 · 가정간편식 시장 확대 예상
비대면 서비스 확산 ··· 미국 배달 문화 급성장
월마트 · 홀푸드 등도 식료품 배달 서비스 실시

코로나19가 전 세계를 강타하고 있다. 중국과 한국이 진정세에
돌아섰으나 미국, 이탈리아 등에선 기하급수적으로 증가하는 추세
다. 이로 인한 경제적 타격은 이루 말할 수 없다. 대기업도 그렇고
중소기업, 자영업, 특히 식당 및 관련 종사자들은 한순간에 일자리
를 잃고 망연자실 하고 있다. 그나마 가공식품 제조공장은 생산량

이 증가하는 등의 반사이익을 보고 있어서 그나마 다행이다. 코로나19 바이러스가 현재 우리 인류의 삶을 돌아보는 계기가 될 것이며 앞으로 인간의 삶의 패턴을 바꿔놓는 계기가 될 것으로 보여 식품 업계도 이러한 트렌드를 잘 읽어야 할 것이다.

미국에서도 현재 재택격리 조치로 인해 집 밖에 나가지 못하고 대부분 몇 주째 집에서 머물고 있다. 다들 삶의 패턴이 바뀜을 느끼고 있다. 평소 보지 못했던 것들을 본다. 더 가족들과 시간을 보내고 평소 오프라인으로 보았던 사람 간의 만남이 얼마나 소중한 것인지 느낀다.

한편으론 오프라인 대신 온라인으로 대면하는 문화가 정착될 것으로 보인다. 필자의 경우엔 글로벌하게 컨설팅을 하는 직업이라 강의나 미팅을 온라인 화상으로 해왔다. 출장시간과 비용을 세이브하는 효과가 엄청나다. 하지만 또 직접 대면의 중요성도 있기 때문에 오프라인 미팅·출장을 하이브리드로 섞어서 하는 편이다. 아무튼 이 와중에 미국에 여러 화상회의 소프트웨어 회사들의 주가는 이번 코로나 사건을 계기로 급상승세다.

공상영화에 보면 인간들이 가상현실에서 활동하는 것을 볼 수 있다. 인간이 악수하는 문화는 오래된 문화로 손에 무기가 없음을 확인하는 전통에서 유래했다는 말이 있는데 이 조차도 이제 없어질지 모른다. 개인간격(Personal space - 개인 간의 사적 공간을 침범하지 않는 예의)이란 게 이미 생활문화 속에 젖어들어 익숙한 미국의 경우는 소셜 디스턴스가 어색하지 않지만, 그렇지 않은 타 문화권은 이번 코로나

19로 인해 서로 간격을 두는 문화에 익숙해질 것이다. 기술의 발달로 인간 비대면 서비스가 더욱 많아질 것이다. 사람 간의 전염병도 그렇고 서비스 받는 자의 심적 부담을 덜기 위해서다. 사람이 사람을 만나면 굉장한 에너지가 소요된다. 언어소통에는 시각, 청각, 후각, 촉각 등의 감각들이 사용되는데 비대면 함으로서 이러한 부담감을 줄이는 것이다.

그리고 미국에서 음식 배달문화는 피자 외에는 거의 존재하지 않다가 작년부터 우버이츠, 도어대쉬, 포스트메이트 등이 급성장을 했고 코로나를 계기로 대세가 되었다. 한국이 배달문화의 원조이지만 이제는 전 세계가 배달문화를 받아들일 것이다.

모든 것이 온라인화되고 소프트웨어화되는 세상이다. 이러한 변화는 이번 코로나19를 계기로 더욱 가속화될 것이다. 교육도 온라인 추세에 따라 온라인 교육이 더욱 저변을 넓혀갈 것이다. 그리고 교회나 종교기관의 예배도 온라인화될 것이다.

집에 머무는 시간이 더욱더 길어짐에 따라 HMR 시장도 커질 것이며, 가공식품 시장은 더욱 확대될 것이다. 식료품 리테일러는 식품 배달서비스를 확대해 월마트, 홀푸드 등 거의 모든 그로서리 스토어들이 배달 서비스를 행한다. 한국의 오프라인 식료품점들이 점점 사라져 가고 온라인 배달 식료품서비스가 대세가 될 것이다.

코로나19가 주는 영향은 크다. 기술의 발달과 더불어 우리의 삶의 양식도 더욱 변화될 것이다. 사람끼리 대면하는 오프라인 시대가 점점 저물어 간다. 코로나19 때문에 결혼식을 온라인으로 할 수도 있고 코로나19로 제대로 치르지 못한 장례식도 온라인을 통해 할 수 있다. 변화의 결과가 인간에게 유익한 것이지 안 좋은 것인지 아직 알 수 없다. 단, 세상은 더욱 빠르게 변할 것이고, 코로나19 같은 바이러스는 주기적으로 찾아 올 것이다. 하루 빨리 종식돼 잘 극복되었으면 하며, 이번 일을 계기로 식품 비즈니스 업계의 생존력에도 더욱 강한 내성이 생기길 바란

발행일 2020.4.6.

진단 키트를 통해 본
FDA 과대광고 문제점

제약 · 의료 기기 2등급 이상만 승인 … 대부분 신고제
일부 컨설팅 기관 신고 · 등록을 승인으로 오도 … 위법
미국 수출 제품에 오인 문구 넣으면 통관 시 제동

　최근 한국의 한 신문사에서 연락이 왔다. 코로나 진단키트에 관한 긴급승인(EUA)에 대한 문의였다. 한국에서는 한국산 코로나 진단키트가 FDA 승인을 받았네, 받지 않았네 하면서 말이 많았던 모양이다. FDA가 최근 코로나 긴급 상황에서 일부 품목에 대한 긴급승인(EUA) 제도가 과대 포장된 것이 논란이었던 것 같다. 그동안 한국

을 오가며 FDA에 등록한 여러 식품과 건강식품, 제약, 화장품, 의료기기 업체들이 FDA에 대한 승인을 받았다고 과대포장 광고를 하는 경우를 보면서 좀 지나친 경우가 많다는 생각을 하였다.

FDA에 대한 과대포장을 부추기는 컨설팅 업체들도 문제이다. 아예 명함에 FDA 로고까지 넣어가면서 마치 FDA와 연관성이 있는 것처럼 오인하게 하는 업체들도 보았고, FDA에서 요구하지도 않는 테스트를 업체들에게 요구해 많은 시험 비용을 부담하게 하는 경우도 심심치 않게 본다. 그리고 컨설팅 기관에서 FDA에 단순히 신고 또는 등록하는 것에 대해서 FDA 승인이라고 업체들에게 얘기하는 경우도 있는데 이는 위법행위이다.

이처럼 FDA 승인이라고 소비자를 오인하게 하는 유형들은 다음과 같다.

첫 번째는 식품에 대한 FDA 공장등록(FFR: Food Facility Registration)이 9.11 사태 이후 테러 위협을 방지하기 위해 해외공장을 등록시키는 것임에도 이를 FDA승인으로 오해하고 과대광고 하는 경우이다.

두 번째는 컨설팅 기관이 수출을 위해 사전에 특정 항목의 테스트를 진행해야 한다고 하면서 이를 FDA 승인처럼 얘기하는 경우이다. FDA에서는 통관 시 압류된 경우가 아니라면 미리 어떠한 검사도 의무 사항으로 정해놓지 않았다. 위험요소가 많을 경우에는 업체가 판단해 자발적으로 테스트를 하면 되는 것이고, 어느 특정한 실험실에서 실험을 해야 한다는 규정도 없다.

세 번째로, FDA 로고를 회사에 찍어가면서 마치 FDA 유관기관처럼 혼동하게 하는 회사는 다시 한 번 확인해야 한다. FDA가 개인의 영리를 위해 권한을 위임해 줄 리가 없다.

이 외에도 화장품, 제약, 의료기기 등의 단순 신고나 등록 사항에 승인이라는 단어를 쓰는 경우가 허다하다.

이러한 오인·혼동할 수 있는 문구를 미국 수출 제품에 넣는다면 FDA 검사 시 걸리게 되므로 자연적으로 조심하게 되는데, 문제는 FDA 관련 허위·과대 광고를 국내에서 진행하는 경우다. 이 경우는 미국 FDA가 이것까지 단속할 자원과 관할권이 없다. 이때는 한국의 식약처나 유관기관들이 이러한 과대광고에 대한 팩트 체크를 실시하고 조치를 취해 소비자 혼동을 막아야 한다.

미국 FDA법 규정은 신규제약이나 의료기기 2등급 이상을 제외하고는 거의 다 자발적으로 법을 준수하게 하는 제도이다. 설령 신고, 등록을 해도 일일이 다 심사·승인하는 제도가 아니다. 그러니 FDA에 신고 또는 단순히 등록을 했다고 해서 FDA 승인(FDA Approved)이라고 한다면 이는 소비자 기만행위이다.

한국은 법체계상 많은 것을 정부가 주도하고 민간업체들이 이에 따라 가면 되는 구조다. 하지만 미국의 경우, 큰 틀은 정부에서 만들어 주지만 세부 사항들은 업체들이 알아서 해야 하는 경우가 많다. 그래서 한국업체들이 미국에 진출 시 어려워하는 것이 업무 방식이나 식품관련 규정이다.

예를 들어, 한국에서는 쓰면 안 되는 색소나 식품첨가제를 법으로 규정해 놓고 있어 업체들은 이를 참고해 그 성분들을 쓰지 않으

제이 리(Jay Lee)의 미국 식품 트렌드

면 되나, 미국의 경우에는 FDA에서 허용한 색소와 첨가제가 있고 이 외에 GRAS, NDI라는 제도가 있어 일일이 어떤 성분들이 허용되었는지 확인을 해야 한다. GRAS(식품첨가제 안전성신고)나 NDI(건강식품 신고제도)는 성분에 대한 효능보다는 안전성을 검증하는 제도다. 이 또한 FDA가 효능을 입증해준 것처럼 광고하는 것을 많이 보았다.

아무튼 FDA 문구를 넣어 광고하는 것이 소비자의 구매결정에 큰 요인으로 작용해 업체들이나 컨설팅 기관에서 이를 악용할 수 있다. 하지만 FDA에서는 일부 신규 제약과 의료기기 2등급 이상 외에는 대부분 신고, 등록제도다. 따라서 승인제도가 아니라는 것을 알고 소비자와 정부 기관들이 제대로 된 팩트 체크를 진행해야 할 것으로 보인다.

발행일 2020.4.20.

제이 리(Jay Lee)의 미국 트렌드

34

★★★

코로나19로 인한 식품 공장의 변화

위기관리 매뉴얼에 전염병 인한 셧 다운 포함될 듯
자동화율 높아지고 종업원 이격 거리 감안해 설계
원재료 가격 상승 가능성 ··· 2~3개 공급원 확보 필요
에어샤워기 등 '한국식 HACCP 장비' 해외 수요 예상

코로나19 사태가 번지면서 최근 미국의 주요 식품 공장들이 종업원의 집단 감염으로 문을 닫는 사태가 속출하고 있다. FDA 발표에 의하면 아직 코로나19 바이러스가 식품을 통해 감염이 된다는 확률은 희박하다고 발표하였고, 식품을 Essential Business(필수업종)으로 분류해 국민들의 식생활품을 제공하도록 하고 있다. 그러나 식품공

장 또한 코로나19 바이러스의 영향을 피해가지는 못하였다.

최근 Hormel, Smithfield 등 대기업 육류 가공 공장 일부가 종업원 등 감염으로 인해 일시적으로 공장을 폐쇄했다. 식품 공장의 경우, 생산 품목에 따라 아직도 노동집약적인 구조를 보이고 있다. 특히, 육류 공장의 경우엔 사람이 일일이 뼈를 발라야 하는 공정도 있다 보니 사람이 다닥다닥 붙어서 일을 해야 하는 구조가 많다. 임시 방편으로 마스크, 페이스 쉴드, 투명칸막이를 쳐서 막아보지만 밀폐된 곳에서 근무하다 보니 코로나19 바이러스를 피할 길이 없다.

미국의 식품 공장들은 이미 자동화가 많이 이뤄져 있다. 인건비가 비싸기 때문에 자동화가 필수지만 아직 전 공정을 자동화하기 어려운 품목이나 생산라인들이 있다. 그러나 코로나를 계기로 앞으로 자동화율이 더욱더 높아질 것으로 보인다. 한국도 마찬가지일 것으로 예상된다. 일부 노동집약적인 한국의 식품 공장들도 자동화가 가속화될 것이며, 자동화가 아니더라도 종업원 간의 사회적 거리를 위한 공간을 고려해 공장이 설계될 것으로 보인다. 또 식품공장도 학교만큼이나 많은 인원이 하루 종일 갇힌 공간에 있으므로 위험수준이 비슷할 수 있다. 따라서 개인 보호 장비 지급도 한 단계 더 높아질 것이다.

그리고 식품 안전 계획의 BRC 인증 같은 경우에는 Crisis Management(위기관리)에 대해 시나리오를 만들고 위기 발생 시엔 이에 따라 위기 대응할 것을 요구한다. 기존의 재난이 화재, 단수·단전, 지진, 폭동 등을 전제로 했다면 이제는 코로나19와 같은 전염병의 전파로 인한 공장 중단 시나리오도 위기관리 매뉴얼에 넣어야 할 것으로 보인다.

원재료 수급에 있어서도 글로벌 공급망으로 엮여 있어 장기적으로는 타격을 입을 것이다. 그러므로 항상 2, 3개의 다른 원재료 공급원을 확보함으로써 위기 발생 시 바로 대체공급이 가능하도록 여력을 확보해야 한다. 그리고 원료의 가격상승 또한 발생할 수 있다.

한국의 식품 제조 시설에서 HACCP이라 하면, 필자는 에어샤워기가 생각난다. 한국은 HACCP 설비 등을 하드웨어라고 생각하는 경향이 강해서 소프트웨어적인 운영방식의 노하우 보다는 설치투자에 집중하는 인상을 받았다. 미국의 웬만한 식품 공장은 에어샤워기를 가지고 있지 않다. 그러나 지금 생각하면 한국의 에어샤워기, 장화살균기 등이 코로나19 같은 전염병을 막기 위한 기본시설을 갖추고 있다는 생각이 든다. 앞으로 한국의 기본 HACCP 시설들이 미국이나 해외에도 수요가 많이 생길 수 있을 것으로 여겨진다.

한편, 한 조사기관에 의하면, 코로나 이후에는 브랜드에 대한 충성도가 떨어져서 가격에 민감해질 거라는 예상이 있다. 소비자의 지갑이 얇아지므로, 기본적인 주식 위주로 소비할 가능성이 있다. 그리고 프랜차이즈 같은 식당들은 센트럴 키친 형태로 바뀌면서 밀키트 시장으로 진입할 가능성이 높다.

아직까지 한국의 식품업체는 코로나19 이후 반사이익으로 매출 호조를 보이고 있다. 그러나 코로나 여파가 오래가면 직간접적으로도 여러 문제가 발생해 영향을 줄 것이다. 이에 시스템적인 사고로 여러 변수들을 한 번씩 생각해 보고 새로운 뉴노멀 시대를 맞아야 할 것이다.

발행일 2020.4.27.

코로나가 만든 대체육 시장의 스타 '비욘드 미트'

'비욘드 미트' 코로나로 대체육 스타 부상
뉴노멀, 식품 산업에 위기이자 기회될 수도

미국의 유명한 투자분석가는 미국 대체육 시장의 선두자인 비욘드 미트가 앞으로 아마존이나, 페이스북와 같은 자이언트가 될 것이라는 전망을 내놓았다.

최근 미국은 코로나 사태로 인해 육류 공장 가동이 원활하지 않아 육류 공급에 애를 먹고 있다. 육류가 미국인 식단의 기본 메뉴이기 때문에 트럼프 대통령도 각 육류 공장에서 코로나 감염 사례가 발생함에도 불구하고 행정명령으로 공장을 가동시키고 있는 상황이다.

이러한 상황에서 비욘트 미트의 1/4분기 매출은 전년도 대비 140% 폭풍 성장을 했다. 주식은 2020년도에 60% 상승했고 시가총액은 약 74억 불(한화 약 8조 원 규모)이다. 그야말로 코로나 수혜주가 된 것이다. 이미 육류대체 시장의 순풍으로 매출이 늘어나고 있는데 코로나가 촉매제 역할을 한 것이다.

식물성 대체육은 코로나로 인한 기존 육류 공급 차질이란 요인 외에도 가축이 지구 환경에 미치는 영향과 환경을 생각하는 밀레니얼 세대의 관심으로 인해 지속적으로 성장해 오고 있다. 미국의 경우 햄버거에 들어가는 패티에 식물성 대체육이 궁합이 잘 맞는다. 필자도 버거킹의 임파서블 버거를 먹어 보았는데 거의 육류 패티와 맛 차이가 없다.

배양육 시장 또한 커지고 있다. 배양육은 리스테리아, 살모넬라 같은 유해균을 방지할 수 있고 항생제 등도 쓰지 않으니 소비자들에게 '깨끗한(Clean) 식품'으로 주목 받고 있다. 배양육은 아직 식물성 단백질보다는 상용화가 덜 되어 있지만, 이 분야 또한 성장률이 빠르고 코로나로 인해 더욱 주목 받고 있다.

배양육은 생산단가로 인해 아직까지 상용화되기에는 이른 형국이지만 R&D를 통해 지속적으로 생산 단가를 낮추고 있다. 또 최근엔 생선을 배양육으로 개발 중인 기업도 있다. 지구 환경보호와 안전한 먹거리, 낮은 가격으로 언젠가는 기존 육류 시장을 앞지르는 날이 올 것이라 본다.

미국의 기존 육류업계에서는 배양육이나 식물성 단백질 고기에 대해 'Meat' 사용을 중지해야 한다고 정부에 주장하고 있다. 기존 육류업계가 위협을 느끼고 있는 것이다. 미국의 육가공 시장은 주로 몇 개의 대기업들이 독점하고 있고, 지속적인 육류 소비로 인해 오랫동안 안정적인 사업을 해오고 있다. 그러나 세계 인구가 증가해 100억 명이 고기를 지금처럼 소비한다면 지구 환경에 미치는 영향은 클 것이다.

한국의 축산 농가도 각종 전염병으로 큰 피해를 보고 있다. 얼마 전엔 돼지열병으로 고생했는데 이제는 코로나로 힘들어 한다. 기존 가축사육 방식이 가축 전염병이 전파되기에 적합한 구조적인 문제를 가지고 있다. 앞으로 이런저런 가축 전염병이 주기적으로 올 것이다.

필자는 몇 년 전 한국 방문 중에 우연히 아침 방송에 나온 'Planet It'이라는 스타트업 기업을 눈여겨봤고, 그 기업 대표와 몇 번 만나서 얘기를 하며 가끔 연락을 주고 받는다. 젊은 분들이 좋은 비전을 가지고 패기 있게 스타트업을 만들어서 고군분투를 하고 있는 것이 좋아 보였다. 몇 년이 지난 지금 그 회사는 투자도 받고 많이 커져 있다. 앞으로 이런 회사들이 향후 한국 식품업계를 끌고 갈 미래라고 생각한다. 한국 정부도 대체육에 대한 관리지침을 차츰 준비해야 할 것이다. 그리고 장기적인 수요 감소로 인한 축산농가의 사업 전환 등 타개책을 만들어야 한다.

이번 코로나 사태를 계기로 많은 것이 바뀔 것이다. 최근에 필자는 '코로나와 4차 산업이 만든 뉴노멀'이라는 책을 출간 예정 중이다. 책을 쓰면서 코로나 이후에 뉴노멀(New Normal)이 우리의 삶을 송두리째 바꿀 것이라는 생각이 들었다. 식품산업도 변화된 뉴노멀이 위기이면서 기회가 될 것이다. 앞으로 불확실성의 사회를 살기 위해선 어제의 성공이 내일의 성공이 될 수도 없다. 우리는 빨리 변화하고 적응해야 할 것이다.

발행일 2020.5.18.

코로나 이후 식품 전시회는 살아 남을까

비대면으로 온라인으로 이동
관객 감소 ⋯ 가상 공간서 전시
영업 · 마케팅 뉴노멀 적응을

미국에서는 해마다 3월에 식품 전시회 중 가장 큰 규모인 Natural Food Expo West를 애너하임에서 개최하고 있다. 올해는 필자의 회사도 홍보하기 위해서 부스를 신청해 만반의 준비를 하였으나, 행사 직전에 취소돼 당황한 적이 있다. 그 이후로 많은 전시회들이 줄줄이 취소되어 전시회 산업 역시 큰 타격을 입고 있다. 이 상황이 언제까지 갈지는 아무도 모른다.

최근에 코로나19로 인한 뉴노멀 중에 언택트(Un-tact)가 화두이다. 모든 것이 온라인이나 디지털로 이루어진다. 기존에 사람이 만나서 하는 방식들이 이제는 비대면으로 옮겨 가고 있다.

식품 홍보에 있어서 전시회는 상당히 중요한 마케팅과 영업의 수단이었다. 전시회를 통해 새로운 고객들에 제품을 홍보하고 신규 고객을 확보하는 중요한 창구 구실을 하고 있었다. 특히, 해외로 진출하려는 식품 수출 기업들에겐 전시회가 아주 중요한 수단이었으나, 이젠 이러한 전시회들도 코로나19 여파로 전시회 자체가 취소되거나 열린다 해도 사람들이 예전처럼 많이 방문하지 않을 것이라는 전망이다.

이를 타개하기 위해서 최근에는 가상현실(VR: Virtual Reality)을 이용한 온라인 전시회도 생기고 있다. 그중 눈에 띄는 것은 전시 업계 최초로 선보이는 온라인 라이브 전시회 '온페어'다.

최근에 베이비페어와 유아교육전이 4월 30일부터 5월 3일까지 '온페어'를 선보였다고 하는데, 온페어는 전시장에 방문하지 않고도 안방에서 모바일로 전시회에 직접 방문한 것 같은 느낌을 주는 국내 최초 온라인 전시회라고 한다. 기존 쇼핑몰과 다르게 실시간 라이브 영상을 통해서 제품을 상세히 살펴보고, 궁금한 점은 상담을 받듯이 채팅으로 질문을 던져 소통할 수 있다고 한다.

이처럼 전시회 산업은 가상으로 옮겨 갈 가능성이 높다. 가상에서 전시회 부스와 제품을 구경하고 명함 교환도 가능하도록 기술이 구현되어 있다. 그리고 앞으로는 전시회 형태가 이벤트적인 행사보다는 지속적으로 소비자나 구매자가 찾고 검색할 수 있을 때 적절하게 검색될 수 있는 능력이 더욱 필요할 것이다.

이제는 기존의 영업 마케팅이 비대면 뉴노멀의 변화에 대비해 방식이 바뀌어야 할 것이다. 필자의 회사는 미국에 위치한 관계로 구글에 검색 광고를 하고 있다. 미국이라는 땅이 넓기도 하지만 전 세계에 미국으로 식품을 수출하는 회사들이 많고, 해외에서는 구글을 검색엔진으로 대부분 사용하기 때문에 구글 광고가 굉장히 중요하다.

그리고 요즘에는 SNS 마케팅이 중요하기 때문에 유튜브, 인스타그램, 페이스북을 충분히 활용하여야 한다. 영어로 만들어서 전 세계인들의 이해도를 높이고, 자체 제작 또는 인플루언서 SNS 스타를 이용하는 등의 전략이 필요하다.

코로나19로 인해 기존 방식들이 무너지고 있다. 많은 사람들이 '곧 지나가겠지.' 하고 생각하지만 그렇지 않을 것이다. 그나마 한국이야 방역시스템이 좋아서 잘 막아내고 있지만 필자가 있는 미국의 경우에는 아직도 확진자와 사망자 수가 줄지 않고 있어서 패닉상태다.

필자의 경우에는 미국과 한국, 전 세계 국가의 기업들을 상대로 컨설팅을 하고 있으므로 이미 온라인 화상회의나 온라인 교육이 익숙하다. 오히려 시간과 비용을 절약할 수 있어서 좋다. 한국의 기업들도 가능하면 화상회의로 컨설팅을 하려고 하지만 아직은 오프라인에 대면하는 컨설팅에 익숙하다 보니 온라인 회의는 불편해 하는 경향이 있다. 이제는 식품 안전 인증심사나 컨설팅도 VR이나 온라인으로 대체되어야 한다고 본다.

항상 위기는 동전의 양면이다. 위기이면서 동시에 기회가 될 수 있다. 코로나19로 인해 사람을 만나 마케팅이나 영업하던 기존 방식에 제약이 생겼지만, 온라인이나 가상현실의 세계는 점점 더 영역을 확장할 것이다. 이럴 때일수록 창의적이고 상상력을 발휘해야 한다. 아직도 과거를 못 잊어서 정체되어 있으면 도태될 것이다.

발행일 2020.6.1.

37

★★★

아마존 식품 수출시 'Prop 65'법률 주의보

법률 유무도 모른 채 피소
김 · 스낵 · 수산물 등 다수 해당
승소해도 손해 … 미리 대비를

최근 필자에게 급한 연락이 왔다. 자신이 미국 아마존에 김을 수출하고 있는데, 캘리포니아 Prop 65에 대한 소송을 하겠다고 편지가 왔다는 것이다. 아마존에 얼마 팔지도 않는데 이러한 소송을 당할 위험에 처하자 난감해 했다. 그러한 법조차 있는 줄을 몰랐다고 하소연을 하지만 어쩔 수 없는 현실이다.

미국 캘리포니아에는 'Proposition 65'라는 법률이 있어서 소비자에게 암유발이나 생식기 질환을 유발할 수 있는 화학물질들을 제품에 표기하도록 되어 있다. 식품뿐만 아니라 모든 공산품에 적용되고 있지만, 이 법을 모르는 수출자들이 많다. 보통은 미국의 수입자들이 제품에 별도의 스티커 라벨을 만들어 붙이고 있지만, 이미 많은 한인 식품 수입업자들이 Prop 65의 공익소송을 당해 매년 수만 불씩 합의금으로 지출하고 있는 사례를 많이 본다.

특히 요즘에는 아마존으로 직접 수출하는 경우도 많아 아마존 수출자에게도 Prop 65 소송이 이어지고 있어 각별한 주의가 요구된다. 캘리포니아에 해당하는 법이므로 그냥 '캘리포니아에서만 안 팔면 되겠지.'라고 방심하면 안 된다. 미국 내에서 한인들이 가장 많이 사는 지역이고 아시안 또한 이곳에 가장 많이 살고 있기 때문에 한국 식품이 가장 왕성하게 판매되는 곳이 캘리포니아다. 그래서 미국 수출을 한다면 연방법뿐만 아니라 가장 법규가 까다로운 캘리포니아법을 먼저 알아봐야 한다. 원래는 10인 이하 기업의 경우에는 면제지만, 아마존도 소비자 단체에서 같이 소송을 걸고 있으므로, 나중에 아마존이 업체에 구상권 소송을 할 경우가 많다.

Prop 65법률은 소비자를 보호한다는 측면에서는 좋으나 기업들에겐 너무나 어려운 규정이다. 공산품이나 식품에는 수백 가지의 화학물질이 연관될 수 있고, 위험요소가 있으면 구체적인 화학물질의 이름을 표기해 경고 문구를 붙여야 한다. 기준 또한 굉장히 낮고, 제품을 소비하는 형태나 주기 등을 고려해서 제조자가 기준을 세워야 하므로 여간 까다로운 것이 아니다. 또한 샘플링을 통해 테스트를 한다고 해도, 소비자가 해당 제품을 얼마나 섭취할지 몰라 일일 섭취량 기준을 세우기 어렵고, 샘플 사이즈가 여간 크지 않으면 샘플링의 신뢰도가 떨어질 수 있다.

Prop 65은 OEHHA라는 기관에서 관할한다. 웹사이트에 들어가면 최근에 케이스들이 리스트 되어서 자신과 같거나 유사한 제품들이 어떠한 공익소송을 당하고 있는지 살펴볼 수 있다. 전에는 이 웹사이트에서 유사 케이스들을 검색해 자신들의 제품과 연관 있는 것들을 경고 문구에 표기해주면 되는데 요즘은 별의별 케미컬들을 걸고 넘어지면서 소송하는 경우가 많다.

OEHHA 기관이 직접 기업들을 상대로 소송하는 것이 아니라, 소비자단체나 변호사들이 공익소송을 하는 형식이다. 보통은 합의금을 받고 끝나는 경우가 대부분이다. 기업 측면에서도 자신들이 입증 책임을 가지고 있으므로, 자신의 제품이 유해 물질이 없거나 기준치 이하임을 입증해야 하고, 이기더라도 변호사 비용, 실험 비용 등의 비용이 들어가므로 이겨도 손해 보는 게임이다.

필자의 경우엔 식품 및 여러 공산품에 대한 컨설팅 문의가 오는 경우가 많은데, 보통은 무엇을 테스트 하는지 물어본다. 또 유사 제품에 해당 케이스들이 있으면 가능한 경고 문구를 붙이라고 한다. 가장 많이 걸린 식품 중 하나가 김이다. 김에 미량 함유된 납, 카드뮴 성분에 대해 경고 문구를 붙이지 않았다고 소송하는 경우다. 그러나 이제는 수산물, 고온 공정을 거친 스낵 등 너무나 다양하다.

최근에 코로나로 인해서 온라인 매출이 엄청 늘어났다. 아마존 주가는 더 올랐다. 식품 구매도 많이 늘었다. 한국식품 기업들에겐 기회지만 Prop 65은 항상 소송의 위험요소가 있다. 그리고 최근 강화된 FDA 규정에 의한 FSVP(해외 공급자 검증제도)의 발효로 FSVP Agent를 지정하지 않으면 통관이 안 된다. 기본적인 법규 준수를 위한 기초 작업이 먼저 필요한 때이다.

발행일 2020.6.15.

식품업계에도 찾아온 구독경제

새로운 비즈니스 모델 … 정기 배달 식품 할인 매력
미국, 밀키트에서 과자 · 커피 · 와인 · 비건 등으로 확산
구독경제 해외 바이어에 한국 식품 공급 고려할 만

구독경제(Subscription Economy)는 최근 넷플릭스 등의 폭발적인 성장세와 함께 새로운 비즈니스 모델로 뜨는 분야다. 주로 콘텐츠 분야에서 활성화되었지만, 이제는 의식주 분야에도 구독경제 모델이 점점 자리를 넓혀 가고 있다. 미국에서는 밀키트 시장을 시작으로 이제는 과자류, 캔디류, 원두커피, 와인, 비건 등 여러 가지 테마로 구독경제를 활용한 식품 판매가 늘어나고 있다.

특히 코로나19로 인해 소비자들이 직접 식료품점에 발걸음하기 힘들어지면서 온라인 구매가 활성화되고 있고, 한발 더 나아가 아예 판매자가 트렌드에 맞게 소비자를 위해서 새로운 품목들을 추천한 상품들을 시도해 보는 재미가 구독경제의 매력이다. 소비자로서는 한정된 브랜드만 소비를 하다가 여러 가지 제품들을 소비해 봄으로써 자기에서 맞는 제품들을 찾을 수 있다. 또한 제조자들도 특정 브랜드에 충성된 고객에게 자신들의 제품들을 홍보할 수 있는 좋은 기회이기도 하다.

현재 한국에서도 밀키트 시장을 중심으로 구독경제가 코로나19 이후에 두드러지게 신장한다는 기사를 보았다. 콘텐츠 구독경제는 일정액으로 무한대의 콘텐츠를 소비함으로써 소비자들을 유혹하지만, 식품의 경우에는 소비자가 소비할 수 있는 양이 제한되어 있으므로 무한대 소비의 메리트 보다는 새로운 제품들에 대한 시도, 정기적으로 배달되는 식품 아이템을 할인된 가격에 소비를 할 수 있는 것이 장점이라고 할 수 있다.

한국에서 수출하는 기업들도 이런 구독경제 비즈니스를 진행하는 해외 바이어를 찾는 것도 앞으로의 수출에 도움이 될 것이다. 구독경제 식품 비즈니스는 특이한 아이템들을 소비하는 소비층을 타깃으로, 한국 제품을 막연히 동경하는 외국 소비자에게 홍보할 수 있는 좋은 채널이 될 것이다.

구독경제 비즈니스 사업자들의 장점은 고정 고객을 확보함으로

써 안정적인 매출을 올릴 수 있다. 또 플랫폼 비즈니스처럼 많은 고객을 확보할수록 많은 고객정보를 활용한 빅데이터 기반 알고리즘 마케팅도 가능해 소비자 선호도 분석 및 피드백을 사용하여 매출을 확대하는 선순환을 만들 수 있다.

구독경제의 아이템은 한계가 없어 보인다. 육류, 계란, 막걸리뿐만 아니라 자동차 구독 서비스도 있다. 값비싼 스포츠카를 일정액을 내면 한 주 단위로 탈 수도 있다. 소비의 편의성과 소유보다는 사용이라는 가치를 중요시 하는 현재 소비자들의 기호를 말해주고 있다.

또한 요즘은 제조업체가 직접 소비자들과 연결해 직판하는 구조도 많이 생겨나고 있다. 제조사가 온라인 주문을 받아서 배송해 주기도 한다. 또한 제조업체가 직접 구독경제를 이용해 다양한 자사 제품을 홍보하면서 저렴한 가격에 제공하는 모델도 많이 생기고 있다.

필자의 경우, 한국 서적을 미국에서 구매하기 쉽지 않았는데 몇 년 전부터 한국의 책 구독 서비스를 받고 만 원 정도만 내면 무제한으로 한국 서적을 읽을 수 있는 서비스를 받고 있다. 예전엔 미국에서 한국 서적 한 권을 사려면 한국가격의 2배를 주고 사서 읽어야 하는데, 이제는 10불 정도 내면 무한대로 책을 읽을 수 있어서 좋다. 당연히 책도 더 많이 읽게 되고, 특히 신간들을 지체 없이 접할 수 있어서 좋다. 소비자는 저렴한 가격에 더 많은 서비스를, 판매자는 고정적인 매출확보라는 윈-윈을 하는 것이다.

하지만 구독경제는 아직 걸음마 단계이므로 누가 살아남을지, 어떤 아이템들이 장기적으로 비즈니스를 할 수 있을지는 의문이다. 단, 변화된 시대에 새로운 방식으로 혁신하는 노력은 계속되어야 한다. 한국 내에서의 포화된 내수 시장 돌파를 위해서, 해외에 부는 구독경제의 틈새시장을 잘 노려 어려운 코로나19 시대를 이겨내는 기회가 되었으면 한다.

발행일 2020.6.29.

김치 시즈닝에서 배우는 세계화 전략

만들기 힘든 식품 가루로 제조 보관 · 사용 편리
원료 선별 비건 · 글루텐프리 등 건강 이미지 부각
샐러드 · BBQ 등에 활용하게 미국 문화와 접목

김치는 대표적인 한국 음식이다. 최근에 한류를 타고 전 세계 사
람들이 김치에 대한 관심을 가지고 있다. 그러나 외국인들이 직접
만들어 먹기에는 너무 복잡한 과정이 따른다. 이에 착안해 김치 시
즈닝 믹스가루를 만들어 아마존에서 베스트셀러로 히트 친 제품이
있다. 바로 푸드컬쳐랩의 '김치 시즈닝'이다. 이를 통해서 한식의 세
계화 전략에 도움이 될 만한 교훈을 살펴보고자 한다.

첫째는 편리성이다. 김치는 요즘 젊은 사람도 하기 힘든 음식이다. 어머니가 담가준 김치에 대한 기억은 있지만 젊은 사람들이 시간과 정성을 들여 만들기에는 너무 복잡하다. 하물며 외국인들의 경우에는 재료를 구하고 직접 담그는 레시피가 쉽지 않은 과정이다. 또한 포장 김치의 경우, 외국인들이 처음 시도하기에는 너무 맵거나 젓갈 등 향이 강할 수 있다.

이와 같은 문제점을 보완해 김치맛을 내는 원료들을 가루로 만들어 보관 및 사용을 편리하게 함으로써 미국 소비자들의 장벽을 낮추는 시도를 해 적중한 것이다. 요즘 트렌드 중에 하나가 편리성임을 감안하면 한국이건 미국이건 소비자를 편리하게 하는 것이 중요하다.

둘째는 현지 문화의 접목이다. 미국인들은 샐러드를 즐겨 먹는다. 젊은 사람들이나 여성들은 채식을 즐겨하므로 드레싱이나 시즈닝이 중요하다. 김치맛을 즐기려는 사람들에겐 이색적인 시즈닝을 즐길 수 있는 기회이다. 양념 속을 넣은 전통 김치가 아니라 다양한 샐러드 야채들과 김치 양념 가루를 섞어 다양한 식감을 김치맛으로 즐길 수 있게 하였다. 이를 통해 김치에 대한 낯섦의 장벽을 낮출 수 있었다.

셋째는 트렌드와의 접목이다. 현재 미국에는 Non-GMO나 Vegan, Gluten Free 등 건강식에 대한 관심이 크기 때문에 원료 선별도 이에 맞게 소싱함으로써 트렌드와 접목 시킬 수 있었다. 마케팅에서는 항상 대중을 타깃으로 하기 보다는 조그만 틈새시장을 확실히 공략해 대중으로 확산시키는 것이 더 효과적일 수 있다. 트렌드를 잘 읽으면 현재 제품들을 접목시켜서 확장(Pivotal)하는 방법으로 확대할 수 있다.

넷째는 확장 효과이다. 샐러드에 뿌리는 것을 시작으로 다른 음식에도 뿌려 먹을 수 있도록 사용 방법 등을 소비자들과 소통한다. 우동, 쌀국수, BBQ 등에도 뿌려 먹으면서 활용도를 확장시킬 수 있다. 중남미 히스패닉들은 매운 음식을 좋아하여 김치 시즈닝처럼 맵고 신 칠리 가루를 옥수수나 과일에 뿌려 먹는 습관이 있는데, 그런 문화와도 유사하다.

결국은 음식이 문화이므로, 현지 문화와의 접목이 중요하다. 브랜드도 서울시스터즈라고 해 듣고 외우기 쉽게 했다. 제품 라벨도 현지화해서 미국 구매자들이 외국제품이라는 부담감 없이 사용할 수 있도록 하고 있다.

코로나19 기간에 많은 사람들이 온라인 구매를 하고 있으며, 집에서 오랫동안 격리되는 가운데 새로운 것을 추구하는 사람들도 많다. SNS나 미디어를 통해서 세계인들과 소통하고 한국적인 것을 유지하면서 부담 없이 편리하게 현지 문화와 어울리는 보편적인 제품을 만들어 낸다면 새로운 기회를 찾을 수 있을 것이다. 코로나19로 식품업계는 적잖은 호황을 누리고 있다. 한식 세계화도 코로나19 기간 동안 더욱 확대시킬 수 있는 기회이다. 이때 온라인 판매와 홍보가 중요한 역할을 하게 될 것이다. 더욱 공부하고 활용할 때이다.

발행일 2020.7.13.

제이 리(Jay Lee)의 미국 식품 트렌드

코로나에 강한 음식,
김치에 또 한 번의 기회

인삼 등 면역력 높이는 한국산 건강식품 인기
과대광고 안 걸리게 과학적 자료 뒷받침을

최근 프랑스 몽펠리에 폐의학과 명예교수가 이끄는 연구진은 한국에서 코로나19로 인한 사망자가 적게 나온 이유 중 하나가 김치라고 주장했다. 또 양배추를 발효시켜 절인 독일의 샤워크라우트도 코로나19 사망자를 줄이는데 일조했다고 밝혔다.

연구진이 밝힌 바로는, 코로나 바이러스는 사람의 세포막에 존재하는 ACE2(안지오텐신 전환 효소2)와 결합해 몸속으로 침투해 감염시키는데, 발효 배추에는 ACE2를 억제하는 효과가 있다는 것이다.

2000년대 초 사스가 유행할 때도 다른 나라에 비해 한국의 감염 피해가 극히 적었던 이유가 김치 때문일 것이라는 추측이 있어 김치 수출이 늘었던 적이 있다. 최근 농수산물 유통공사의 자료에 의하면, 올해 1월부터 5월까지의 김치 수출량이 전년대비 약 37% 증가했다. 코로나 특수를 보고 있는 것이다.

프랑스 연구진은 또 요구르트와 같은 발효음식을 먹는 지역에서 코로나 사망자가 적다는 상관관계도 발표했다. 이 외에도 한국 등 아시아 지역에서는 발효음식을 많이 먹기 때문에 암 예방에 도움이 된다고 하는 연구결과도 그동안 많이 있었다.

요즘 K-POP, K-방역에 더불어 또 하나의 기회가 온 것 같다.

최근 미국에서는 면역력 강화 식품들을 많이 찾고 있다. 한국산 건강식품으로는 인삼 제품이 특수를 보고 있으나, 이제는 김치도 더욱 주목을 받을 수 있을 것 같다. 코로나 이전에도 김치에 대한 관심이 많았는데, 코로나19 바이러스가 촉매제 역할을 할 것으로 예상된다.

수출 확대를 위해 한국의 면역력 강화 식품들을 전략적으로 홍보할 때이다. 정부 기관들도 다양한 미디어를 제작해 알리고 각 기업들도 면역력 강화와 접목한 제품들을 출시해 기회를 잡아야 한다.

다만, 김치 등 면역력 강화 식품에 대한 더 많은 과학적 연구 데이터가 필요하다. 또 아직 과학적인 검증데이터가 더 필요하기 때문에 과대광고와 허위 광고를 조심해야 한다. 해당 국가의 법령에 맞춰 홍보와 광고를 해야 한다.

제이 리(Jay Lee)의 미국 식품 트렌드

항상 위기에는 기회도 있는 법이다. 올해 초 신천지로 인한 코로나19 감염 확대 때는 방역이 실패하는 듯 보였다. 하지만 그 이후 방역이 어느 정도 성과를 거두면서 잘 막아내고 있다. 필자가 있는 미국에는 지금도 하루에 5, 6만 명씩 확진자가 나오고 있다. 한국에서 5, 60명 확진자가 나왔다고 놀라는 모습이 부럽기까지 하다.

앞으로 코로나 얼마나 오래갈지, 백신이 언제 나올지 모른다. 또 언제 코로나 이후에 다른 팬데믹이 올지도 모르는 상황이다. 이런 불확실성의 사회에서 뉴노멀에 빨리 적응해 대안을 생각해 내고 실행하는 회사들과 개인이 성공할 것이다.

과학자들에 의하면 지구는 그 동안 총 5차례의 대멸종 시기를 거쳤다. 그때마다 약 70% 이상의 생물종들이 자취를 감췄다. 지금은 6차 멸종 시기로 보고 있으며 많은 종들이 멸종되고 있고, 인류도 대상이 될 수도 있다고 경고한다. 마찬가지로 코로나19에 적응하고 변화된 환경에 진화하진 않는 기업들은 도태될 것이다.

그간 식품업계는 내수 포화시장에서 여러 다양한 제품들로 경쟁력을 갖추고 있기 때문에 이제는 코로나 특수로 또 한 번 도약할 때이다. 농심 같은 회사는 지금 미국에서 라면 판매량 최고를 기록하며 호황을 누리고 있고 여러 미국 진출 식품 회사들도 이 호황의 파도를 타고 있다. '물들어 올 때 노 젓는다.'고, 기회의 파도를 잘 타서 K-Food도 전성기를 누리기 바란다.

발행일 2020.7.27.

HACCP 인증 유효 기간 국제화 필요성

=== ★★★ ===

한국 인증 3년으로 긴 편 … 미국선 제도상 허점 우려
시설 치중 SW 미흡 … 선진국 민간인증 불구 관리 철저
유효 기간 1년으로 전환 식품 위생 신뢰도 제고할 때

필자가 미국에서 식품 수입업자의 FSVP(해외공급자 검증제도)의 컨설팅을 맡아 코스트코와 월마트 등 대기업들과 일을 하다보면, 많은 경우에 미국회사로부터 한국의 HACCP 인증 유효 기간에 대해 궁금한 점이 많다. 미국이나 대부분의 식품 안전 인증제도가 1년마다 갱신되고 있는데 반해, 한국의 경우에는 3년 동안 유효 기간으로 설정이 되어 있기 때문이다.

물론 사후심사제도라는 것을 통해 매년 1년에 한 번씩 약식으로 심사를 하는 것으로 알고 있다. 그러나 뉴스를 통해 들리는 바로는 식약처의 제한된 공무원 수로 많은 업체들을 관리하다 보니 사후 심사의 질이 우려된다는 기사를 접하고 있다. 그리고 한국에서 미국 코스트코나 월마트 등에 납품할 경우에 GFSI 레벨 인증을 요구한다. 한국에는 FSSC22000의 인증을 가진 경우가 많은데, FSSC22000 또한 유효 기간이 3년이다. 다른 SQF나 BRC의 유효 기간이 1년인데 반해 유효 기간이 길어 인증제도에 허점이 있을 수 있다는 우려가 많다.

한국의 식품 제조 업체들은 HACCP 제도가 많은 시설투자를 의미하는 것으로 인식하고 있는 것 같다. 한국의 식품 제조시설들을 방문하면 깨끗하고 좋은 시설들을 많이 갖추고 있다. 에어샤워기와 위생전실이 마련되어 있고 신발과 유니폼을 깨끗이 갈아입을 수 있는 제반시설들이 너무나 잘 갖추어져 있다. 그러나 HACCP의 내용인 각 절차를 따르고 기록을 철저히 관리하는 소프트웨어적인 측면은 아직까지 하드웨어 수준에 미치지 못하고 있다는 인상이다. 더군다나 유효 기간마저 3년이니, 3년 동안 HACCP이라는 시스템을 회사의 DNA로 만들어 운영할지는 미지수다. 누군가는 업체들이 HACCP을 잘 관리하고 있는지 수시로 점검해야 한다.

미국의 경우에는 HACCP이나 GFSI 모두 민간 인증 기관이지만 심사하는 수준이 매우 까다롭다. 또한 연방정부 기관인 FDA, USDA 가 식품 제조시설을 관할하고, 주별로 식품위생부가 감사하며 카운 티의 헬스 디파드먼트에서 개별로 검사하는 등 몇 중의 관리, 감시 체계를 가지고 있다. 시설 면에서는 한국을 따라가지는 못하지만, 소프트웨어 관리 면에서는 미국이 훨씬 앞선다고 생각한다.

기록 관리도 철저해 직원들이 기록 관리를 빠뜨리거나 위조할 경 우엔 회사 자체적으로 엄한 처벌을 내린다. 리콜과 관련된 위조의 경우에는 정부 기관으로부터 형사고발을 당하고 무거운 형량을 선 고 받는다. 그러나 한국의 경우, 법 위반 시에 부과되는 형 집행이 너무 가벼워 식품업체의 HACCP 관리 미비에 대한 사법적 책임 또 한 거의 없을 것으로 안다.

K-Food에 대한 관심이 증가하면서 앞으로 한식의 해외수출이 더 욱 늘어날 것이다. 이러한 상황에서 HACCP 등 인증제도의 유효 기 간도 국제 규격화에　춰 1년으로 전환하는 것을 고려해봐야 한다. 더구나 한국의 경우, HACCP을 정부 기관이 인증하다보니 문제가 생길 경우에 정부가 책임질 수 있고, 국가 간 식품위생제도에 대한 신뢰도도 떨어질 수 있다.

한국은 스마트 HACCP 등 디지털화를 통해 식품 안전 시스템을 한 단계 업그레이드시키려고 노력하고 있다. 이러한 시점에서 제도 의 재검토도 필요하다. IT기술의 도입으로 업체들의 사후 관리가 더 욱 주기적이고 효율적인 방법으로 모니터링이 되어야 한다.

올 봄, 미국에서는 한국산 팽이버섯 리콜 사태가 일어나면서 버섯

농가들이 수출에 타격을 받았다. 그중에는 HACCP과 GAP 등 인증을 갖춘 회사들도 있다. HACCP 인증의 내실화를 위해 관리기관이 감시목적과 함께 업체가 자발적으로 식품 안전문화를 도입할 수 있도록 인식개선의 노력이 필요하다. 이제 한국 제품은 안전하게 먹을 수 있다는 이미지를 심어주어야 할 때이다.

발행일 2020.8.18.

월마트의 반격

온라인 최강 아마존 따라잡기 성공
온-오프라인 병행 필요

미국에서 오프라인 리테일러의 최강자는 월마트, 온라인의 최강자는 아마존이다. 월마트의 2019년 매출은 약 5140억불(한화 약 600조)이고 아마존은 약 2800억불(한화 약 330조) 규모이다. 그러나 아마존의 온라인 시장매출이 매년 증가세를 보이고 있고 팬데믹에 힘입어 더 탄력을 받고 있다. 그러나 오프라인의 최강자인 월마트의 반격도 만만치 않다. 월마트의 저력을 과소평가해서는 안 된다.

한 기관의 조사에 의하면, 최근 월마트의 온라인 식료품 매출이 아마존의 식료품 매출을 넘어섰다고 한다. 아마존의 경우, Whole Food 인수와 기존 Amazon Fresh에서 온라인 배송서비스를 하고 있었다. 월마트도 식료품 부문의 견실한 오프라인 입지와 온라인 사업을 강화하면서 아마존의 공격을 잘 막아내고 있고, 되레 아마존 식료품 부분의 경쟁을 따돌리고 있다.

아마존의 강점인 프라임 멤버십을 월마트도 도입한다는 계획이다. 멤버십을 도입하면, 아마존처럼 당일 배송과 할인 혜택 등이 주어지게 되어 많은 고객들이 아마존에서 유입되리라 전망한다.

미국 소비자들에게 아마존은 선택의 여지가 없는 독점 기업과 같은 분위기다. 온라인 오더가 클릭 한 번이면 되고 배송이 빠르다는 장점이 있어 소비자들이 한 번 사용하게 되면 아마존에서 빠져나오기 힘들다. 필자의 경우에도 아마존 어카운트가 해킹되어 주문하지 않은 비싼 물건을 지불하고 아마존 멤버십에서도 쫓겨나는 황당한 사건이 일어나 아마존에 안 좋은 추억이 있다. 그 후에 이베이, 월마트 등 다른 웹사이트를 전전하며 온라인 구매를 하는데 아마존처럼 편리하지 않다.

미국에서는 'Amazoned'라는 단어가 생겼다. 이는 아마존에게 당하고 몰락한 기업들에게 쓰는 단어다. 대부분 쇼핑몰과 오프라인 소매점들이 코로나 이전부터 문을 닫기 시작했다. 그런 쇼핑몰 공간을 아마존이 물류센터로 다시 사용하거나 아니면 역으로 아마존이 5 Star store를 오픈해 인기상품을 판매·전시하는 공간으로 쓰고 있는 아이러니가 생겼다. 필자가 사는 지역에도 아마존 그로서리 오프라인 매장이 들어설 예정이다. 이곳도 얼마 전 파산한 아이들 장난감 소매업체인 토이즈알어스 자리다.

그나마 아마존에게 대항할 수 있는 기업은 월마트인 것 같다. 아마존의 온라인 공격에 대비해 온라인 사업 분야에 지속적으로 투자하고 있다. 월마트의 2/4분기 매출은 이 전년 동기 대비 6% 늘어났다. 코로나로 인해 사람들이 집에 머무는 시간이 많아지면서 식료품 등 매출이 늘어난 것이다. 월마트의 온라인 매출은 97%가 증가했다고 전해진다. 아마존의 2/4분기 매출은 40% 증가했다고 한다.

미국에서는 현재 많은 전통적인 리테일 비즈니스들이 파산의 길을 걷고 있다. 최근에는 J. Crew, Neiman Marcus, JCPenney 등 큰 리테일 비즈니스들이 파산신청을 한 바 있다. 올해 약 6,300개의 스토어들이 문을 닫을 것이라는 발표도 있다.

이런 상황에서 월마트만큼은 아니지만 선방하고 있는 곳이 오프라인 리테일러이다. 전년 동기 대비 2/4분기 매출이 약 11% 상승한 것으로 나타난다. 오프라인 매장뿐만 아니라 온라인 매출도 많은 기여를 했다. 코스트코의 경우에도 약 13.2% 상승했으며 온라인 매출은 전년 대비 75% 상승했다.

이처럼 지금은 오프라인과 온라인 비즈니스의 대결이라기 보다는 모든 비즈니스들이 온라인과 오프라인 병행을 통해 좀 더 소비자들이 구매하기 편리한 시스템을 구축하고 얼마나 창의적인가에 달렸다.

한국 수출기업들이 코스트코, 월마트, 아마존을 통해서 많은 기회를 엿보고 있다. 또한 팬데믹으로 인한 경기의 불투명과 소비자 행동 양식의 변화 등 여러 요인들이 앞으로 식료품 유통 시장의 지각을 바꿀 것으로 보인다. 미국의 식료품 유통 변화를 눈여겨 보면서 다른 국가와 한국의 식품 유통 변화 트렌드도 잘 읽어야 앞으로 살아남으리라 생각된다.

발행일 2020.8.31.

43

=== ★★★ ===

인공지능 기술을 도입한 **FDA**의
수입식품 모니터링

FDA 수입식품 검사에 인공지능 · 머신러닝 기술 도입

식품 안전 IT접목 가속화 ⋯ 디지털 트랜스포메이션 필수

최근 FDA에서는 인공지능(AI)와 기계학습(ML) 기술을 도입하여
수입식품에 대한 모니터링 제도(New Era of Smarter Food Safety)를 실시
할 예정이라고 발표하였다.

미국의 경우 식품의 약 15%가 수입산이고 매년 증가하는 추세이
다. 특히 소비되는 수산물의 약 94%를 수입제품이 차지하고 있어

수산물에 대해 우선적으로 파일럿 프로그램을 실시할 예정이라고 한다.

FDA가 이번에 인공지능·머신러닝 기술을 도입하게 되면, 기존 수입식품에 대한 통관기록, 통관억제, 샘플링·테스팅 결과 등 빅데이터 정보들이 반영된다. 또 향후엔 인공지능이 머신러닝을 통해 위험한 식품이나 회사, 아이템별로 지속적인 리스크 관리를 진행해 FDA에 문제 소지가 있는 선적에 대해 미리 경고를 해줄 수 있게 된다.

그러므로 한국 업체의 경우 기존 수출 시 문제가 생긴 경우에는 더욱 각별히 신경을 쓸 필요가 있다. 이제는 문제 소지가 있는 제품에 대해서 위해 요소 통제 등 시정 조치가 이루어지지 않으면 AI 시스템의 인스펙션에 수시로 걸릴 확률이 높다.

한국의 식약청이나 관세청도 인공지능과 머신러닝을 이용해 단속 인력의 효율성 제고와 수입식품에 대한 효과적인 관리가 가능하리라 본다. 수입 식품뿐만 아니라 식품 안전에 대한 전반적인 빅데이터를 통합해 관리한다면 각종 식중독 사고 및 리콜 등을 미리 예측하고 사전에 예방할 수 있는 좋은 수단이 되리라 본다.

또한 한국에서는 스마트 HACCP이 이미 도입되어 있기에 클라우드 기반의 데이터 관리와 사물인터넷 기술을 접목해 실시간으로 CCP를 관리하고 기록 및 관리를 용이하게 할 수 있어 중소기업의 HACCP 관리에 부담을 덜어 줄 것으로 예상된다.

미국에서 발효된 식품 안전화 현대화법(FSMA)은 위험기반(Risk-based)에 근거한 식품위해요소를 인식하고 통제하는 것을 골자로 하고 있다. 업체마다 만드는 제품의 특성이 다르고 생산 공정과 생산 환경이 모두 다르기 때문에 위해요소에 대한 데이터 관리는 위해요소 관리의 핵심적인 요소다. 각 회사별로 쌓이는 데이터, 업종별로 쌓이는 데이터 등을 민간 또는 정부·지자체가 통합관리 한다면 효율적인 데이터로 활용할 수 있을 것이다.

미국의 경우에는 현재 코로나로 인해 식품공장, 특히 육류공장 같은 곳에는 종업원들의 감염으로 인력난이 심해지고 있다. 심한 경우에는 공장 가동을 멈추는 경우도 있다. 이러한 위험을 회피하기 위해 앞으로는 공장 자동화가 가속화될 것이다. 이에 품질관리와 식품 안전에 대한 문서기록 및 관리 또한 인력을 줄이기 위해 식품 안전 소프트웨어의 사용이 늘어날 것이고 서면 유지 관리 업무를 많이 줄이는 방향으로 확대 전개될 것이다.

이미 미국 FDA의 경우에는 FSMA 식품 안전 계획서 작성을 위한 소프트웨어(Food Safety Plan Builder)를 만들어 배포한 바 있으며, 식품 방어(Food Defense)에 대한 소프트웨어도 무료로 배포 중이다. 한국의 경우에는 표준화된 HACCP양식들이 민관에서 개발돼 많은 컨설팅 업체나 관련 업계에서 사용하고 있으나 아직 소프트웨어에서 데이터 입력 후에 식품 안전 기준서가 만들어지는 소프트웨어는 아직 없는 것으로 안다.

인공지능과 머신러닝 기술은 주로 미국과 중국이 주도하고 있다. 한국은 인공지능 관련 IT 업체들이 미국, 중국에 비하면 미약하다고 한다. 하지만 한국의 강점은 유동적(Flexible)이고 빨리빨리 일을 처리한다는 것이다. 그리고 한국의 소프트웨어들은 유저 프렌들리 (User Friendly)라서 사용자가 편리하게 사용할 수 있는 장점이 있다. 프로그램 개발 시 중요한 것이 기술적인 부분과 콘텐츠의 퀄리티이다. 사용자가 식품 안전을 효과적으로 통제할 수 있는 소프트웨어를 개발하는 것은 IT 기술과 식품분야의 전문가, 그리고 현장의 유기적인 협업으로 가능할 거라 여겨진다.

요즘 코로나로 인해 모든 삶의 영역과 비즈니스 현장이 바뀌고 있다. 식품 안전 분야도 IT접목이 가속화되는 현실에서 필자도 새로운 형태의 식품 안전 관리시스템을 고민하고 있다. 팬데믹 뉴노멀에서는 '디지털 트랜스포메이션'이 필수적이며, 그래야만 살아남을 수 있다. 살아남는 자가 강한 자이다.

발행일 2020.9.14.

제이 리(Jay Lee)의 미국 통신

44

===★★★===

기후 위기는 음모인가

기후 변화, 원료 수급 등 식품 업계에 큰 영향
젊은 층 겨냥 친환경 비즈니스 모델 늘어날 듯

현재 미국에서는 역대급 산불로 큰 피해를 보고 있다. 캘리포니아에서도 올해 들어서만 430만 헥타르를 태우면서 피해가 컸다. 필자가 사는 남가주에도 여기저기 산불이 나면서 아직도 진화를 하려면 몇 주가 더 걸릴 것 같다. 또 도시 전체가 며칠 동안 오렌지 색깔을 띠어 영화에서 보는 '운명의 날(Doom's day)' 같은 분위기 속에서 지냈다. 코로나로 우울한 마당에 하늘빛까지 오렌지색으로 변해 밖으로 외출하기 더욱 힘든 상황이 되면서 다시 환경에 대해서 생각하게 된다.

하지만 산불 피해 시찰을 위해 얼마 전 캘리포니아를 방문한 트럼프 대통령은 주지사와 참모들이 산불에 대한 브리핑을 하면서 기후 변화와 산불의 연관성을 설명하자 '이제 날씨가 선선해질 것이다.'라고 하면서 기후 변화와의 연결성을 부정했다. 트럼프의 반환경 정책은 하루 이틀이 아니며, 기후 변화 위기를 음모론으로 생각하고 많은 트럼프 지지자들이 그 음모론을 추종하고 있어서 더욱 문제다.

트럼프 대통령은 코로나 초기에 과학자들의 조언을 듣지 않아 코로나를 더욱 확산시켰다는 여론의 비난을 받고 있다. 트럼프 행정부는 파리 기후 협약 탈퇴 및 미 환경청 예산 삭감 등 반 환경 정책으로 선진국으로서는 이해하기 힘든 행보를 보이고 있다. 오죽했으면 환경 운동가인 스웨덴의 툰베리 소녀가 트럼프 대통령을 공개적으로 비난을 했을 정도다.

미국의 많은 지역들이 가뭄으로 고통 받고 있어 작은 불씨도 큰 산불로 이어질 수 있다. 현재 산불로 인해 캘리포니아는 남한 면적 약 19%가 불탈 정도로 피해가 심각하다. 미국 남동부는 얼마 전 허리케인 '샐리'로 인한 피해가 상당했다. 한국도 얼마 전 태풍 피해로 많은 지역이 침수되고 심한 타격을 입었다. 지구 온난화의 영향으로 대기 중에 수분이 증가하게 돼 국지적 메가톤급 태풍이 발생하는 한편 다른 한쪽에서는 극심한 가뭄을 겪게 된다는 것이 과학자들의 설명이다.

또한 남극·북극의 빙하가 녹으면서 해수면도 상승하는 추세다. 실제로 키리바시 섬은 국토가 수몰돼 나라가 없어질 위기에 처했다. 인도네시아의 수도인 자카르타는 도시가 자꾸 해수에 침수되자 수도를 이전할 계획을 가지고 있다. 코로나의 간접적인 원인을 인간의 자연훼손에 의한 것으로 추정하고 있다. 산림을 훼손하고 개발함으로서 인간과 야생동물의 접촉 빈도가 많아지면서 바이러스의 전파가 더욱 활성화되기 때문이다.

4차 산업의 최첨단을 달리는 시기에 미국에는 음모론이 더욱 판친다. 코로나가 음모라 마스크를 쓸 필요가 없다고 하고, 기후환경 위기가 음모이고, 5G가 코로나를 불러왔다고 하는 등 여러 가지 미신적인 음모론들이 판친다. 시대가 인공지능, 로봇의 등장 등으로 인간의 지적·물리적 한계를 극복해 트랜스 휴머니즘으로 나아가고 있는 마당에 이성과 지성이 되레 퇴보하는 시대를 보고 있다. 정보는 많으나 진리를 알 수 없고 가짜뉴스가 판을 치는 세상이다.

기후 변화로 인해 식품업계도 앞으로 상당한 영향을 받을 것이다. 식품 원재료 수급 차질 및 가격 상승, 그리고 소비자의 의식적 소비로 인해 육류 대체 식품을 찾는 소비층이 늘고 있다. 기후 환경 변화로 인해 농산물 수확의 안정화를 위한 스마트팜의 도입이 더욱 가속화될 것이다. 특히 환경문제에 많은 관심을 가지고 있는 밀레니얼 세대와 Z세대는 친환경 제품과 친환경 회사를 선호하고 있다. 환경문제를 해결하는 비즈니스 모델들이 식품업계에도 늘어날 것이다. 친환경 제품과 기업은 이제는 선택이 아닌 필수이니 미래에 대한 통찰과 과감한 투자가 필요할 때이다.

발행일 2020.9.28.

FDA 위험성 높은 식품
이력추적(Traceability) 강화

야채 · 생선 등 농수산물 대상
로트 번호 공급망 제공 의무화
문제 발생 때 제품 회수 쉽게

　최근 미국 FDA에서는 위험성이 높은 식품군에 대해 제품 추적 가능성(Traceability) 시스템을 의무화하도록 하는 규정을 마련하고 있어 조만간 법률 시행에 들어갈 예정이다. 일부 위험 식품군(FTL: Food Traceability List)이라 하면 치즈류, 날계란, 너트버터, 오이, 신선 허브, 푸른 야채류, 멜론, 고추, 새싹류(나물), 토마토, 열대과일, 생선류, 갑각류, 샐러드류 등을 포함하는데 이러한 제품에 대해 추적 가능성을 높이는 Lot 넘버 기록 등을 공급망을 통해서 의무화할 전망이다.

보통 가공 제품의 경우에는 Lot 번호나 유통기한 등을 찍음으로서 리콜이나 제품 회수 시에 식별이 가능하고 추적을 쉽도록 했다. 하지만 농산물이나 수산물의 경우 Lot 넘버나 유통기한이 없는 경우가 많아 문제가 생기면 제품 회수에 어려움을 겪기 때문에 이번에 새로운 제도를 도입하려는 것이다.

또한 캐나다의 경우에도 SFCR이라는 새로운 규정에 수입업자가 추적 가능 시스템을 기록하도록 의무화하고 있으므로 글로벌 기준들이 농산물을 포함한 모든 제품에 추적 가능한 Lot 넘버를 찍어야 하는 트렌드다.

제품에 이상이 생겨 급히 제품을 회수해야 하는 경우에 Lot 넘버가 없으면 제품회수에 시간이 지체되고 정확히 어떤 제품인지 식별이 불가능하므로 최악의 경우에는 시장에 내놓은 모든 제품에 대해 회수를 해야 하는 경우가 생긴다. 이럴 경우에 금전적 손해는 물론 시간적 낭비도 크다.

보통 농수산물의 경우에는 Lot 넘버를 지정하기 애매하나, 보통 미국에서는 포장 시에 클린브레이크아웃(Clean Break-out)이라고 해서, 포장기계, 포장실 등을 하루 단위로 청소·소독하는데, 이를 기준으로 Lot 넘버를 결정하는 것이 보통이다. 농수산물 제품을 중간에 청소·소독해 제품이 유해균에 오염되는 것을 방지할 뿐만 아니라, Lot 단위를 적게 함으로써 문제 발생 시에 제품 회수를 쉽게 하고,

금전적 손실을 적게 하려는 의도도 있다.

또한 1년에 한 번은 모의 회수를 실시해서 점검하는 것이 좋다. 실제 제품 리콜할 일이 생겼을 때 이런 연습을 미리 해두지 않으면 허둥지둥 시간만 소비하고 효과적인 회수를 할 수 없고 민·형사상의 책임을 질 수가 있다. 특히, 미국이나 캐나다로 수출하는 제품들은 법에 의해서 리콜 프로그램(절차)을 운영해야 하고, 리콜 프로그램의 바탕은 좋은 추적 가능성 시스템을 가지고 있는 것이 뒷받침되어야 한다.

요즘은 IT기술, 블록체인, 클라우드 베이스로 제품의 추적 가능성을 손으로 기록하는 것이 아니라 손쉽게 스마트 기술을 도입하는 것이 추세이다. 특히, 한국은 IT기술 발달로 이런 분야의 진출이 유망하며 스마트 HACCP을 추적 가능성과 연결해 완벽한 식품 안전 시스템을 구현할 수 있다. 월마트 등도 블록체인을 이용한 추적 가능성 시스템을 도입한다고 발표한 바 있다. 이제는 소비자가 제품의 QR코드를 찍으면 제품의 전 생산이력을 알 수 있고, 문제 제품에 대한 식별이 더욱 용이해질 것으로 예상된다.

한국의 농수산물 및 가공식품도 해외의 추적 가능성 선진화를 염두에 두고 새로운 시스템을 개발하고 도입함으로써 해외 수출국에서의 요건을 충족하고 까다로운 해외 바이어의 요구도 맞출 수 있는 선진 기술이 필요하다.

발행일 2020.10.19.

제이 리(Jay Lee)의 미국통신

46

=== ★★★ ===

식품 안전을 위한 환경 모니터링

시설 · 바닥 등 미생물 검사로 생산 구역 위생 · 청결 검증
리스테리아균 · 알레르기에 민감 … 제품 안전의 간접 지표
한국 업체 서류 제출에 미숙 … 수출 제품 검사 자료 보유를

　최근 미국 및 캐나다에서 강화된 식품법에 의해 해외 생산 제품
들에 대한 식품 안전 관리 모니터링이 강화되고 있다.

　북미 지역에서 위생관리를 위한 모니터링 방법으로 사용되는 환
경 모니터링(Environmental Monitoring)이 한국에서는 개념이 생소하다.
그렇기 때문에 북미에서 요구하는 서류를 리뷰할 때 대부분의 한국

제조업체들이 관련 서류를 제출하지 못하거나 엉뚱한 서류를 제출하는 경우가 많다.

환경 모니터링은 식품 생산지역, 특별히 식품이 노출되는 작업장 내에 시설, 장비, 바닥, 배수구, 벽 등에서 주기적으로 샘플링 해 미생물(리스테리아, 살모넬라, 대장균 등)을 검사하는 것이다. 이는 FDA의 식품안전현대화법(FSMA)에서도 위생 및 청결 상태를 검증하는 방법으로 제시한 것인데, 환경에서 리스테리아 균들이 검출이 되면 청소의 유효성이 의심되므로, 청소 방법, 소독제, 종업원 교육, 미생물 서식지 파악 등의 원인 조사와 시정 조치가 요구된다.

한국의 경우에는 공기 중에 떠 있는 세균의 수를 파악하는 낙하균 테스트를 주로 시행하고, 미국처럼 잠재적 오염 세균을 직접 테스트하는 환경 모니터링은 대부분 진행하지 않는 것으로 안다. 특히, 한국 제품 중에서는 젓갈류, 김치류, 농산물류 등 살균 과정을 거치지 않는 제품들이 상당수여서 생산지역 내의 환경 모니터링은 제품의 안전을 나타내는 간접적인 지표가 될 수 있다.

보통 환경 모니터링에서는 리스테리아균을 테스트하는 경우가 많다. 포장 샐러드 제품과 같이 살균 과정 없이 바로 소비자가 섭취하는 경우, 제품이 냉장 유통 된다고 하더라도 리스테리아균은 냉장에도 균이 성장하기 때문에 냉동·냉장 제품에서 리스테리아균의 테스트는 필수적이다. 살균 식품 역시 살균 후 포장 직전에 주위를 통해 균이 침입할 수 있기 때문에 환경에서 병원균 테스트를 해야 한다.

환경 모니터링에서 세균이 검출되는 경우, 제품에도 같은 세균이 오염되는 경우가 많다. 살균 과정이 없는 제품들은 살균 과정이 있는 제품들보다 환경 모니터링을 자주 실시해야 한다. 세균 테스트만이 아니라 청소 후에 주기적으로 ATP 테스트 등 유기물 잔존 여부를 확인하는 것이 좋다. 청소 후에도 유기물이 나오는 경우에는 청소 방법이 효과적이지 않다는 얘기이므로 청소 방법을 검증하고 종업원을 다시 재교육해야 한다.

특히, FDA에서 한국 제품의 통관을 거부하고 리콜하는 단골 사유가 알레르기 물질의 교차오염이다. 미국이나 캐나다의 경우, 알레르기 환자들이 많고 아주 심각한 위해요소로 판단하기 때문에 알레르기 교차오염에 대해서 민감하다. 그러므로, 알레르기 물질이 함유된 제품 생산 후에는 청소를 철저히 하고 알레르기 스왑(Swab) 테스트를 주기적으로 해야 한다.

식품 자체에 대한 미생물 테스트도 한국에서는 매 생산마다 하지 않은 경우가 대부분인 것으로 안다. 수분이 낮은 건조식품의 경우 위험성이 덜 하지만, 냉장·냉동 제품은 Lot별로 테스트하는 것이 좋다. 특히 대미 수출 제품의 경우에는 주기적인 미생물 테스트 및 환경 모니터링에 대한 검사 데이터들을 가지고 있는 것이 좋다.

HACCP도 이제는 미국의 식품 안전화현대화법 등 해외 선진 규정들을 벤치마킹해 한 단계 업그레이드할 때라고 본다. 한국의 HACCP을 최대한 북미 수준에 맞추면 향후 미국의 동등 시스템으로 인정받게 돼 한국 식품들도 미국-캐나다처럼 서로 규정을 면제해 주는 날이 올 것이라 기대한다.

발행일 2020.11.2.

제이 리(Jay Lee)의 미국 톻신

47

━━ ★★★ ━━

바이든 당선자와
미국의 식품 정책 변화 예측

오바마 정부 식품 정책 다수 회복시킬 듯
설탕세 · 아동식품 광고 제한 부활할 가능성
사용금지 물질 확대로 수출 까다로워질 수도
안전 규제 강화 예상 … 수출업체 대책 마련을

얼마 전 세계의 이목이 집중된 미국 대선의 결과가 나왔다. 아직
트럼프 대통령의 불복 소송이 제기되고 불법선거 음모론이 나오지
만 승부를 뒤집기는 어려운 판국으로 보인다.

바이든 대통령의 당선으로 미국 식품 정책들도 영향을 받을 것으로 전망된다. 크게는 미국 경제에 영향이 있을 것이고, 작게는 FDA 나 USDA 등 정책들도 영향을 받아 식품업계와 소비자들에게도 그 영향이 미칠 것이다. 이에 우리나라의 대미 수출에도 어떠한 영향을 끼칠 것인지 생각해 봐야 하는 시점인 것 같다.

바이든은 오바마 행정부 시절의 정책들을 회복시킬 것으로 보인다. 그 당시 영부인 미셸 오바마는 미국민의 균형 있는 식품 섭취를 위해 건강에 좋은 식품(Healthy Food)를 권장하는 한편 정크 푸드에 대해서는 자제하도록 하는 캠페인 등을 펼쳤다. 현재 개정된 영양 정보 라벨 또한 미셸 오바마의 영향으로 만들어 진 것이다.

또 일부 주의 경우 Sugar Tax 부과를 고려하고 있는데, 어쩌면 연방 정부차원에서도 Soft Drink에 세금을 부과해 오바마 케어의 재원으로 쓰이도록 하는 시도가 다시 진행될 수 있다. 이로 인해 설탕이 과도하게 들어간 제품에 대한 소비자 인식이 더욱 안 좋아질 수 있다.

오바마 행정부 시절에 아동 식품에 대한 광고 제한 규정을 마련하려고 한 바 있다. 이는 아이들이 소비하는 식품에 대해서는 광고 제한 규정을 마련해 가이드라인을 지켜야만 광고를 할 수 있도록 한 것인데, 아이들이 정크 푸드 같은 식품에 현혹될 수 있는 가능성을 배제하겠다는 것이다. 이것도 다시 부활할 수 있다.

미국 식품 라벨링(Nutrition Facts)는 최근 개정돼 올해부터 새로운 포맷으로 작성되어야 한다. 해로운 영양 정보와 유익한 영양 정보를 밝힘으로써 소비자들이 현명하게 식품을 구매하도록 한 것이다.

원래 오바마 시절에는 제품 전면에도 '신호등' 스타일의 요약 영양 정보를 표시하도록 제안되었으나 법 개정엔 들어가지 못했다. 어쩌면 이 새로운 양식도 다시 부활할 가능성이 있다.

이와 함께 오바마 행정부 시절에 유해한 식품 첨가물에 대해 GRAS(Generally Recognized as Safe Foods)의 지위를 강제적으로 상실케 해 부분경화유 등을 사용치 못하게 한 바 있다. 따라서 유해 성분 범위가 늘어나 사용 금지 물질이 더욱 확대될 가능성이 있다. 한국 제품의 경우, 복합성분, 복합 조미료 등을 많이 쓰고 있다. 그러므로 법 규정의 개정사항을 주기적으로 업데이트해 미국에 수출하는 제품의 성분들에 대해서는 허용성을 주기적으로 검증하는 것이 좋을 것이다.

트럼프 행정부에서 SNAP(Supplemental Nutrition Assistance Program)에 설탕과 나트륨 성분이 많이 든 제품에 대해 구매를 제한하는 법률안을 거부한 적이 있다. 어쩌면 이 항목도 부활할 수 있다. 특히 한국 제품의 경우에 나트륨 함량이 상당히 높은 제품들이 많기 때문에 나트륨이 적게 들어 있는 제품들을 개발하는 것이 좋다.

바이든 행정부는 기후 위기에 대한 관심이 많기 때문에 친환경 제품에 대한 인식이 더욱 높아질 것이다. 이로 인해 미국 MZ세대들의 시장 요구 증가로 확대되고 있는 육류 대체 식품, 지속 가능 식품들이 더욱 각광을 받을 것이다. 또 요즘 실험실에서 배양된 육류 대체 단백질이 많이 개발되고 있다. 트럼프 행정부에서는 거의 시장에서 알아서 안전성을 확보하라는 분위기였지만, 이제는 이러한 새

제이 리(Jay Lee)의 미국 식품 트렌드

로운 분야에 대한 법률적 규제가 생겨날 것으로 예상된다.

오바마 행정부 때 제정된 FSMA(식품안전현대화법)로 많은 대미 수출업자들이 영향을 받고 있다. 한결 까다로운 서류 준비 등으로 예전처럼 아무 제품이나 수출할 수 없는 시대가 왔다. 바이든이 집권하면 오바마 행정부의 까다로운 식품 안전 규정이 더욱 강화 또는 계승될 것으로 보인다. 트럼프 행정부 때는 FDA, EPA(환경청) 등의 예산을 동결하거나 삭감시켰다. 하지만 바이든 때는 아마도 더욱 많은 규제들이 생기면서 관할 기관들의 예산도 증액될 것으로 보이고, 수출에도 영향을 끼칠 것으로 예상된다. 당분간은 미국 행정부 정책을 예의 주시하면서 대미 수출업체들의 전략도 수정되어야 하지 않을까 생각된다.

발행일 2020.11.16.

아마존 프레쉬 식료품 매장의 도전

오프라인 식료품 체인과 경쟁
'11번가' 통해 한국 시장 진입
식품 유통업 진출 땐 위협적

미국에서는 E-Commerce 시장의 대부분을 아마존이 독점하다시피 하고 있다. 미국은 땅덩이가 넓어서 물류 인프라를 구축하는 것이 쉽지 않아 아마존의 경쟁사가 쉽사리 물류망을 구축하기 어렵다. 온라인 시장을 점유하면서 물류, 제약, 식료품 등 여러 사업 분야로 사업을 확장하는 아마존의 플라이 휠(Fly Wheel) 전략은 모든 산업에 위협이 되고 있다. 미국에서 'Amazoned'라는 단어를 쓰면 '아마존에게 당했다'라는 의미로 쓰고 있을 정도이다.

최근에는 식료품 매장인 아마존 프레쉬(Amazon Fresh)를 오픈하면서 다시 미국 전역의 오프라인 그로서리 체인들을 위협하고 있다. 이미 Whole Foods를 인수하면서 오프라인 그로서리 시장에 뛰어든 지 몇 년이 흘렀다. 이를 기반으로 이제는 다른 형식의 아마존 프레쉬를 오픈했다. 아마존 프레쉬는 아마존의 최첨단 기술을 이용하여 소비자들이 편하게 쇼핑을 할 수 있도록 하고 있다.

먼저 Dash Cart라는 자동 계산 카트와 스마트폰 앱를 사용해 제품 QR 코드를 찍으면 계산대에 가지 않더라도 계산을 편리하게 할 수 있다. 매장 곳곳에 인공지능 스피커인 알렉사를 설치해 소비자들의 제품 위치 문의나 다른 문의 사항을 해결할 수 있도록 했다. 그 외에는 기존의 그로서리 스토어와 유사하다. 앞으로 몇몇 매장을 테스트한 뒤에 여러 기술적인 편의와 비즈니스 모델들을 추가하리라 예상된다.

얼마 전 한국에서는 아마존이 '11번가'의 일부 지분을 인수하면서 한국 이커머스 시장에 진출한다는 뉴스를 보았다. 예전에 한국을 방문하면서 왜 아마존은 한국 시장에는 진출하지 않았을까 궁금하였다. 이미 미국뿐 아니라 여러 국가에서 큰 시장점유율을 보이고 있었기 때문이다. 아마도 한국 이커머스 시장에는 많은 경쟁자들이 이미 각축을 벌이고 있는 상황이라 시장 진입이 쉽지는 않았을 것이다. 그러나 한국의 이커머스 시장이 150조 규모라는 큰 규모의 시장이고 팬데믹을 통해서 더욱 성장세를 보이고 있어 아마존도 관심을 가질 것이다.

아마존은 온라인에서 선두주자로 입지를 구축한 뒤에 근접 사업영역을 확장하고 있는 전략을 쓴다. 즉, 온라인에서 다시 오프라인으로 역으로 진출하고 있는 것이다. 온·오프라인을 병행함으로써 소비자 편의와 소비자 경험을 동시에 추구하는 전략을 쓰고 있다. 아마존투고 스토어에서는 책, 인기 제품을 위주로 판매함으로써 소비자들의 경험에 어필한 삶의 모든 영역에 접근성을 제공하고 있다.

미국에서는 모든 산업의 영역들이 아마존과 경쟁하는 구도이다. 기존의 월마트와 같은 오프라인 리테일 회사들뿐만 아니라 제약, 물류, IT, 엔터테인먼트, 심지어 청소대행업까지 진출하면서 아마존이 못할 분야가 없다는 분위기다. 아마존이 한국에 진출하면 이커머스 시장을 키워가면서 그동안 여러 사업 분야에서 성공을 거둔 노하우로 식품유통업으로 진출할 가능성도 있다. 이는 기존 레드오션인 한국의 유통업계에 더욱 위협이 될 수도 있다.

최근 프랑스 일부 지역에서는 크리스마스 기간 동안 Amazon 쇼핑을 하지 말자는 보이콧 운동을 벌였다. Amazon 일자리가 1개 생길 때 기존의 지역 일자리가 2,3개씩 없어지면서 되레 노동자들의 삶이 황폐화된다는 것이 이유이다. 미국에서도 오프라인 스토어들이 망하면서 많은 일자리가 줄어들었다. 그러나 시대의 큰 흐름을 막을 수는 없을 것이다. 미국에서 거의 모든 소비자들이 아마존 프라임 멤버십을 사용하고 있고 이제는 아마존이 없으면 생활이 안

될 정도이다. 그러나 한편으로는 독점기업이 우리의 삶을 지배하고 있는 점은 약간 무섭기까지 하다.

아무튼 아마존이 한국에 진출한다는 것은 큰 파장을 일으킬 것이다. 물론 아마존이라는 플랫폼을 이용해서 성공하는 중소기업들도 많이 생길 것이다. 식료품 유통업계에도 지각변동이 조금씩 생길 것이다. 이제 한국도 'Amazoned' 되지 않기 위해 준비할 때이다.

발행일 2020.11.30.

Zoom 송년회 뉴노멀

'Semmunity' 새 트렌드 ⋯ 식품도 리디자인할 때
줌으로 송년회 ⋯ 젊은 세대 *'Zoomer'* 로 불려
온라인 비즈니스 일상화 ⋯ 업무 효율성 높아

코로나로 인해 어영부영 2020년을 지냈다. 영화에서나 보는 광경들이 현실이 되었고 백신이 나오는 시점에서 내년은 과연 정상으로 돌아갈 수 있을지 기대 반 불안감 반으로 지켜보고 있다. 코로나로 인해 각종 모임이 제한되고 있는 상황에서 미국에서도 가택제한명령(Safer-at-home)을 시행하는 주들이 늘어남에 따라 한 해를 지인들

과 송년회로 보내는 여유도 없어지게 생겼다.

하지만 이가 없으면 잇몸으로 산다고 요즘은 온라인 회식으로 그나마 갈증을 해소하고 있는 듯하다. 한국인 정서상 함께 모여 먹으면 더 친근해지는 특성이 있어 '밥을 같이 먹는다.'는 것은 중요한 의미를 갖는다. 최근 필자도 줌(Zoom)으로 모임을 많이 해왔고 이제는 줌으로 회식도 하고 있다. 미국은 주로 밥 먹는 모임이 있으면 팟럭(Pot-luck)이라고 하여 각자 먹을 음식을 가져오는 문화가 있다. 이제는 자연스럽게 온라인에서 만나고 음식은 각자가 먹고 싶은 것을 가져와 먹으면서 온라인 모임을 하는 것이 정착되고 있다.

최근에 베이비부머 세대를 지칭하는 'Boomers'라는 단어를 변형하여 'Zoomers'라는 단어가 미국에서 유행이다. 'Zoomer'라는 단어는 온라인 미팅 플랫폼 줌 사용에 적응한 젊은 세대를 지칭하는 단어이다. 온라인 미팅 플랫폼이 장단점이 있지만 젊은 세대들은 잘 적응하는 것 같다. 나이든 세대일수록 낯선 컴퓨터 환경에서 인간관계를 한다는 것이 쉽지 않지만 젊은 세대들은 사람들을 직접 대면하는 것보다 일정 거리를 유지한 채로 만나는 줌미팅을 선호하는 경향이 있는 것 같다. SNS를 통한 인간관계가 젊은 세대들에겐 중요한 의미를 갖는다.

재택 근무에 대해 대체적으로 젊은 직원들은 재택근무를 선호하고 상사들은 오프라인 근무를 선호하는 경향이 있다. 상사들은 직원들이 눈에 들어와야 관리한다는 느낌이 들고 소통도 원활히 할 수 있다고 생각하기 때문이다. 그러나 젊은 직원들은 8시간 내내 상사의 눈치를 안 봐도 되니 재택근무를 선호하는 것 같다. 그리고 우리 아이들도 온라인 수업을 하고 있는데 은근히 즐기는 분위기이다. 귀찮게 아침 일찍 일어날 필요도 없고 편하게 수업 듣는 데 익숙해져 가는 것이다.

본인도 미국에서 온라인으로 컨설팅 비즈니스를 한지 4년이란 세월이 흐르고 있다. 기존엔 고객들이 온라인 미팅을 별로 선호하지 않는 눈치여서 가끔 비행기 타고 한국이나 해외로, 미국의 다른 주로 출장을 다녀왔다. 하지만 이제는 선택의 여지가 없으므로 고객들도 이해하고 업무의 흐름에도 큰 지장이 없음을 느낀다. 예전 오프라인 방식보다 업무의 효율성은 곱절이나 높아진 것 같다.

세뮤니티라는 단어도 유행이다. 전에는 조직의 공동체성을 강조해서 Community(공동체)는 단어를 썼지만 이제는 사회적 거리두기 때문에 Separate(분리하다)라는 단어와 합성해서 개인주의도 인정하는 공동체주의가 트렌드가 되고 있다. 느슨한 공동체가 새로운 트렌드가 된 것이다. 각 개인의 여백을 주되 공동체(조직)의 공동 목표도 취하는 것이다.

나무의 나이테는 나무가 지낸 세월의 환경들을 나타내는 지표라고 한다. 어느 해에 기온이 올랐고, 가물었고, 날씨가 추웠는지 알 수 있다. 코로나도 현 인류에게 각 세대별로 진한 나이테를 만들어 줄 것이다. 하나의 트라우마가 될 수도 있고, 하나의 전환점이 되는 사람들도 있을 것이다.

식품산업도 인류의 생활 양식의 변화를 인지하고 제품과 서비스를 트렌드에 맞게 리디자인(Re-design) 해야 할 때이다. 그리고 회사 내의 조직문화와 관리도 언택트 시대에 맞추어 파괴적 혁신을 만들어 갈 때이다.

발행일 2020.12.14.

50

=== ★★★ ===

FDA, 홀푸즈에 대한 경고와
알레르기 관리의 중요성

미국 리콜 사유 3분의 1이 알레르기 표기 문제
법규 위반 땐 금전적 손실에 브랜드 이미지 실추
한국산 복합 성분으로 표기할 사항 많아 주의를

최근 FDA에서는 미국의 유기농 식품점인 홀푸즈에 경고레터를 보냈다. 이는 매장 내에서 판매되는 홀푸즈 브랜드 30개 제품들이 알레르기 성분을 라벨에 제대로 표기하지 않아 리콜됐기 때문이다.

이러한 사례는 미국과 캐나다에 수출하는 한국 식품업체에서도 흔히 보게 된다. 관련 법규에 대한 무지로 인해 막대한 금전적 손실과 브랜드 이미지가 실추될 수 있어 주의를 요하고 있다.

크게 알레르기 표기는 두 가지 사유로 문제가 생긴다. 하나는 알레르기 성분의 미표기이다. 미국의 경우 FDA가 8대 알레르기 성분을 지정하고 있다. 여기에는 계란과 우유, 땅콩, 견과류, 생선, 갑각류 생선, 밀, 대두 등이 포함된다.

한국 식품의 경우 복합 성분들을 많이 쓰기 때문에 알레르기 표기를 몰라서 표기를 못하는 경우가 있고, 하위 성분에 하위 성분들이 꼬리를 물고 섞다 보니 워낙 표기할 성분들이 많아 실수로 누락하는 경우도 있다. 미국 식품 시장은 알레르기 성분들을 넣지 않거나, 아예 여러 성분들을 줄여 단순한 성분들로 제품을 만드는 클린 라벨로 가는 추세다.

한국 식품의 경우 워낙 많은 성분들을 섞어서 만들다 보니 영양 정보 라벨의 성분 칸이 모자랄 정도로 성분 표기가 복잡하다. 그럼에도 알레르기 성분을 꼭 표기해줘야 하니 미국 또는 캐나다로 수출하는 제품은 알레르기 성분이 들어있는지 확인해야 한다. 그리고 원료 공급업체에 알레르기 확인서를 받아 하위 성분에 알레르기 포함 여부를 체크해야 한다.

두 번째의 경우는 알레르기 교차오염이다. 같은 생산 라인에 여러 종류의 제품을 생산하다 보면 잔류물이 남아 오염을 시키는 경우다. 많은 제조자들이 교차오염에 대한 경고 문구를 넣으면 끝나는 줄 아는데 그렇지 않다.

교차오염 문구를 넣어도 FDA GMP 규정상(21 CFR 117) 교차오염을 방지하도록 해야 하는 의무가 있다. 실제로 미국 FDA나 캐나다 CFIA에서는 샘플링을 통해 알레르기 교차오염이 발견되면 리콜 조치하도록 한다. 특히 미국 FDA와 캐나다 CFIA는 정보를 공유하기에 한 나라에서 걸리면 다른 나라에도 자동으로 정보가 공유되므로 양국 다 문제가 된다.

교차오염을 방지하기 위해서는 알레르기 제품 생산 시 세척과정을 거치고 잔류물이 남았는지 검증해야 한다. 육안 검사 또는 ATP, 알레르기 테스트 키트 등을 사용해 세척이 유효한지 정기적으로 검사해야 한다. 그리고 비알레르기 제품을 먼저 생산하고 후에 알레르기 제품을 생산하도록 해야 한다. FDA가 현장 실사 시에 가장 주의해 보는 부분도 알레르기 관리 부분이므로 주의를 요한다. 그리고 알레르기 원료들을 보관할 때도 서로 다른 알레르기 간 교차오염, 비알레르기로의 교차오염을 방지하도록 지정된 장소에 분리 보관하도록 한다.

미국의 경우 리콜 사유의 1/3이 알레르기 표기 문제다. 미국 어린이 5명 중 1명이 알레르기가 있다. 심각한 경우 사망에 이르게 할 수 있다. 그래서 미국에서는 어린 친구들을 초대하면 꼭 어떤 음식 알레르기가 있는지 확인한다. 한국의 경우 알레르기로 지정한 성분이 미국보다 많다. 하지만 미국만큼 알레르기 표기 문제로 제품을 리콜하거나 형사적 책임을 묻는 경우는 보지 못한 것 같다.

미국에서 식품 통관 이슈로 한국 기업을 컨설팅하다 보면 사소한 부주의로 큰 피해를 보는 경우가 많아 안타깝다. 반드시 전문가의 도움을 받아 라벨링 확인을 받는 것이 좋다.

발행일 2021.1.18.

3장

2021년 :

팬데믹과
식품업계의 활황

51

★★★

식품도 '코로나 바이러스'
테스트해야 하나

중국 아이스크림 포장서 검출
미국 식품 안전 계획 포함 가능성

지난 15일 차이나데일리는 톈진(天津)의 한 식품회사가 생산하는 아이스크림 포장에서 코로나 바이러스가 발견됐다고 보도했다. 같은 날 톈진시 방역지휘부는 따치아오다오(大橋道) 식품회사에서 의뢰한 아이스크림 샘플에 대한 핵산 검사를 벌인 결과 이 중 3개에서 양성 반응이 나왔다고 전했다. 지난 13일 1차 검사에서 양성 판정이 나온 뒤 다음 날 진행된 재검에서도 양성 판정이 나온 것이다. 수입

제품이 아닌 자국 내 생산제품에서 코로나 바이러스가 검출되었다는 것을 듣고 다시 코로나 바이러스의 식품 감염성도 계속 관찰해야 하지 않나 생각이 들었다.

작년 6월 중국 베이징에서는 유럽산 연어에서 코로나가 검출됐다고 하여 수입을 중단한 사건이 있었다. 최근 코로나의 발원지에 대해 국제정치적 논란이 있는 가운데 중국은 우한발생설을 부인하고 다른 나라에서 기원했다고 주장하고 있다. 현재 UN에서 조사단이 우한에 파견돼 발원지에 대한 조사를 벌이고 있는 시점에서 중국의 식품에서 코로나 검출 등을 발표하면서 더욱 혼란을 가중시키고 있다.

미국 CDC(질병통제국)이나 FDA의 발표로는 식품으로 감염될 가능성이 낮고 현재 식품을 통한 감염 사례는 발표되고 있지 않다. 그러나 식품도 감염 경로가 될 수 있는 가능성을 완전히 닫을 수 없는 만큼 이것도 위해요소 분석 시 고려해야 할 요소로 포함해야 할 시점이 오지 않을까 생각이 든다.

생물학적 위해요소에는 박테리아, 바이러스, 기생충 등의 요소들이 있는데 바이러스 항목에 코로나 바이러스를 추가할 지도 모른다. 기존에는 주로 노로 바이러스나 B형 간염 등이 주요 바이러스 위해요소로 간주되었다. 아직은 코로나 관련 임상데이터나 변종바이러스, 식품매개체 가능성 등에 대한 충분한 연구 결과가 없는 상황이다.

미국의 경우, 식품 공장에서는 종업원들 간에 코로나 감염을 막기 위한 대비책을 마련하도록 하고 있다. 이러한 대비책에는 사회적 거리두기를 하고 작업 공간을 청결하게 유지하고 주기적으로 소독하는 방법이 있다. 또한 출입 시 열 체크를 하고 마스크와 장갑을 착용해 식품이 오염되는 것을 방지해야 하며 증상이 없더라도 식품 공장은 주기적으로 직원들의 코로나 검사를 하는 것이 좋다.

코로나 바이러스는 보통 살균 가열 공정에서 사멸되는 것으로 알려져 있다. 하지만 살균 후 포장 전까지 사람의 접촉 가능성이 있는 제품은 가능성이 있으며, 아예 살균 과정이 없는 제품은 더욱 바이러스 접촉에 유의해야 할 것이다.

원재료·포장재 입고 시, 작업장 환경·설비·도구에 대해, 최종 제품에 대해서 랜덤으로 코로나 테스트 진행하여 데이터를 쌓을 필요가 있다. 아직 사람 간에 전염되는 것에만 초점을 맞춰 코로나 방역에 신경을 쓰고 있는 만큼 식품 자체나 가공공장 환경에 대한 검증 결과가 없으므로 아직은 조심해야 한다. 중국에서 발견된 코로나 바이러스는 냉동제품에서 나왔으므로 냉동 보관·저장 제품들은 한 번 더 유의해 보는 것도 좋을 것이다.

아직 SQF나 BRC 등 GFSI 레벨의 인증에서 코로나 바이러스를 식품 위해 요소로 HACCP에서 요구하고 있는 것 같지는 않다. 다만, 심사 시에 코로나 바이러스가 종업원들에 감염이 되지 않게 하려는 절차서나 서면은 요구하고 있다. 코로나가 식품 안전 계획의 위해 요소에 포함될 날이 머지 않은 것 같다. 식품 안전 담당자들이 유의 깊게 지켜봐야 할 이슈이다.

발행일 2021.2.1.

빙과류의 유통기한과 안전성 검증

미국서 리스테리아 오염 빙과 벌금 사례

콜드체인 깨지거나 적정 온도 미달 때 발생

유통기한 없어도 2~3년 경과 제품 검증 필요

최근 한국 TV뉴스를 보다가 한국에서 판매하는 빙과류에 대해 유통기한이 법적으로 지정되지 않아 제조일로부터 많게는 2, 3년 이상 되는 제품들도 시중에 유통되고 있다는 뉴스를 보았다.

이론상으로는 냉동제품의 경우 대부분의 균들이 활성화되지 않기 때문에 식품이 상하지 않는 것도 사실이다. 하지만 유통 과정에 콜드체인이 깨지거나 보관하고 있는 소매점의 냉동 장소 청결 상태, 제품의 포장 손상 등 여러 이유로 제품이 유통단계에서 상할 수 있는 소지가 있다.

2018년 한국의 한 연구팀(박정민 교수 외 2명)의 논문에 따르면, -18℃에서 보관 시 24.27개월 정도의 유통기한을 가진다고 발표한 바 있다. 그러나 냉동 보관 온도가 높아지면 보관기간은 현저하게 줄어들어 -6℃에서 2.29개월까지 내려갈 수 있다.

한국의 더운 날씨에 소비자들이 냉동고 문을 여닫는 과정에 항상 적정온도를 유지할 수 없다는 점을 감안하면 2년의 유통기한은 검증이 필요하다. 그래서 각 유통단계의 냉동고에 온도계를 부착해 목표 온도 설정을 유지하게 하던지, 냉동고를 주기적으로 정비해 작동이 정상적으로 이루어지는지 확인해야 한다.

미국의 경우, 아이스크림류 공장에서 리스테리아 모노사이토제네스 균에 제품이 오염돼 리콜되는 일들이 종종 보고된다. 리스테리아 모노사이토제네스는 저온 냉동상태에서도 활성화될 수 있는 균이다. 오염된 상태로 출고되면 시간을 두고 리스테리아균이 유통과정 중에 생존·활성화될 수 있다. 제품을 매 Lot별로 검사하지 않는 이상 테스트하지 않는 제품에서 검출될 확률도 있다. 특히 리스테리아 모노사이트제네스는 환경에서 검출될 수 있는 환경 모니터링의 대표적인 지표 역할을 하는 균이다.

리스테리아균에 감염되면 발열과 근육통, 구토, 설사, 두통, 경련 등이 나타날 수 있으며, 목이 뻣뻣해지고 신체의 균형을 잃을 수 있다. 임산부가 감염되면 독감과 유사한 증상이 나타나며, 태아까지 감염되면 유산되거나 미숙아가 태어날 수 있다. 잠복기간이 길어서 1주~6주가 지나야 식중독 증상이 나타나는 경우가 있어 어떤 식품으로 발병이 되었는지 추적이 쉽지 않다.

최근 미국에서는 블루벨이라는 회사가 리스테리아에 오염된 아이스크림을 유통하다 약 1,700만 불의 벌금을 선고받았다. 식품 제조 현장의 비위생적인 관리와 리스테리아균 검출을 알고도 리콜 등 적극적인 회수 조치를 취하지 않아 3명이 사망한 바 있다. 한국에도 2015년도 리스테리아 빙과류를 리콜했다는 뉴스가 있었다.

리스테리아 모노사이토제네스 등의 유해균 예방을 위해서는 제조사의 철저한 위생 관리과 함께 주기적인 환경 모니터링과 제품 테스트, 유통 과정에 콜드체인이 유지되는지, 마지막 판매되는 단계에서 냉동 보관 온도가 적절하게 유지되는지 검증해야 한다. 유통기한이 법적으로 정해져 있지 않더라도 2, 3년 이상의 제품들은 안정성에 대한 검증이 필요하다. 형태가 일그러진 아이스크림은 유통 과정이나 판매 중 한 번 녹은 후 다시 얼려졌을 가능성이 높으므로 섭취를 피하는 것이 좋다.

2016년 한 국회의원이 아이스크림의 유통기한 표시를 의무화하는 '식품위생법 개정법안'을 발의했으나 통과되지 않은 것으로 안다. '빙과류 식품은 소비자가 쉽게 알 수 있도록 표시면에 유통기한을 표시하도록 해야 한다.'는 여론이 있다. 미국의 경우에는 FDA에서 구체적인 유통기한을 법으로 정하고 있지는 않지만 적어도 'Best use by'로 유통기한을 제조사들이 객관적인 데이터로 합리적인 기한을 표기하도록 추천하고 있다. 한국도 다시 한 번 빙과류에 대한 유통기한의 객관적 검증이 필요한 때이다.

발행일 2021.2.15.

제이 리(Jay Lee)의 미국 식품 트렌드

53

=== ★★★ ===

영유아 식품에 대한 중금속 오염

대다수 제품 오염 수치 보여 ··· 쌀 제품에 비소 기준 마련
식품안전현대화법 통제 대상 ··· 캘리포니아선 경고 문구

최근 미국 식품 대기업들의 영유아 식품에 대한 중금속 테스트를
진행한 결과, 대다수 제품이 기준 이상의 중금속 오염 수치를 보였
다고 보도한 바 있다. 여기에는 우리에게도 익숙한 거버사(Gerber)의
제품도 있었다. 이에 따라 한국 영유아 제품에 대해서도 중금속 수
치에 대한 모니터링을 통해 유아에게 안전한 식품이 판매되는지 확
인해 볼 필요가 있다.

주요 위해 중금속은 비소(Arsenic)와 납(Lead), 카드뮴(Cadmium), 수은(Mercury) 등이 대표적이다. 이러한 중금속은 영유아의 신경 발달과 뇌 기능에 악영향을 미칠 수 있어 주의를 요한다.

미국 FDA에서는 일반식품의 중금속 기준을 별도로 두지 않고 EPA 기준을 따른다. FDA의 경우 음용수에 대한 기준만 마련하고 있다. 하지만 최근 영유아용 쌀제품에 대한 비소 기준(100ppb)을 마련한 실정으로 앞으로 다른 중금속에 대해서도 기준을 마련하라는 국회와 소비자들의 요구가 이어지고 있다.

중금속은 흙, 수질, 공기를 통해 농산물에 흡수되어 식품의 원재료에 들어갈 수 있다. 미국 건강식품(Dietary Supplement)의 경우, 원재료에 대해 중금속 오염을 테스트하고 최종 제품에서도 모니터링을 실시하라는 요구가 일반적이다. 그러나 일반 식품에서는 원재료나 최종 제품의 중금속 테스트가 일반화되어 있지 않다. 하지만 미국 식품 안전화 현대화법(FSMA)에 의하면, 발생 가능한 모든 위해요소를 인식하고 통제해야 하므로 중금속도 통제해야 할 화학적 위해요소에 속해 모니터링을 실시해야 한다. 주로 농산물, 수산물의 경우에 해당이 되겠다.

특히 영유아 또는 노약자, 임산부가 먹는 제품은 더욱 까다로운 중금속 관리 및 통제가 필요하다. 식품 제조 시에 원재료를 공급받는다면 공급업체로부터 중금속 테스트 결과에 대해 요청할 수 있고 중금속 함량을 모니터링할 필요가 있다. 또는 원재료 중금속 테스트를 직접 진행해 검증하는 과정도 가질 수 있다. 그리고 최종 제품

제이 리(Jay Lee)의 미국 식품 트렌드

에 대해서도 주기적으로 제품을 테스트해 트렌드를 파악하는 것도 추천된다.

캘리포니아의 경우에는 Prop 65라는 법이 있어 발암 물질이거나 불임을 일으킬 수 있는 중금속, 화학물질에 대해 경고 문구를 붙이는 것을 의무화하고 있다. 보통 미국에 수출하는 경우라면 Prop 65 법률 때문에 경고 문구를 붙이는 것이 좋다. 특히, 아마존으로 수출하는 경우에도 이런 Prop 65법의 무지로 인해 소송을 당하는 경우가 있으니 조심해야 한다.

중금속은 음식뿐만 아니라 생활환경, 황사와 미세먼지 등 다양한 경로를 통해 우리 몸속에 들어간다. 수은은 방부제, 석유제품, 염색약, 살균제, 생선 등을 통해 들어오며, 납은 산업적으로 광범위하게 사용되므로 생활환경에서 노출되기 쉽다. 카드뮴은 페인트, 배기가스, 도금제품, 배터리 등을 통해, 비소는 목재보존재, 농약, 염료, 토양 및 오염된 토양의 식품을 통해 노출되기도 한다.

중금속이 체내에 들어가면 높은 활성도의 산화 및 환원 반응으로 독성 작용을 나타낸다. 급성 노출 시 비교적 원인과 증상이 명확하기 때문에 즉시 해독치료 등의 처방을 받으면 된다. 다만 장기간 저농도로 중금속에 노출됐을 경우 비특이적 증상으로 인해 원인 파악이 어렵게 되고 만성중독은 서서히 진행되며 인지하지 못할 경우 사망에 이르거나 다음 대(代)에 기형으로 나타나는 경우도 있다. 정부와 민간 기업들이 안전한 식품 제조를 위해 다시 한 번 중금속에 대한 실태 조사를 해볼 때이다.

발행일 2021.3.2.

미국 SFA가 선정한 2021년 트렌드 식품

홈쿠킹 지속 … 한식 등 여행 기분 나는 식품 인기
한국 가공식품 올해도 미국 수출 고성장 예상
김치 등 면역력 돕는 식품, 건강 디저트 각광
살 안 찌는 저당 · 식물성 단백질 식품에 기회

　늦은 감이 있지만 작년 말에 미국 스페셜티식품협회(SFA)에서 발표한 2021년 트렌드 식품을 소개하고자 한다. 아직 팬데믹이 언제 끝날지 모르는 상황에서 집콕 생활이 당분간 유지되고 Z세대의 부상이 식품 구매에 큰 영향을 끼칠 것으로 보인다. 10가지 트렌드는 다음과 같다.

첫째, 홈쿠킹하는 가구가 여전히 지속될 것이다.

둘째, 하루하루 지루한 집콕생활을 하다보니 식당과 같은 품질과 맛을 내는 제품을 찾을 것이다.

셋째, 지루함을 떨칠 재밌는 신제품을 찾는다. SFA 윈터쇼에서 전시자들은 토마토 보드카 소스, 숙성된 체다 그래 놀라, 양젖으로 만든 밀크 초콜릿, 민트 향 파스타 그리고 비트 뿌리 맛의 마시는 초콜릿 파우더 등 전혀 생각치 않은 맛을 출품했다.

넷째, 엔터테인먼트이다. 여전히 오프라인 공연장과 경기장이 폐쇄돼 소비자들이 요리하는 과정도 엔터테이닝 할 수 있도록 하는 제품들이 출시되고 있다. 식용 반짝이를 넣은 메이플 시럽이나 프레체 브레드 믹스와 핫초코가 든 스틱제품 등이 있다.

다섯째, 가치 소비이다. 환경친화적 제품이나 미국 내에 소수인종, 마이너리티, 여성소유, 지속가능성 제품, 윤리적 경영의 제품들을 구매하려는 경향이 점점 확대될 것이다. MZ세대의 부상에도 연관이 있다.

여섯째, 집을 떠나지 않는 여행이다. 집에 있다보니 다양한 나라의 음식을 시도해 보려는 욕구가 생길 것이다. 한국제품도 한류 열풍을 타고 미국 소비자들에 한국을 여행하는 것 같은 기쁨을 줄 수 있다.

일곱째, 기능성 원료 제품이다. 팬데믹으로 많은 소비자들이 면역력 강화 원료를 쓴 식품을 찾는다. 이에 김치나 인삼이 면역력 강화 식품으로 각광을 받고 있다.

여덟째, 식물성 단백질 제품의 지속적 증가이다. 팬데믹 이전에도 시장이 확대되었지만 팬데믹 이후 환경을 인식하는 소비자들이 증가하고 있다. 한국 제품의 경우 육류가 미국에 수출되지 않으므로 식물성 단백질로 만든 비건제품들은 하나의 기회가 될 수 있다.

아홉째, 저당제품이다. 집에 갇혀 음식을 소비하다보니 살이 찌는 경우가 많아 설탕 함유량이 적은 제품을 더욱 찾을 것으로 본다. 아울러 저칼로리 음식도 많이 찾을 것이다.

열번째, 중동의 할바 제품(참깨로 만든 디저트 음식)이 성장한다고 한다. 우리에게는 낯선 디저트이지만 미국에서는 건강에 좋은 디저트로 알려지면서 날로 인기를 더해 가고 있다. 젊은 소비자들의 문화 코드를 잘 읽으면 유행할 수 있는 기회가 있다.

2020년 대미 한국가공식품의 수출은 급장성한 것으로 보인다. 물 들어 온 김에 노 젓는다는 말이 있는 것처럼 이 추세를 십분 더 활용하면 좋을 것이다. 팬데믹이 조만간 종식이 될지 어떨지 모르는 상황에서 위의 트렌드를 반영해 2021년에도 한 번 더 성장하는 해가 되기를 바라는 마음이다.

발행일 2021.3.15.

제이 리(Jay Lee)의 미국 식품 트렌드

55

★★★

한국 입국시 2주 자가격리에 대한 단상

출장자 어려움 ··· 업계도 마찬가지

마케팅 · 수출 등 현명한 대안 필요

　필자가 일 년에 두 번은 출장차 한국을 방문하다가 작년에는 코로나로 인해 출장을 연기하고 팬데믹이 끝나기만을 기다렸다가 올해는 밀린 일들을 처리하려 큰마음을 먹고 얼마 전에 입국하였다. 2주 격리가 힘들 것이라고 생각은 했지만 막상 에어비앤비로 얻은 오피스텔에 2주간 갇혀 있어보니 정말 쉽지 않았다. 공항 입국에서부터 철저한 입국자 수속 업무로 통과하는 데만 3시간 이상 걸렸다.

본인 지정 자가격리 시설로 가려니 관련 입증 서류들을 깐깐히 요구하고 정부 시설로 가야 하네 마네 하며 실랑이를 하지 않을 수 없었다.

미국에서 입국하는 나로서는 미국의 느슨한 관리에 익숙해 있다가 한국의 2중, 3중 감시는 여간 답답한 것이 아니었다. 여기에 따르는 국민들을 보면 대단한 존경심이 든다. 첫 일주일은 그나마 버틸 만한데 2주째 되니 심신이 너무 힘이 들었다. 하루에 2번씩 자가격리 앱에 온도 체크 등을 보고하고 하루에 한 번은 담당 공무원이 전화하여 건강 상태를 체크한다. 그리고 입국 초기에는 공무원이 불시점검할 수 있으니 나가면 안 된다고 엄포도 놓았기에 긴장하면서 2주를 버텼다.

앞으로 2주 격리가 장기화된다면 해외출장 및 해외에서 입국하는 출장자들은 치명타이다. 식품 안전 컨설팅 성격상 원격 화상회의도 했지만 현장의 생생한 분위기라든가 구석구석 눈으로 확인하는 절차는 화상으로는 대체할 수 없다. 그러나 만약에 또 다음에 한국에 입국해 2번째 자가격리를 하라고 한다면 도저히 해낼 자신이 생기지 않는다. 나와 같은 상황이 식품업계에도 비슷할 것이다. 해외영업팀이나 해외 바이어, 해외지사 근무자 등 해외 출장으로 인해 신규 거래선과 신규 공장 증설, 해외 전시회 참가가 쉽지 않은 상황이다.

백신을 맞고 있는 상황이지만 언제 집단 면역이 형성돼 자유로운 해외 입출입이 가능할지 아무도 예상하지 못한다. 각국마다 백신의 종류가 달라 효능이 다르며, 각국이 상호인정을 해야 백신 여권도 활용되지만 언제 국제 기준이 세워질 지도 미지수이다. 이렇다 보니 신규 판로 개척 등 많은 어려움이 당분간 지속될 것이다. 이에 정부는 백신 접종 국가와 접종자에 대한 백신 여권을 검토하고 한국에 들어오는 해외투자자와 바이어 등 국가 수출이 위축되지 않도록 방안을 강구해야 한다.

그리고 외국인이 2주 격리를 할 경우에 불편한 점이 한두 가지가 아니다. 격리 시에 식사 해결을 위해 한국 국적 시민은 구호 물품이 지급이 되지만 외국인들에게는 구호 물품이 전달되지 않는 지역도 있어 외국인들은 격리 중에 굶을 수 있다. 배달 앱에서 해외 신용카드 등록조차 본인인증이 필요하고 한국어로 된 서비스로 밥조차 시켜 먹기 힘든 상황이다.

팬데믹이 만든 뉴노멀에 2주 격리도 하나 추가된 듯하다. 2번 출장 올 것을 1번 오게 되고 개인적인 여행은 엄두도 못 낸다. 격리 비용도 본인이 부담해야 되므로 이것도 만만치 않다. 결국 시간과 돈이 없으면 들어오지 말라는 메시지이기도 하다. 식품 산업도 해외 출입이 제한되는 가운데 좀 더 현명한 방법이 필요한 시점이다. 이미 온라인 화상회의는 일상으로 자리 잡았다. 공장 현장을 봐야 하는 실사나 식품 안전 인증도 모두 원격 감사로 진행하는 추세이다.

작년 한 해 식품의 해외 수출은 폭발적인 성장을 했다. 하지만 이 성장동력이 계속 이어지려면 해외 마케팅과 해외 진출의 지속적인 노력이 해외 출장을 안가고도 극복할 수 있는 방안이 강구되어야 할 것이다. 필자는 또 미국에 들어가면 자가격리를 10일 해야 한다. 그러나 한국처럼 정부가 통제하지 않는다. 각자 양심에 맞게 사람을 안 만나면 된다. 식품법도 미국법은 세세한 것을 규정해 놓지 않고 업계의 자율적인 책임에 맡기는 것이 많다. 한국 식품법은 세세히 지시사항을 규정해 놓는다. 개인의 자유와 공공의 안전 사이에서 어느 쪽이 좋다고 판단하는 것은 결국 문화의 차이인 것 같다.

발행일 2021.3.29.

FDA 컨설팅 사기 주의보

사설 컨설팅 업체 증명서에 FDA 로고 기재 금지

최근 한 달간 한국 출장을 다녀오면서 상담 중에 이상한 점을 발견하였다. FDA 식품 관련 컨설팅을 하는 일부 업체들이 미국 FDA에서 요구하지도 않는 사항들을 테스트하도록 해 마치 FDA가 식품을 인증해 준다는 식의 광고를 하고 있는 것이다. 거액의 돈을 주고 테스트를 하면 FDA 로고가 찍힌 증명서도 발급하여 주는 것을 보고 놀라지 않을 수가 없었다. 더욱 놀랄 일은 일부 업체들이 명함이나 회사 웹 페이지에 FDA의 한국지부인 것처럼 허위 광고를 하고 있다는 점이다.

FDA식품, 건강식품의 경우에 저 산성 식품이 아니고는 제품을 등록하는 제도가 없다. 제품 성분이 미국에서 사용 가능한지, 그리고 라벨링(Nutrition Facts) 정보가 정확히 기재되어 있고 FSMA(미국 식품안전화현대화법) 관련 식품 안전 서류가 구비되면 수출할 수 있다.

수출을 위해 식품공장은 등록을 해야 하는데 — FFR(Food Facility Registration)이라고 한다. — 이것을 제품등록처럼 속이는 경우도 있다. FFR은 간단한 회사정보만 있으면 된다. FDA에서 식품이나 인증을 받았다는 것을 홍보용으로 쓰고 싶어 하는 한국인의 정서와 컨설팅 업체나 제품 수출업체의 이해관계가 맞아 떨어져서 FDA에 없는 식품인증등록 제도를 만드는 것이다.

미국의 FDA법은 한국의 식품법과는 다르다. 한국은 품목제조 보고서 등을 관할 지자체에 신고하도록 되어 있는데 미국은 그러한 등록 제도가 없다. 미국으로 통관되는 제품은 임의 샘플링을 통해서 제품 성분, 라벨링, 세균검사, 농약 검사 등을 하고 있으며, 미국의 수입자는 해외 공급자 제도(FSVP)를 통해서 FDA가 검토해 해외에서 수입되는 제품의 안전성 관련 서류를 검증한다.

정부 기관 및 산하단체에서 식품 수출업체를 위해 FDA 컨설팅을 지원해 주는데, 일부 FDA 컨설팅 업체들이 수출업체를 기만하여 제품 등록·인증 등의 허위 사실을 유포하고, 쓸데없는 테스트를 하게 하고, 거짓 FDA 증명서를 발급하는 행태는 금지되어야 한다. 얼마 전에는 FDA에서 공식적으로 사설 컨설팅 업체에서 FDA의 로고 등을 증명서에 기재하여 마치 사설 컨설팅 업체들이 FDA 관련 정부 기관인 것처럼 하는 것을 금지하도록 발표하였고 형사적인 책임도 물을 전망이다.

또한 식품공장등록(FFR)의 경우, 대행 컨설팅사에서 온라인 아이디와 비밀번호를 고객과 공유하지 않아 간단한 정보 수정 및 갱신 등을 막고 있어 결국 돈을 지불하고서야 수정하도록 하는 관행을 유지하고 있는 경우가 허다하다. FDA에서 본인 외의 제3자가 본인에게 온라인 아이디와 비밀번호를 공유하지 않는 것은 불법이다.

필자는 주로 미국에 베이스를 두고 한국의 식품 수출업체들을 컨설팅하다 보니 많은 FDA 정보들이 왜곡되어 고객들에게 불편과 고비용의 구조로 이용되는 것을 너무나 많이 본다. 이를 방지하기 위해서는 컨설팅 비용을 지원하는 정부 산하기관의 관리 감독 강화는 물론 여러 컨설팅사를 통해 확인하거나 FDA 웹사이트에서 직접 더블 체크를 할 수도 있다.

최근 필자는 한국에 버섯 수출 재개건 — 작년에 팽이버섯이 미국 내 리콜되면서 FDA에 의해 일부 수출업체의 한국산 팽이버섯 수출이 금지되었다. — 때문에 한국을 급하게 방문하였지만 정작 필요한 FSMA의 7개 카테고리(인간용 식품은 그나마 소개됨)는 많이 알려져 있지 않아 식품 수출업체들이 애로가 많았다.

FDA컨설팅은 단순한 공장등록 외에 A부터 Z까지의 일련의 과정(수출에서 미국에 도착하여 통관까지, 그리고 수입자의 FSVP까지)의 전 과정을 이해하여야 총체적으로 서비스할 수 있다.

또한 요즘에는 저 산성 식품 SID 등록도 FDA가 심사를 강화하여 많은 수출업체 컨설팅사의 SID 등록이 취소되는 것을 많이 본다. 앞으로는 더욱 전문적이고 FSMA의 모든 규정과 미국 내 식품 안전의 경험이 있는 FDA 컨설팅사의 역할이 중요해져 가고 있다. 수출업체와 정부 산하 지원 기관에서 옥석을 가려낼 지혜가 필요하다.

발행일 2021.4.12.

제이 리(Jay Lee)의 미국 식품 트렌드

제이 리(Jay Lee)의 마주 통신

57

★★★

저산성 식품에 대한
밸리데이션 기관의 부재

FDA, SID 신고 규정
장류 등 경계선상 제품
검증 역량 선진화 필요

미국 FDA에서는 저 산성 식품 및 산성 식품에 대해서 SID 신고
를 하도록 하고 있다. 저 산성 식품(LACF: Low Acid Can Food)은 pH가
4.6 이상이고 수분활성도(aW)가 0.85 이상인 제품을 말한다. 산성식
품(AF: Acidified Food)은 pH가 4.6 이하이고 수분활성도가 0.85 이상
인 제품을 뜻한다. 상온 보관 제품인 통조림 캔, 페트병 음료, 파우

치 제품, 레토르트 제품, 상온 보관 소시지 등을 생각하면 된다.

최근 FDA에서는 SID 신고에 대한 심사를 강화해 SID 신고 시 제출한 살균·멸균에 대한 밸리데이션(Validation) 자료가 충분한지 꼼꼼하게 심사를 하고 있다. 많은 한국 기업들의 SID 등록이 취소되는 경우를 많이 보고 있다. 중소기업은 물론이고 대기업조차 FDA에서 요구하는 자료를 갖추지 못하는 경우가 있어서 멸균·살균 제품에 대한 밸리데이션 스터디를 할 전문기관이 한국에선 절실하다.

미국의 경우, 이를 Process Authority라고 하여 열처리 기술을 이용한 멸균·살균 제품 등에 대한 밸리데이션을 해주고 있는데 주로 대학 연구기관이나 사설 연구기관들이 전문성을 가지고 이러한 역할을 한다.

그리고 FDA 규정 21 CFR 113과 114에서 저 산성 식품과 산성 식품에 대한 규정을 상세히 다루고 있으며, 각 주에서도 별로도 관련 규정을 마련하고 있다. 또 저 산성 식품을 신고 및 운영하는 작업자들도 라이선스 또는 교육을 필수적으로 받도록 규정하고 있다.

미국에는 Better Process School이라는 커리큘럼을 통해서 멸균·살균·산성 식품의 통제 방법에 관한 교육을 하고 있으며 저 산성 식품을 다루는 작업자들과 매니저들은 필수적으로 교육을 받도록 하고 있다. 한국에서는 부산대학교에서 유일하게 교육을 하고 있는 것으로 안다.

그러나 한국에서는 멸균·살균·산성 식품 처리에 대한 유효성을 검증해 주는 기관이 없어 FDA에서 요구하는 데이터를 구하는 것이

어렵다. 심지어 아이들이 먹는 상온 보관 소시지 양 끝을 실링(Sealing) 하는 철사 클립조차 FDA에서 요구하는 자재와 검사 장비, 검사 방법들이 한국에 존재하지 않아 수출이 되지 않는다.

FDA에서 요구하는 자료들이 한국 입장에서는 준비하기 어려울 수 있으나, 식품 가공 선진국인 미국에서 요구하는 데는 다 그만한 이유가 있다. 상온 제품인 경우, 제품이 더욱 상하기 쉽고 완전히 밀봉되어야 식품 안전이 보장되기 때문이다.

한국 제품 중에 특히 장류의 경우 저 산성 식품의 경계선상에 있는 제품이많다. FDA 규정 중에 발효식품은 저 산성 식품으로 면제해주는 규정이 있지만 원료 전체가 발효 제품이 아니고 발효 원료와 다른 원료가 섞인 경우에는 저 산성 신고를 해야 하는 경우가 생긴다. 케이스별로 판단해야 할 문제이다.

현재 한국의 식품들이 전 세계에 한류열풍을 타고 퍼져나가고 있다. 상온 저 산성 식품에 대한 식품 안전 규정의 선진화에 따라 관련 기관의 검증 역량들도 선진화되어야 한다.

최근 한국 방문 중에 SID로 인한 수출업체들의 애로가 많다는 것을 알았다. 심지어는 Process Authority를 다른 아시아 국가 기관을 통해 자문을 받다 보니 항공료에 체류비용까지 부담해가며 아주 큰 비용을 들여 자문을 받고 있었다.

한국의 많은 정부 기관들이 식품 수출을 위한 지원 제도를 운용하고 있는데, 앞으로는 이 분야에도 연구기관 설립은 물론 역량 확보를 통해 저 산성 식품이 미국 등 선진국으로 수출하는 데 문제가 없도록 지원을 해줄 때라고 생각한다.

발행일 2021.4.26.

58

━━ ★★★ ━━

미국 해외 공급자 검증 제도(FSVP)의 단속 강화

해외 실사 제한으로 검증 심화
아마존 등 진출 땐 에이전트 지정

미국 식품 안전 현대화 법(FSMA) 중에 미국 내 수입자들의 해외 공급자 검증 제도(FSVP)에 대한 FDA 단속이 강해지고 있어서 주의가 요구된다.

FSMA법은 2011년 오바마 행정부 때 제정돼 2016년부터 7개의 하위 카테고리 법률 규정들이 시행되고 있다. FSVP는 2017년부터 시행되고 있는데 수입자에게 해외 공급자들이 미국 FSMA법에 맞게 식품을 안전하게 생산하는지 검증해야 한다.

일반적인 경우를 보면, 통관 시에 FSVP 관련 서류를 제출하는 것이 아니라 미국 수입자에게 별도로 전화나 이메일 등으로 연락해 제품을 지정해 준 뒤에 관련 FSVP 서류를 제출하게 한다. 서류 심사 후 수입자와(현재는 팬데믹으로) 콘퍼런스 콜이나 방문 미팅을 하고 있다. 서류가 미비할 경우에는 보완 자료를 요청하며 서류가 불충분하거나 없을 경우에는 경고 조치, 수입 경보 리스트 게재, 수입 거절 등의 조치를 취할 수 있다.

미국 내 코스트코와 월마트 등 대형 유통에 진출하기 위해서는 FDA보다 더 엄격한 서류들을 제출해야 한다. 그러나 많은 한인 수입상들의 경우, FSVP 시행 후에도 열악한 인력 운영과 지식의 부족으로 FSVP를 차일피일 미루다가 최근 집중 단속 등으로 낭패를 보는 사례가 많다.

또한 FSVP 검증 주기도 정확히 정해진 것은 없지만 요즘 추세를 보면 1년에 한 번씩은 수입자들을 검증하는 것 같다. FDA가 코로나로 인해 해외 공장 실사를 못하다 보니 수입자를 통해 FSVP 검증을 더욱 강화하는 분위기이다. 보통 통관 기록을 보고 3개의 제품을 찍어서 서류를 제출하도록 하다가 요즘은 아예 수입 전 품목에 대해 FSVP 서류가 있는지 체크하도록 하고 있다. 눈 가리고 아웅식의 대응이 어려워지고 있다.

요즘 아마존을 통해 수출하려는 회사들이 많은데 아마존의 경우에는 FSVP Agent를 지정하지 않으면 수출을 할 수 없다. 수출을 진행하다가 이것 때문에 낭패를 보는 경우가 생긴다. 그리고 각 지자체마다 미국에 진출해 그 지방 특산물을 수출하려고 노력하고 있지만 FSMA/FSVP에 대한 법률적인 부분은 고려하지 않고 수출을 하다 보니 FSVP 검증에 문제가 생기는 것을 많이 보았다. 또 한국의 치킨, 핫도그, 떡볶이 등 각종 프랜차이즈 업체들이 미국에 진출하고 있는데, 한국의 식자재를 미국에서 수입해 매장에서 이용하려면 FSVP가 필요하다.

FSVP 관련 서류 준비를 위해서는 한국의 HACCP과 유사한 PCH-F(Preventive Control for Human Food)에 대한 식품 안전 계획을 만들어야 한다. 그러나 대기업이나 일부 중소기업을 제외하고는 아직도 이 법의 존재 유무도 모르는 경우가 많고 FSVP법 자체도 한국에 제대로 소개되지 않아 오해하는 부분들이 많다. 또 모 한국 업체가 FSVP 등록을 했다고 홍보하는 것을 보았는데 FDA가 FSVP를 등록해 주지 않는다는 점을 반드시 유념해야 한다. 한국에서는 'FDA 등록'이라는 말을 좋아하는데 FDA가 제품을 등록해 주는 제도는 없다(저산성 식품 SID 신고 제외). 다만 미국에 수입자가 QI(Qualified Individual)을 지정해 식품의 안전성과 FSMA 요구대로 제조하는지 확인해서 검증 자료를 만들어 놓은 경우는 있다.

작년 한 해 동안 한국 식품의 대미 수출이 약 30% 늘었다는 뉴스를 보았다. 앞으로도 지속적인 성장을 기대해 본다. 그러나 관련 식품법에 대한 홍보와 지원도 충분히 이루어져야 한다. 아마존 같은 좋은 수출 채널이 있음에도 불구하고 FSVP Agent 같은 부분 때문에 진출이 막히거나 어려움을 겪는 경우가 있다. 중소기업들이 원활한 수출을 할 수 있도록 FSVP Agent 등을 지원하는 프로그램도 고려해 보아야 할 시점이라고 생각한다.

발행일 2021.5.11.

59

=== ★★★ ===

주정 처리 가공에 대한
유효성 검증과 GRAS

발효 · 면류에 알코올 사용 FDA가 따지면 문제
다용도 첨가물 정부 기관 주도로 등재 유용
수출 유망한 건기식 품목 원료도 등록 필요

미국에는 식품 안전성에 대한 등록 제도로 GRAS(Generally Recog-nized As Safe food)라는 제도가 있다. 식품 첨가물로서 인체에 독성이 있는지 안전한지를 등록하는 제도이다. 한국 제품들 중에서 발효 장류나 면류에 쓰이는 알코올(주정)이 안전성 등록(GRAS)에 등재되지 않아서 미국의 대형 유통 업체에서 주정의 안정성에 대한 GRAS Dossier(FDA에서 요구하는 식품 안전성에 대한 독성연구 자료)가 있냐는 질문들을 듣게 된다.

당연히 알코올은 식용 주정으로 사용되어 인체에 해롭지 않다는 것을 우리는 알고 있고 업계에서도 오랫동안 사용하고 있어서 위험하지 않다고 알고 있다. 그러나 미국에서는 공식적으로 발효 시나 면류 제조 시 살균 효과를 위한 주정의 사용에 대한 알코올 사용이 GRAS로 등재되어 있지 않아서 FDA가 엄격하게 따지면 문제 될 소지가 항상 존재한다. 이와 관련해서 한 미국의 업체가 주정을 피자 크러스트의 가공에 쓰인다고만 GRAS 지정을 해놓은 상태이다. 용도가 피자이므로 공식적으론 한국 식품에는 해당이 되지 않는다.

미국 식품 첨가물 제도는 한국의 식품법과는 다르게 모든 것을 정부가 분류하고 법으로 지정해 놓는 것이 아니라 FDA가 법으로 지정한 GRAS 원료들, 업체들이 자기들 제품에 사용하도록 한 첨가물들에 대한 용도별·용량별 GRAS 원료들, 그리고 FDA에 등록은 하지 않아도 자체적으로 FDA에서 요구하는 GRAS의 Dossier를 준비하는 Self-affirmed GRAS 제도(자가 준비 제도) 중에 하나를 선택하도록 하고 있다. 그러나 대부분의 한국 기업들은 이 부분에 대해서 충분한 정보와 지식이 없고 한국 식품법적으로 이해하다 보니 자체적으로 검증 자료들을 구비하는 데 어려움을 많이 겪는다.

이미 식품 수출을 위한 한국 정부와 유관 기관들의 지원들이 많이 생겨나서 수출 기업들을 지원을 해주고 있는데 이 부분도 국가

차원의 GRAS 등록 등을 지원해 볼 만하다고 생각한다. 특히 중소기업의 경우에 자체적으로 이러한 GRAS를 등록할 비용 및 인적 자원이 여유롭지 않기 때문에 한국 정부 기관의 주도로 몇 가지 한국 제품에 많이 쓰이는 첨가물들에 대한 GRAS를 등재 해놓으면 많은 수출 기업들이 사용할 수 있으리라 생각이 된다. 또한 캐나다에도 유사한 제도가 있으므로 New Additive Proposal을 통해서 첨가물을 등록할 수 있다.

이뿐만 아니라, 건강식품의 경우 신규 건강 기능 원료(New Dietary Ingredient)에 대해서 FDA에 NDI를 등록해야 한다. 많은 경우에 건강 기능 원료에 대한 충분한 검토 없이 미국에 수출하는 경우가 많은데 신규 물질이 들어간 제품일 경우에 미국의 리테일러들은 제품 원료에 대한 기능성 원료 등록 여부를 물을 수 있다. 이 또한 개별적인 원료의 등록을 업체가 하는 것보다 전략적으로 수출 유망 품목인 원료는 정부의 지원이 있으면 좋을 것 같다.

최근 식품업계가 한류 열풍을 타고 전 세계에 날개를 달고 활황하고 있다. 팬데믹을 통해서 더욱 가공식품에 대한 수요가 늘어나고 있지만 아직 수출 국가에 대한 법규 이해와 준비에는 많은 취약점들이 있다.

예를 들어 전통 장류의 경우, 발효식품으로 저 산성 식품 SID 면제 여부 및 김치류 제조 시엔 세척 시 CCP에 대한 유효성 평가의 해외 인정 여부 등 국내에서는 당연한 것들이 해외에서는 인정되지 못하는 사례들이 있기 때문에 전략적으로 과학적인 연구와 자료들이 절실히 필요하다.

　최근 미국 FDA의 해외 식품에 대한 단속 강화를 통해서 안전한 식품을 소비자에게 공급하려 한다. 각 식품 수출을 위한 정부 유관 기관들은 전략적으로 품목별로 식품 안전에 대한 과학적 검증 자료들을 쌓아나가서 기업들의 수출에 좋은 발판이 되었으면 한다.

발행일 2021.5.25.

제이 리(Jay Lee)의 미국 식품 트렌드

60

★★★

BTS가 쏘아 올린 맥도날드 한류

한류 열풍 '한식 러시' 동반 … 안전 · 대중화 · 디자인 국제화를

요즘 한류 열풍이 절정에 다다른 것 같다. BTS가 발매한 '버터'라는 곡이 공개 하루 만에 유튜브에서 1억 820만 뷰를 기록하였고, '24시간 동안 유튜브에서 가장 많이 본 영상', '24시간 동안 유튜브에서 가장 많이 본 K-POP 그룹 뮤직비디오'로 등재됐다.

최근에는 BTS가 미국 드라마인 '프렌즈'에 특별출연하였다. BTS 리더인 김남준이 영어 공부할 때 요긴하게 썼던 영어교재가 '프렌즈'라서 더욱 각별하다. 프렌즈 멤버들이 재회한 특별판도 큰 관심인데 거기에 BTS까지 출연하는 것은 현재의 인기를 실감하게 한다.

이러한 BTS 활동에 최근 미국에서는 맥도날드 한정판으로 BTS 메뉴를 출시했다. 칠리소스와 케이준 소스를 한글로 표기하고 직원들 티셔츠에도 맥도날드의 한글 자음만 표기하였다. BTS 메뉴로 인해 출시하자마자 BTS 아미(A.R.M.Y)뿐만 아니라 많은 미국인들이 맛을 보았다. 사실 메뉴 자체는 기존 제품들의 조합이지만 팬들의 흥미를 끌어들이는 팬심 마케팅을 한 것이다.

한식 메뉴는 다른 프랜차이즈 업계에도 자주 등장한다. 미국 쉐이크쉑 버거는 지난해 10월 서울에서 한 달간 한정 판매한 한국식 메뉴를 올해 1월 미국에서도 선보였다. 고추장 치킨버거는 통가슴살을 수비드(저온 조리) 방식으로 조리해 고추장 소스와 참깨로 양념 치킨 맛을 냈으며, 잘게 썬 백김치를 더했다. 감자튀김에는 케첩 대신 고추장과 마요네즈를 섞은 소스를 제공하였다.

또한 최근 한인타운에는 많은 미국 젊은이들이 한국의 BBQ, 양념치킨, 떡볶이, 핫도그 등의 메뉴를 맛보기 위해 줄 서서 기다릴 정도로 인기가 많다. 음식은 그 나라의 문화이면서 쉽게 바뀌지 않는 습성이 있다. 하지만 반대로 문화의 전파력으로 인해 쉽게 전파될 수 있는 장점도 있다. 그동안 한류의 약진으로 이제는 임계점, Tipping Point를 지난 시점 같다. 한식의 열풍이 제대로 훈풍을 타고 돛을 단 배처럼 나가고 있다.

아직은 BTS가 주로 젊은 여성들에게 인기가 있어, 연령별, 성별, 인종별로 더욱 다양하게 퍼지는 데 시간이 좀 더 필요하다. 이와 관

제이 리(Jay Lee)의 미국 식품 트렌드

련해 팬클럽 아미가 마중물 같은 역할을 해주고 있다. 마케팅에서 처음 신제품을 대중에게 소개하는 역할을 하는 얼리어답터와 스프레더(전파자)의 역할을 톡톡히 하고 있는 것이다. 기본적으로 팬덤이 형성되어 있으므로 BTS 음반 발매 시에도 안정적인 디딤돌 역할을 한다.

BTS의 성공 요인으로는 팬덤 확보, 진정성, 스토리텔링, 소통 등을 꼽을 수 있다. 이는 식품업계가 해외 진출 시에도 고려해야 할 사항이다. 각종 SNS를 통해 소비자들과 소통하고 자발적인 아미들을 확보하여 제품에 대한 홍보가 이루어지도록 해야 한다. 소비자들과 소통하여 그들의 피드백을 통해서 신제품에 대한 아이디어도 얻을 수 있다.

최근 미나리가 오스카상을 수상하였고, 미국 내 넷플릭스에는 한국 드라마와 영화로 도배되고 있다. 한류 콘텐츠가 전 세계 사람들의 이목을 사로잡고 있다. 하지만 중국에서는 프렌즈 특별판에 BTS 방송분을 삭제하는 등 한류 열풍을 억제하고 있다. 중국이 일대일로나 공자학원 등으로 세계의 환심과 문화를 수출하려고 해도 쉽지 않다. 문화는 억지로 주입한다고 해서 되는 일은 아니다. 문화는 사람의 정신을 묘하게 끄는 그 무엇인가가 필요하다.

지금 한국 문화에 대한 호감도가 높아가고 한국의 경제력, 기술력으로 인해 전 세계의 모범국가로 발돋움하고 있는 중이다. 이제 한식도 전 세계의 입맛을 사로잡기 위해 식품 안전성, 대중화, 보편성, 디자인의 국제화 등을 한 단계 더 발전시켜야 한다.

미국에 이미 진출한 식품 대기업들도 한창 전성기를 맞이하고 있
다. 이제는 중견 식품 기업들도 현지 공장을 짓는 등 공격적으로 투
자하고 있다. 작은 중소기업들은 아마존 플랫폼을 이용해 전 세계
에 수출하는 채널을 확보하고 있다. 예전에 미국 서부를 개척하던
골드러시처럼 한국 식품도 '한식 러시'를 맞이한 것 같다.

발행일 2021.6.8.

제이 리(Jay Lee)의 미국 식품 트렌드

제이 리(Jay Lee)의 미국통신

61

=== ★★★ ===

사이버 테러에 대한 위기 대응

웬디스 이어 몬델레즈 공격으로 전 세계 공장 타격
지적재산권 · 영업 비밀 노출 외 소비자 안전 위협도
BRC인증, 위기관리에 사이버 공격 대비책 규정

얼마 전, 미국 동부에 있는 송유관 시설을 국제 해커조직이 공격해 몇 주 동안 기름이 공급되지 않아 동부의 일부 주들이 고생한 바 있다. 또한 미국 최대 육류 가공 업체인 JBS가 랜섬웨어 공격을 받아 JBS 미국 공장들 전체가 며칠 동안 가동을 멈추어야 했다. 그 뒤에 해커들에게 천백만 불을 주고 협상해 해결했다는 뉴스를 보았다. 가뜩이나 코로나로 인해 생산량이 수요를 따라가지 못하는 상황에서 이런 일이 발생하니 더욱 곤혹스러운 상황이 된 것이다.

이처럼 최근 미국 식품 대기업들이 사이버 공격을 당한 사례들이 많아 한국 업체들도 이에 대한 대비를 하여야 한다. 2017년도에 최대 스낵업체인 몬델레즈도 사이버 공격으로 전 세계 공장들이 타격을 받은 바 있으며 Wendy's도 2015년에 POS가 해킹당해 운영에 애를 먹은 바 있다. 미국 정부 기관의 해킹을 통한 국가 기밀은 물론이고 회사의 네트워크에 침입해서 영업기밀, 지적재산권을 훔쳐 가는 일은 이제 너무나 흔한 이야기가 되었다.

BRC인증 같은 경우에는 아예 위기관리(Crisis Management) 규정에 사이버 테러 공격에 대한 대비도 마련하도록 규정하고 있다. 이제는 국내 기업들도 이에 대한 대비책을 세우고 문제 발생 시에 어떻게 대응할 것인지 시나리오를 세워 운영해야 할 필요가 있다.

최근에는 스마트 HACCP이나 디지털화를 통해 ERP 등의 시스템을 운영하고 있으며 공장 내 생산설비들도 자동화돼 네트워크로 모두 연결되어 있다. 인터넷이나 내부 시스템이 다운되면 공장 전체가 정지해야 하는 사항이 오는 것이다. 기존에는 지진, 화재 등 천재지변에 대한 위기관리 능력을 세우고 대비해야 하지만 이제는 사이버 테러가 제일 위험한 위기 요소인 것 같다.

최근 4차 산업 등의 도래로 점점 모든 비즈니스며 개인의 일상도 디지털화되어 가고 있다. 더군다나 백신 여권 등의 도입으로 개인정보가 정부의 통제나 감시에 침해를 받을 수도 있다. 또한 국가 간의 대립으로 타국의 물리적인 공격보다 사이버 테러 같은 눈에 보이지 않는 전쟁이 한창 진행 중이다. 특히, 트럼프 대통령 시절부터 시작된 미·중 대립은 중국의 미국 군사기밀, 특히 무기에 대한 주요 정보를 빼내간 것에 대한 분노도 담겨있다. 이로 인해 최근 미국 내 뜨는 직업 중 하나가 사이버 보안 분야이다. 이 분야의 일자리는 점점 수요가 증가하고 있다.

사이버 공격에 대한 취약점 분석과 대응안 마련은 일반인이 세우기는 어렵다. 그래서 전문가의 도움이 필요하다. 대기업의 경우에는 IT팀에서 내부 점검 및 대응안을 마련할 수 있지만 중소기업은 그럴 여력이 없으므로 외부 전문가의 도움이 필요하다. 적어도 1년에 한 번씩은 사이버 공격에 대한 취약점 분석과 개선 조치를 마련하고 시나리오를 만들어 어떻게 대응할지 미리 매뉴얼을 만들어 놓아야 한다.

만약, 제품에 대한 영업기밀이 내부 시스템의 해킹을 통해 지적재산권 및 영업 비밀이 노출되면 큰 타격을 받을 수 있다. 또한 사이버 공격으로 인해서 식품 안전에 영향을 미치는 사항일 경우에는 소비자 안전에 위해를 가할 수 있기 때문에 미리 대비해야 한다.

최근 광주에서 건물을 해체하다가 건물이 도로를 덮쳐서 많은 사람들이 사망하고 다친 뉴스를 보았다. 비슷한 사고가 작년인가에도 있었던 것으로 안다. 한 번 사고가 나면 교훈을 얻고 시정해야 한다. 그러나 사람의 습성이 한 번 일어나면 또 망각으로 묻혀 버린다. 대형사고가 발생하기 전에 그와 관련된 수많은 경미한 사고와 징후들이 반드시 존재한다는 하인리히의 법칙을 명심하고 최근 사이버 공격을 타산지석으로 삼아야 하겠다.

발행일 2021.6.22.

62

=== ★★★ ===

농산물 식품 안전 관리 현대화 필요성

식품안전현대화법 한국산 수출 농산물엔 생소한 분야
익히지 않고 샐러드 등으로 사용 … 오염 제품 리콜
농산물 규정 GAP보다 포괄적 … 교육 · 매뉴얼 등 필요

지난해 한국산 팽이버섯이 미국에서 리콜된 사건을 계기로 미국 FSMA(식품 안전화 현대화법)에 대한 인식의 중요성을 새삼 느끼게 되었으며, 다른 농산물의 미국 수출에도 규정 준수에 대한 경각심을 알리는 계기가 되었다.

필자는 한국 버섯농가의 수출 재개를 위한 FSMA 개선 작업 일을 하면서 미국 FSMA 중에 농산물 규정은 한국 농산물 수출농가들과 수출회사들에게는 아직 생소한 분야임을 느끼게 되었다. 한국 농산물 중에 배, 딸기, 포도 등 과일류 및 마늘, 버섯, 무 등의 채소류는 점점 수출을 늘려가고 있는 상황이라 농가들이 식품 안전에 대한 현지법들을 이해하고 대비를 할 필요가 있다.

특히 미국에서는 농산물을 한국처럼 익혀서 먹지 않고 샐러드로 먹는 경우가 많아 주의를 요한다. 버섯 같은 경우에도 한국에서는 찌개나 고기류에 곁들어 익혀 먹지만, 미국에서는 샐러드에 많이 올라가는 농산물이다. 그러다보니 리스테리아 모노사이트제네스 균이나 살모넬라, 장출혈성 대장균에 오염된 제품이 미국 통관 시, 또는 통관 후에 미국 식품당국의 샘플링에 걸려 리콜되는 사례가 많다.

한국에도 이미 일반 GAP(우수농산물 안전관리 기준)이나 Global GAP이 있어서 농산물 안전 관리를 많이 하고 있는 추세이지만, 아직 GAP이 없는 농가들은 농산물에 무슨 식품 안전 관리가 필요하냐는 인식이 많다.

미국 농산물 규정(Produce Safety Rule)은 한국 GAP이나 Global GAP보다 더욱 포괄적인 규정이다. 설령 GAP이나 Global GAP이 있더라도 미국 규정보다 부족하여 별도로 부족한 부분을 준비해야 한다. Global GAP의 경우에는 FSMA Addendum(별도사항)을 검사받아야 FSMA에 충족한다.

또 하나 느낀 점은 GAP이나 Global GAP이 있더라도 관리 기준서의 명문화가 잘 되어 있지 않고, 서면 관리도 미비한 점이 많다는 점이다. 또한 미국에 수출하는 경우, 미국의 수입자가 FSVP(해외공급자 검증제도)를 통해서 이러한 FSMA 사항들을 체크하도록 되어 있지만 미국에서도 영세하거나 FSMA법을 이해 못하는 수입자들이 있으므로, 수입자들도 제대로 FSMA 사항을 이행하는지 확인해야 서로 안전한 거래를 지속할 수 있다.

미국에 있으면 수시로 기생충에 오염된 샐러드 제품의 리콜 뉴스나 Pre-cut RTE 과일들의 리스테리아 균 오염, 수박의 오염 등을 수시로 접한다. 농산물에서 미생물 오염은 아주 흔한 경우지만 이를 최소화하기 위해 농산물 규정에 종업원 위생 관리 및 교육, 퇴비 관리, 가축 및 야생동물 관리, 농업용수 관리, 건물 및 장비 관리, 청소 및 소독 등의 규정을 마련하고 의무화 하고 있다.

식품 안전을 위해서 장기적 관점에서 시설투자가 요구되고, 스마트팜 등의 도입으로 선진화된 농산물 재배가 트렌드이다. 미국에서는 대규모 농가들이 식품 안전 관리에도 많은 돈을 투자하고 있다. 그런 만큼 미국과 동일한 수준의 식품 안전 관리를 한 농산물만 수입되도록 하는 것이 FSMA법의 취지이다.

미국의 농가들은 대규모가 많고 식품 안전관리만 전담하는 매니저들이 식품 안전의 QC·QA업무를 맡고 있다. 한국의 경우, 농가들이 영세할 뿐만 아니라 규모 있는 농가들도 전문인력을 확보하기 어렵다. 한국의 농산물 수출이 증가하고 있는 상황에서 유관기관에서는 식품 안전화에 대한 인식과 제도 마련, 미국 등 농산물 규정에 대한 교육 및 매뉴얼 작성, 시설 투자 등의 관심이 필요한 상황이다.

발행일 2021.7.6.

63

★★★

물류 대란으로 인한 수출 차질

LA항까지 콘테이너당 운임이 4~5배 상승 … 예약도 어려워
정부 지원 및 근본 대책 마련 시급

　최근 물류 대란으로 인해 해외 수출에 차질이 생기고 있다. 식품 뿐 아니라 모든 분야에 수출품을 실을 배가 부족하다. 현재 정부에서는 임시선박을 이용해 물류 대란을 해소하려고 하지만 역부족인 것 같다. 코로나 이전 한국에서 LA항까지 콘테이너당 2천 불이던 운임이 지금 4~5배까지 오른 상태이고 그나마 예약하는 것도 쉽지 않은 상황이다. 식품산업은 다른 산업계보다 마진 폭이 크지 않아 비용에서 물류비가 차지하는 비율이 상당하다. 이번 물류 대란으로 인해 식품 마진은 더욱더 줄어들 수 있고, 이는 인플레이션의 또 다른 요인이 될 수도 있다.

중국에서는 얼마 전부터 운임을 두 배로 지불하며 외국 선사의 짐칸을 입도선매한다는 뉴스를 접했다. 중국서 짐을 실은 배들이 아예 한국은 거치지도 않는다는 이야기다. 지난 7월 11일 국내와 중국 해운업계에 따르면, 중국에서 북유럽으로 향하는 스폿 운임 호가는 이미 FEU(40피트 컨테이너 1개)당 2만 달러로 올랐다. 중국 현지 업계에서는 이달 중국 상하이와 LA를 잇는 항로의 스폿 운임이 3만 2000달러까지 오를 것으로 예상하고 있다. 결국 수출 물량을 실어 갈 배를 확보하기 위해서는 중국과 치열한 운임 경쟁을 할 수밖에 없다.

대기업은 장기 계약을 통해 어느 정도 안정적인 운임과 선박을 확보할 수 있다. 하지만 중소기업은 스폿계약을 하기 때문에 상승하는 운임 리스크에 그대로 노출되어 있고, 그나마 상승된 운임을 지불하더라도 선박을 구하지 못해 발을 동동 구르고 있다. 코스트코와 같은 대형 유통업체에게 납품기일은 생명과도 같은데 겨우 입점을 하더라도 최근 물류대란으로 인해 계약이 파기될 지경에 이르고 있다. 또한 기업들이 제때 수출하지 못해 유효 기간이 지난 제품의 폐기로 인한 손실과 재고의 순환이 더뎌 흑자도산의 위험도 생기고 있다.

더 큰 문제는 이런 상황이 계속될 가능성이 높은데도 불구하고 장기적인 대책 수립이 어렵다는 점이다. 코로나가 언제 종식될지도 모르고 선사도 당장의 이익을 버릴 수도 없는 상황에서 선박 투입만이 해결책이 아니다. 보복 소비로 인해 그동안 밀렸던 오더들을 만들어 내느라 바쁜 제조사들이 있는 반면, LA항 같은 곳은 코로나로 직원 감소와 충원의 어려움이 뒤따르고 있어 항구에 정박한 배에서 콘테이너를 내리려면 평소보다 몇 주를 더 소요해야 하는 악순환의 고리가 생겼다.

운임 상승의 진원지인 중국에서는 안정적 운임 확보를 위해 이미 근본 대책 수립에 나섰다. 현재 중국의 해운거래소는 컨테이너 운임 선물 등 파생상품 출시를 위한 연구를 진행하고 있다. 파생상품이 출시되면 해운산업 밸류체인에서 선주·화주·포워딩 업체 모두 운임에 대한 리스크 헤징 수단으로 이를 활용할 수 있다고 한다.

기획재정부와 해수부에서는 최근 2차 추가경정예산을 통해 올해 수출바우처 등 운임 지원 예산 규모를 121억 원에서 263억 원으로 늘리고 중소 수출기업을 대상으로 200억 원 규모의 물류비 특별 융자도 지원하기로 했다고 한다. 수출 업체들은 정부지원제도를 적극 활용하면 좋을 것이다. 얼마 전 부터는 농수산물유통공사에서 대미 식품 수출용 선박 지원사업도 실시하고 있는 것으로 알고 있다.

물류대란이 장기화되면 식품도 자국 내 생산(오프쇼어링)으로 돌아서지 않을까 생각된다. CJ, 농심, 풀무원 등 한국 식품 대기업들은 미국 현지공장을 통해 큰 매출을 올리며 성공하고 있다. 최근에는 중소기업들도 미국 내 현지 공장들을 짓고 있는 추세이다. 한국산 육류 수출이 안 되어 미국 현지 내에서 육류 원재료를 공급받을 수 있는 장점이 있고 유통기한이 짧은 냉장제품은 현지 공장이 유리한 점이 있다. 이제는 물류대란을 계기로 많은 종류의 식품 업체들이 현지 공장들을 짓는 트렌드에 합류하지 않을까 생각한다.

발행일 2021.7.20.

64

★★★

기후 위기와 식량대란

식량 자급률 높이고 물성 단백질 제품 등 환경 관련 제품 개발해야

최근 벌어지고 있는 기후 위기로 인한 전 세계의 이상 기후 현상들은 뭔가 심상치 않다. 내가 사는 캘리포니아는 가뭄으로 인해 저수지들이 말라가면서 산불이 끊이지 않고 있다. 북서부의 포틀랜드, 시애틀 지역, 캐나다 서부는 예상외의 폭염으로 많은 이들이 목숨을 잃었다. 미국 동부지역은 폭우로 피해가 속출하고 있다. 시베리아 지역에서도 이상기온과 산불이 지속되고 있으며, 중국에서는 폭우로 인해 수많은 이재민과 사망자가 발생했다.

필자가 2년 전에도 기후 위기 관련 칼럼을 썼지만 이제는 이미 돌이키기 늦지 않았나 생각이 된다. 지구 온도 상승폭을 1.5도 이하로 유지해야 된다는 것이 환경전문가들의 의견이지만 전 세계적으로 기후 대책에 대한 합의는 어려운 것 같다. 각국의 이해관계와 후진국·선진국 간의 경제 격차, 자국 이익주의가 합쳐져 우리는 브레이크 없는 열차를 탄 것 같다. 일부 전문가나 사람들은 기후 위기가 근거 없는 거짓이라고 반박하고 무시하지만 지금 전 세계에 나타나는 현상들은 눈여겨보아야 한다. 미래재난 영화에서처럼 무언가 전조처럼 느껴진다.

지구 환경이라는 시스템에는 자기가 지탱할 수 있는 정화능력, 즉 자정능력에 한계가 있다. 전 세계 인구의 증가와 산업화, 멈출 수 없는 자본주의 시스템은 지구라는 환경까지 고려한 것이 아니다. 경제학자나 정치가, 기업가 등은 각자의 전문 분야는 잘 알지만, 전체적인 시스템적 사고에서 인류와 환경의 지속 가능한 삶까지 볼 수 있는 통찰력이나 시스템적 사고를 하지 않는다. 일반 대중 또한 누군가 전문가나 정치인들이 이런 일들을 해주리라 생각하면서 그저 만들어진 세상 시스템 속에 살며 환경이나 우리 인류가 가는 방향에 대해서 고민하지 않는다.

환경전문가들은 이대로의 속도라면 2050년 정도가 변곡점이 될 것이라고 생각한다. 환경위기로 인해 수많은 환경 이재민이 생기고 어쩌면 지구에 인간이 살 수 없을 정도로 지구 환경이 바뀔 것으로 생각한다. 코로나 또한 이러한 환경파괴와 궤를 같이 해 없어지지 않으리라고 예측한다. 이미 코로나로 인해 고통받는 우리 아이들을 생각하면 불쌍하기 그지없다.

기후 위기가 식품업계에 미칠 중단기적 영향은 식량 원재료 수급의 차질, 가격 폭등, 식량 자급 문제 등이 있을 것이다. 가뜩이나 코로나로 인해 물류대란과 원재료 공급의 차질이 벌어지고 있지만 앞으로 더욱 심해질 것 같다. 한국에서도 식량 자급률을 높여야 하고, 탄소배출을 저감하는 식물성 단백질 제품 등 환경 관련 제품을 개발해 출시해야 한다. 또 환경의 소중함을 소비자는 물론 일반 대중에게도 자리 잡을 수 있도록 해야 한다.

일론 머스크가 화성에 인류가 살 수 있도록 이주 프로젝트를 진행하는 것은 단지 흥미와 재미를 위한 것이 아니다. 영화 엘리시움처럼 조만간 지구가 환경파괴로 인해 살기 어려운 환경이 되면 인류는 지구를 떠나 타 행성에서 생존해야 할 때가 올 수도 있다. 예전부터 미래에 대해 유토피아냐, 디스토피아냐 하는 논란은 있어 왔지만 어느 쪽이든 현재 우리의 선택에 달린 것이다.

코로나 기원을 놓고 논란이 많지만 나는 팬데믹과 기후 위기는 떼려야 뗄 수 없는 문제라고 본다. 인류의 환경파괴적 생활 방식과 무분별한 경제 성장주의가 멈추지 않는 한 코로나와 같은 팬데믹은 끝나지 않을 것이다. 환경문제는 그 결과가 서서히 진행되다가 임계점이 지나면 이미 돌이키기에 늦다. 공유지의 비극처럼 우리가 공유하는 자연환경은 내 것이 아니므로 무분별하게 사용하게 된다.

코로나를 통해 식품업계는 큰 위기와 기회를 동시에 맞이했다.

단기적으로 이런 기회를 잘 이용하는 것도 중요하지만 중장기적으로 미래 인류의 먹거리 문화와 인류 생존의 문제를 연결해 도움이 되는 제품과 대안이 되는 기술을 만드는 것이 숙제이다.

환경파괴를 줄이고 지구와 공생할 수 있는 기술의 개발이 시급하다. 이번 여름도 날씨가 폭염이 찾아오면 내가 지구 환경에 얼마나 나쁜 영향을 주었고 앞으로 어떻게 환경보존을 위해 이바지할지 고민해 볼 때이다.

발행일 2021.8.5.

65

★★★

음식 프랜차이즈의
식품 안전 관리 시스템의 재점검

식당도 HACCP 도입 고려해 볼 만

최근 한국에서 발생한 김밥 식중독 뉴스를 보면서 프랜차이즈에 대한 식품 안전 이슈도 재점검해야 한다는 생각이 든다.

물론 해당 매장이 프랜차이즈 등록업체는 아니지만 다수의 매장을 보유하고 있어 프랜차이즈 시스템과 유사한 만큼 전반적인 안전 관리 시스템을 살펴볼 필요가 있다고 본다.

프랜차이즈와 유사한 형태의 사업을 하는 업체는 본사에서 위생 관리를 못한 일부 식재료가 각 가맹점으로 공급될 경우 여러 지점이 동시에 영향을 받을 수 있다. 이때 식중독이라도 발생할 경우 파급력이 커 소비자 피해는 걷잡을 수 없이 커진다.

이러한 위험요소를 막기 위해서는 몇 가지 중장기적인 대책이 필요하다. 일정 규모를 갖춘 프랜차이즈는 본사 식품 안전팀이 공급망의 식품 안전 모니터링과 각 가맹점 종업원의 식품 안전 교육 및 수시 점검과 함께 각 지자체에서도 위생 점검을 수시로 실시해야 한다.

무엇보다 음식점 모범 사례로 HACCP 도입을 시도하는 것이 중요하다.

미국은 일정 규모 이상 회사들은 본사 식품 안전팀에서 프랜차이즈 지점에 대한 식품 안전, 원재료 공급에 대한 협력업체 선정 및 안전 관리를 하고 있다. 한국도 큰 규모의 프랜차이즈 기업은 본사의 품질안전팀이 이러한 역할을 하고 있지만 아직까지 미국만큼 선진화돼 있지 않은 것 같다.

이번에 발생한 김밥 식중독의 원인은 살모넬라균이라고 한다. 원인이 정확하지는 않지만 여러 지점에서 판매한 김밥이 오염된 것으로 보아 본사 공급 원재료가 잘못되지 않았나 생각된다. 본사 공급 원재료는 철저한 공급망 모니터링을 통해 주기적으로 오염 여부를 점검해야 한다.

그리고 음식점 종업원에 대한 위생 교육을 강화해 주기적으로 교육을 받게 해야 한다. 미국은 위생 교육증을 받아도 몇 년에 한 번씩 갱신하도록 해 종업원들에게 식품 안전에 대한 경각심을 강조하고 있다.

김밥 식중독 이전에 부산 밀면집에서 식중독으로 여러 사람이 입원한 뉴스도 보았다. 규모가 작은 식당도 식품 안전에서 예외가 있어서는 안 된다. 또한 최근 SNS에서 족발집 종업원이 무를 씻는 과정에서 발까지 씻는 동영상이 퍼지면서 경악을 금치 못한 일이 있다. 식품 안전에 대한 인식을 더욱 높여야 한다.

미국의 경우 카운티(우리나라의 구나 군 정도의 행정 단위)에 따라 소규모 식당에서도 HACCP을 요구하는 경우가 있다. 한국은 식품 가공공장의 경우 HACCP이 어느 정도 정착돼있지만 아직 식당에는 HACCP 개념이 생소하다.

미국 지자체는 불시 점검을 통해 위생점검을 주기적으로 하고 있다. 위생 점검 결과에 따라 A·B·C등급 또는 그 이하이면 문을 닫을 정도로 엄격하다. 한국은 위생 점검을 100% 하고 있지는 않은 것으로 안다. 한국도 이러한 식품 안전 점검을 도입해야 하지 않나 생각된다.

식당에 대한 HACCP도 도입해 일정 규모 이상의 프랜차이즈 업체에는 시범 적용하는 방안도 필요하고, 정부에서 지원하는 것도 좋을 것 같다. 소비자들도 안전 관리에 적극적인 식당이나 프랜차이즈를 더욱 선호할 것이다.

특히 코로나19로 인해 배달음식이 증가하는 가운데 배달음식은 소비자가 보지 않는 곳에서 만들다 보니 더욱 위생의 사각지대가 될 수 있다. 식당이 더욱 차별화하려면 이제는 식품 안전 문제도 적극적으로 신경을 써 맛과 안전을 동시에 제공해야 성공하는 시대라고 본다.

발행일 2021.8.24.

돈쭐과 ESG 경영

MZ세대, 기업 선행 동참 통해 의미 추구
착한 업체 밀어주기 소비 유행으로 정착
기업 문화에 ESG 녹여 내야 성공적

최근 진천군이 한국을 도운 아프가니스탄 난민을 품었다. 국민들은 진천군의 환대와 포용성에 감동하여 진천군 특산품 쇼핑몰에 돈쭐을 내주느라 웹사이트가 다운될 정도였다고 한다. 최근 이러한 선행을 한 기업이나 식당들의 미담이 전해지면서 고객들이 돈쭐을 내주는 뉴스를 흔치 않게 본다. '돈쭐'은 '돈'에 '혼쭐내다'의 단어를 합성한 것으로 선행을 한 가게나 회사에 대해서 손님들이 매출을 올려주는 훈훈한 문화이다.

요즘 ESG 경영이 화두가 되었다. 사회적(Social), 환경적(Environmental) 책임을 지고 거버넌스(Governance: 지배구조, 윤리경영 등)를 투명하게 하는 회사의 제품과 서비스를 더욱 소비하고, ESG를 잘하는 회사에 투자자가 몰리고 있다. 그런 만큼 ESG에 많은 관심이 쏠리고 있지만, 진정성 없는 형식적인 이벤트가 되는 일도 있다. ESG 관련 부서를 만들고 사회적 환경적 책임에 대한 행사와 홍보는 하지만 기업문화 자체에 ESG 문화를 녹여서 DNA로 만들어 내는 회사는 그리 많지 않다.

최근 소비 계층의 주축으로 떠오르는 MZ세대는 착한 기업이 자신들의 의미를 추구하는 소비에 적합하다고 여겨 미담이 전해지면 돈쭐을 내준다. 올초에 한 치킨집 주인이 돈이 없는 형제들에게 치킨을 무료로 준 소식이 SNS를 통해 전해지면서 그 치킨집이 돈쭐난 바 있다. 이처럼 최근 소비자들 사이에선 '착한 기업'을 추려 이들에게 소비를 집중하는 형태가 하나의 유행으로 자리 잡았다. 이른바 '미닝아웃'(Meaning Out) 소비트렌드다.

이처럼 MZ세대들은 착한 기업에 대해서는 흔쾌히 지갑을 연다. 하지만 나쁜 기업에 대해서는 냉정하게 불매 운동을 펼친다. 이러한 상황을 보면서 이제는 ESG가 단순히 기부하고 행사만 하는 것이 아니라 착한 기업 문화가 정착되어야 함을 보여주고 있다. 특히, 한국과 같은 좁은 사회에서는 금방 소문이 나고 여론을 몰아가기 때문에 나쁜 기업 리스크는 조심해야 한다.

미국의 유명한 와튼스쿨 경영학 교수인 아담 그랜트는 '기브앤테이크(Give & Take)'란 책에서 주는 사람이 결국 성공한다고 했다. 그랜트 교수는 미국 노스캐롤라이나주의 영업 사원을 대상으로 조사를 했더니, 최고 영업 사원은 기버였으며, 테이커(받기만 하는 사람)와 매처(받는 만큼만 주는 사람)보다 50% 높은 실적을 올렸다고 분석했다. ESG 경영을 통해 회사가 더 성장하고 수익을 창출한다는 논리는 아직 학계에서도 논란이 있다. 그러나, 착한 기업이 더 장기적으로 성공한다는 것은 신빙성이 있다.

MZ세대는 기업이 착한 일을 하는 것에서 의미를 찾는다. 직장이 단순히 돈만 버는 곳이 아닌, 사회에 기여하고 자신도 기업과 함께 착한 일을 함으로써 자신도 의미를 찾는다. 갑질 문화보다는 수평적인 조직구조, 협력업체에 대한 동등한 구조, 주주, 고객, 사회, 환경에 대해서 공유된 가치를 실현할 수 있는 회사가 더 성공하고 좋은 인력들을 구할 수 있는 시대가 왔다고 생각한다.

발행일 2021.9.7.

67

★★★

(영감)의 나라 한국

서울 · 지방 핫플레이스 스토리텔링으로 재미
건물 · 유행 · 생활 속 IT 변화 아이디어 자극
문화 · 예술 접목 땐 새로운 메뉴 개발 가능

　최근 한국을 방문하면서 새삼 많은 것을 느꼈다. 일 때문에 일 년에 몇 번씩 왔던 한국이지만 코로나로 인해 이제는 예전처럼 자주 오지는 못한다. 그러나 움츠려 있던 환경에서 벗어나 미국에서 한국으로 오는 출장은 나에게 많은 통찰과 느낌, 영감을 준다. 4차 산업 시대에는 영감, 상상력, 창의력이 중요하다. 최근 필자가 쓴 '코로나와 4차 산업이 만든 뉴노멀'에서도 얘기했지만 이제는 지식보다는 지혜, 그리고 영감(Inspiration)이 중요하다.

서울과 지방에 일을 보러 다니면서 짬짬이 유명하다는 핫플레이스를 돌아보면 이제 지방 어디를 가도 관광지에 스토리텔링을 더해 재미와 영감을 선사하고 있다. 미국에 살다 보면 미국 어디를 가도 똑같은 느낌이다. 유명한 자연관광지를 제외하고는 월마트, 타깃, 맥도날드, 스타벅스 등 비슷한 환경에 도로, 집들(약간 지역마다 다르긴 하지만)도 비슷하다 보니 새로움을 느낄 수 없을 때가 많다. 다만 뉴욕과 같은 대도시들은 언제나 다이나믹 하지만 말이다.

우리 큰 아이는 뉴욕에 있는 대학을 가려고 하는데 서부에 사는 우리 동네에는 영감이 없는 지루한 곳이라고 투덜거린다. 영화전공을 하려는 아들의 마음이 이해가 간다. 특히 서부는 날씨도 사계절 똑같고 큰 변화가 없다. 미국 사회 또는 천천히 변한다. 한국은 내가 6개월마다 나오면 그때마다 무언가 건물도 바뀌고 유행도 바뀐다. 또 생활 전반에 접목한 IT기술들이 신기할 따름이다. 나 또한 한국에 오면 새로운 아이디어와 영감들을 많이 얻고 간다.

21세기에는 식품에도 영감이 있어야 한다. 뭔가 새로움을 더하고 스토리텔링을 하려면 더 넓고 더 많은 다양한 사람을 만나야 한다. 한국에 있다 보면 우물 안 개구리처럼 우리가 사는 기준으로 남을 이해하려 한다. 코로나로 인해 많은 사람을 만나지 못하고, 많이 돌아다니지 못해 생각이 프레임에 갇혀 창의력을 발휘하기 어렵다. 한국만큼 하루 정도면 지방 어디든 재밌는 곳을 찾아가기 좋은 나라가 없다. 서울은 핫플레이스의 보물창고이다. 지루한 미국 생활에 비해 한국은 나에게 새로운 아이디어도 주고 에너지를 주는 곳이다.

21세기는 문화와 예술을 만드는 일이 결국 음식과 접목해서 더욱 의미를 부여할 것이다. 음식도 예술 행위이다. 기존에 있는 음식들을 재해석하고 다른 음식과 접목하면 한식을 퓨전화 할 수 있고 타인종 음식도 한식으로 접목할 수 있어 무한대의 음식 작품을 만들 수 있다.

특히, 한국에 와보니 부동산 상승으로 인한 젊은 층의 박탈감과 좌절감이 큰 것 같다. 그러다 보니 인생의 목적이나 목표가 상실하여 삶의 큰 의미를 못 찾고 우울함에 빠진 경우가 많은 것 같다. 모두 다 돈을 좇는 투기판이 된 현실에서 예술이나 문화를 생각할 여유가 없다.

하지만 미국에서도 양극화가 심하지만 모두 다 삶의 척도를 부나 명예에만 맞추고 살지도 않고 남들과 비교하면서 우울감을 가지지 않는 게 미국 사람들을 보면서 느낀 점이다. 한국 사회처럼 모두 다 한 방향으로 경쟁하고 뒤처지면 사회에서 낙오자로 낙인찍는 것이 아니라 다양하게 사는 삶의 다양성이 있어야 한다.

지방에도 젊은 예술가들이 로컬 크리에이터 역할을 하여 지역에 스토리텔링을 만들어 관광상품도 만들고 지역특산품도 마케팅하며 성공하는 사례들이 보인다. 이제는 영감만 있으면 뭐든지 팔 수 있는 플랫폼들이 잘 되어 있다. 식품업계도 지역 로컬 크리에이터들과 함께 문화와 예술을 접목해 새로운 상품을 개발할 수도 있다. 한국에 계신 분들은 모르겠지만 한국처럼 영감을 많이 만들어 낼 수 있는 나라도 없는 것 같다. 음식은 곧 영감이다.

발행일 2021.9.28.

미국 식품박람회
'엑스포 이스트'의 트렌드

식물성 단백질 · 대체육 제품 강세 ··· 대체 유제품도 선봬
면역 강화, 스트레스 해소, 수면 돕는 제품 쏟아져
레스토랑 브랜드 RTE 제품 출시 ··· 무알코올 식품 붐
aT한국관 인삼 · 김 · 음료 등 홍보 ··· 미국 소비자 관심

세계적인 푸드쇼인 엑스포 이스트(Expo East)가 지난 9월 22일부터 25일까지 미국에서 열렸다. 서부에서 열리는 엑스포 웨스트(Expo West)보다 약간 규모는 작지만 그래도 전 세계에서 식품 관련 기업들이 신제품을 홍보하고 많은 구매자들이 방문하는 터라 식품 트렌

드를 엿볼 수 있다. 코로나로 인해 한 해 건너뛰었지만 다행히 올해는 Virtual 및 오프라인으로 동시 진행되었다. 엑스포 이스트에 소개된 제품들의 트렌드를 살펴보면 다음과 같다.

먼저, 식물성 단백질 및 대체육 제품들이 강세이다.

햄버거, 베이컨, 샤와르마(아랍 음식) 등에 대체육을 사용해 만든 제품들과 요거트, 아이스크림, 우유 등에 오트나 칙피(병아리콩), 호박씨 등을 이용해 유제품 대용으로 만든 대체 유제품 등을 선보이고 있다.

기능성 음료 분야에는 면역, 수면 또는 스트레스 해소를 포함한 추가 범주가 쏟아져 나왔다. 일례로 카바 추출물과 L-테아닌을 통합하여 휴식을 촉진하는 데 도움을 주는 제품이 선보였다. 케토제닉 다이어트도 여전히 인기 있는 분야다. 설탕과 탄수화물이 없는 제품을 내세우면서 기존에는 영양 바가 가장 인기 있는 형식이었으나 음료, 베이킹 믹스 및 빵과 같은 제품을 통해 이제는 라이프스타일을 추구하는 소비자군을 위한 제품들을 선보였다.

코로나19로 인해 레스토랑 브랜드가 RTE 제품으로 출시되는 경우가 많았다. 예를 들면, 뉴욕시의 르벵 베이커리는 다양한 쿠키를 출시했고, 뉴욕, 마이애미, 라스베이거스, 홍콩에 위치한 고급 이탈리안 레스토랑 칼본은 프리미엄 파스타 소스를 선보였다. 또 중국식 만두 전문점 Laoban Dumplings도 현대적으로 재해석한 다양한 만두 제품을 선보였다.

무알코올 식품도 붐이다. 불확실한 시기, 소비자들은 안락함을 위해 와인, 맥주, 증류주 등에 눈을 돌리면서 작년 알코올 판매가 급증했다. 또 건강과 웰빙에 대한 관심이 많아져 이들을 위한 무알코올 음료는 술 없이도 고전적인 칵테일과 증류주의 본질을 즐길 수 있도록 하고 있다. 시카고의 Ritual Beverage Co.는 칼로리나 알코올이 포함되지 않은 Ritual Zero Proof 진, 위스키, 데킬라 및 럼 대체품을 제공한다. 캐나다 스타트업인 Partake Brewing Company는 페일 에일, 복숭아 고스, 다크 스타우트 등에서 영감을 받은 다양한 캔 음료를 제공하고 있다.

스타트업들은 더 깨끗한 재료로 만든 이유식 옵션을 선보이고 있다. 사우스캐롤라이나주 Mount Pleasant에 있는 White Leaf Provisions는 재생농법, 바이오다이나믹, 유기농 유아식 라인을 홍보했는데 제품은 글리포세이트 잔류물이 없다는 인증도 되어 있다. 텍사스 오스틴에 본사를 둔 Serenity Kids는 상온에 보관할 수 있는 짭짤한 야채 이유식, 뼈 국물이 있는 유아용 퓌레, 곡물이 없는 퍼프의 포트폴리오를 판매한다. 이 기업은 윤리적으로 공급된 육류, 유기농 채소 및 건강한 지방을 사용하고 있다. 부부 공동 창립자 Joe와 Serenity Carr는 딸 Della가 태어난 직후에 사업을 시작했는데 신생아를 위해 영양이 풍부한 이유식을 찾게 되었다. 영양 및 성분 기준을 충족하는 옵션을 시장에서 찾을 수 없었던 부부는 항생제, 호르몬, 살충제, 충전제, 유전자 변형 성분 및 주요 알레르겐 없는 제품을 개발하여 돌풍을 일으키고 있다.

한국농수산물유통공사(aT)의 후원으로 열린 'Discover Korea'

Virtual 한국관에서는 한국 제품을 선보이는 시간도 가졌다. 인삼, 김, 알로에 음료, 콜라겐 등을 홍보했는데, K-POP과 K-드라마, 영화 돌풍에 발맞춰 한국 식품에도 많은 미국 소비자들이 관심을 보였다. 또 한국 식품의 대미 수출이 급증하는 상황이라 미주 진출에 대한 많은 식품기업들의 열기를 느끼게 하였다. 한편으로 한국의 육류가 미국에 수출되지 않는 상황에서 대체육의 수출은 이제 걸음마 단계이지만 미국 내 트렌드에 맞춰서 유망품목으로 수출해 볼 수 있는 좋은 기회이다.

발행일 2021.10.13.

69

<오징어 게임>에서 배우는 한식의 세계화

식품도 가장 한국적인 것이 세계적인 제품 도약 가능성
단순한 스토리 성공 요인 ··· 최소 성분 '클린 라벨'과 비슷
식품 마케팅, 간접광고 등 콘텐츠 산업과 협업 중요해

　최근 넷플릭스에 <오징어 게임>이 전 세계 랭킹 1위에 오르면서 오징어 게임 밈(Meme) 현상을 만들어 내고 있다. 미국에 있는 필자도 <오징어 게임>의 열기를 실감한다. 고등학교에 다니는 아이들의 미국 친구들도 학교에서 오징어 게임 얘기를 나누고, '무궁화 꽃이 피었습니다' 게임을 하는가 하면 한국 라면을 부셔 먹는 재미도 같이 누리고 있다. 할로윈에는 오징어 게임에 나온 복장들이 불티나게 팔리고 있다.

영화 〈기생충〉의 흥행으로 '짜파구리'가 주목을 받은 적이 있다. 〈오징어 게임〉에도 생라면, 달고나, 양은 도시락 등 한국 음식들이 해외 소비자들에게 흥미를 일으키고 있다. 한국에서도 '오징어 짬뽕', '깐부치킨' 등 연관 제품이 인기고 '오징어 치킨' 등도 재빠르게 출시하고 있다. 물들어 올 때 노 젓듯이 때를 놓치지 않고 기회를 십분 활용하고 있다. 예전에는 기업경영의 큰 패러다임 중 하나가 '규모의 경제학'이었다면 이제는 '속도의 경제학'이 중요한 패러다임이다. 한국의 놀라운 제품개발 속도와 마케팅 전략은 큰 힘이 되고 있다.

〈오징어 게임〉의 성공은 영어권 나라에서 영어가 아닌 비영어권의 드라마로 성공했다는 점에서 의미가 있다. 특히, 미국의 경우에는 자막으로 영화를 보는 일이 거의 없다. 아주 히트작이 아니면 비영어권 영화나 드라마가 성공하기 쉽지 않다. 그러나 최근 넷플릭스를 점령한 한국 영화와 드라마는 자막을 읽는 불편에도 불구하고 성공했다는 점이 괄목할 만하다. 식품도 마찬가지로 가장 한국적인 것이 가장 미국적이고 세계적인 제품이 될 수 있는 환경이 조성된 것 같다.

〈오징어 게임〉을 보면서 성공할 수 있었던 요인 중 하나가 스토리 구성의 단순함과 스크린 이미지의 간결함이 아닐까 생각한다. 빚에 쫓기는 서민들의 현실을 바탕으로 이야기의 모티브가 시작되지만 전개되는 과정은 단순하게 서바이벌 게임이면서 한국인만 이해할 수 있는 게임(콘텐츠)을 입혔다는 점이다. 미국의 클린 라벨(원료 등 최대한 인공첨가물을 넣지 않은 최소한의 성분으로 만든 제품들) 트렌드와 같다는 생각이 든다.

한국적인 식품(콘텐츠)을 어떻게 <오징어 게임>과 같이 간결하게 마케팅할 수 있을까 고민해야 한다. 특히, 북미의 경우에 사회학적으로 Low Context 문화라고도 하는데 한국의 눈치 문화가 아닌 사회적 콘택트가 약하여 자세한 설명(매뉴얼 중심)과 간결함이 요구되는 사회임을 이해해야 한다. <오징어 게임>처럼 소비층에 어떻게 어필할 수 있을지 벤치마킹해야 한다.

한국 식품(콘텐츠)들이 넷플릭스의 한국 드라마 속 간접광고 효과로 짭짤한 재미를 보고 있다. 식품은 문화이다. 타 인종에게 접근하려면 자연스럽게 그 나라의 문화에 호감과 흥미가 있어야 한다. 넷플릭스 속에 나온 식품들은 덩달아 외국 시청자들에게 관심을 유발한다. 이제 한류 콘텐츠는 임계점을 지나서 전성시대를 보고 있는 느낌이다.

21세기는 크게 두 가지 산업으로 분류된다. 얼마나 기업과 소비자의 시간을 세이브해 줄 것이냐(타임세이빙 산업)와 사람들이 남는 시간을 보내는 데 얼마나 도움을 주느냐(킬링타임 산업)로 나뉜다. 식품은 그중에 킬링타임 산업으로 분류될 것이다. 앞으로는 콘텐츠 산업과의 협업이 더욱 중요해질 것으로 생각한다.

한편, <오징어 게임>의 전반에 흐르는 한국의 양극화 문제와 낭

떠러지에 몰린 소외계층에 대해 풀어야 할 숙제는 여전해 씁쓸하다. 최근 불고 있는 ESG와 새로운 기회를 찾아 만들어지는 사회적·환경적 기업을 통해서 사회에 선한 기여를 하고 사회가 공생하는데 식품업계가 이바지해야 한다는 생각이 든다.

발행일 2021.10.26.

제이 리(Jay Lee)의 미국 통신

70

=== ★★★ ===

약한 고리 신드롬

원료 차질 나비효과 전 세계 영향
유통기한 길고 작은 제품 선호
원재료 대체 · 생산 라인 유연화를

최근 미국에서 벌어지는 물류대란으로 인한 공급망의 문제는 모든 산업에 직격탄을 날리고 있다. 이미 LA 항구에 적체된 컨테이너 수가 100척 이상 묶이면서 컨테이너겟돈이라고 할 만큼 경제적으로 주는 타격이 여간 큰 게 아니다.

미국 LA항에는 컨테이너를 내릴 인력이 없어 리드타임이 평소 3

주에서 몇 개월로 길어지고 있다. 바이든 대통령이 컨테이너 적체를 행정명령으로 해소하기 위해 24시간 터미널 가동 및 컨테이너 적체 시 화주에게 벌금을 부과하고 있지만, 이 역시 로컬 드라이버들을 구하지 못해서 난리이다.

자동차 산업에는 반도체 칩이 모자라서 자동차를 못 만들어 내고, 중국에서는 석탄이 모자라서 공장이 가동되지 못한다. 최근에는 중국에서 시작된 디젤 요소수 파동으로 인한 물류 위험성이 고조되고 있다. 중국 전력난으로 인한 마그네슘 공급 차질로 유럽의 자동차 생산이 멈출 위기에 있다.

부품과 원료 차질로 인한 나비효과는 전 세계 모든 삶의 영역에 영향을 미치고 있다. 코로나 이전에는 세계화와 자유무역주의에 따라 설계되고 작동되던 세상이었다. 워낙 작동이 잘되어 우리는 공급망 사슬이 전 세계에 촘촘히 연결된 것도 느끼지 못할 정도였다. 이제 금이 가기 시작하자 여기저기서 복잡한 사슬들이 도미노 현상처럼 서로 영향을 주고 있다.

만약 공급망 사슬이 깨져 약한 고리가 끊어지면 전체 완성품 자체에 줄줄이 문제가 생긴다. 이를 '약한 고리 신드롬'이라 하며 이제는 신조어로 등장하고 있다. 벤자민 프랭클린은 '못 하나가 없어서 왕국이 사라진다.'라고 말했듯이 조그만 부품 하나라도 원재료 부족으로 인한 병목현상은 나라 하나를 휘청이게 만들고 있다. 최근에는 패권전쟁으로 인해 중국과 호주 간에 석탄의 전략 무기화, 한국에 대한 일본의 주요 전략 부품 수출금지 등으로 자유 무역이론에 금이 가고 있다.

약한 고리 신드롬으로 공급망에 차질이 생기고 물류대란으로 리드타임이 길어지자 제조업체들은 부품 및 원재료를 하나라도 더 가져가려 하고 있고, 소매업체들도 좀 더 많은 재고를 유지하려고 하니 상황은 더욱 과장되어 악순환되고 있다. 이를 채찍효과(Bull Whip Effect)라고도 하는데, 코로나로 인한 보복 소비와 각 기업의 원재료 수급의 안전재고 마련, 소매점들의 재고 확대 등으로 더욱 공급망 대란을 부추기고 있다. 이를 위해 공장을 증설하기도 쉽지 않으며 소비가 어느 정도 진정되고 상황이 안정화된다고 하더라도 공장증설에 대한 리스크는 여전히 존재한다.

최근 길어진 물류 운송 시간으로 인해 짧은 유통기한의 식품들은 미국에서 팔기도 전에 유통기한이 임박해 폐기해야 하는 상황이다. 그리고 물류비 상승으로 부피가 큰 제품들은 선적할 엄두를 내지 못한다. 미국의 많은 식품 수입사들은 물류비 상승과 지연으로 인해 타격이 이만저만이 아니다. 그래서 좀 더 유통기한이 긴 제품을 선호하게 되며 부피가 작은 제품들 위주로 수입하려 한다.

국내 식품 제조업체들도 원료 성분들의 단순화를 통해 공급망 차질로 인한 생산 차질을 최소화해야 한다. 그리고 언제 어디서 무슨 상황이 터질지 모르는 상황에서 언제든 기존 제품의 원재료 대체 R&D 능력과 생산라인 설비의 유연화 능력을 키워야 하겠다.

고전 경제학자 데이빗 리카르도의 비교우위이론에 대한 믿음이 흔들리고 있다. 세계가 정상적으로 자유무역을 할 수 있는 경우라면, 우리는 자유무역을 통해 서로 윈-윈 한다는 경제이론에 부합하여 세계 경제가 돌아가는 세상에 살고 있다. 하지만 코로나로 인해 약한 고리 신드롬이 이제는 뉴노멀이 되었다. 이제 어디서 터질지 모르는 상황에서 민첩하게 카멜레온처럼 변해야 살아남을 시기이다. 대한항공의 경우, 코로나 직후에 여객기를 화물 항공기로 전환함으로써 흑자를 유지할 수 있었다. 포스트 코로나 시기에는 빨리 전환할 수 없는 기업은 망하고 유연하게 대처하는 기업은 살아남을 것이다.

발행일 2021.11.9.

71

⭐⭐⭐

순대 공장 사건으로 본
한국 HACCP 인증의 허점

식약처 산하 기관 인증 ⋯ 외국 불신 초래할 수도
K-푸드 전 세계 확산 속 식품 안전도 향상돼야

최근 한국에서 순대 공장의 부실한 위생 상태가 보도되어 순대를 즐겨 먹는 소비자들에게 충격을 안겨 주었다. 또 이번 사건은 한국 HACCP 인증제도의 허점을 보여주는 한 단면 같아서 안타까움도 느꼈다.

최근 미국에서 생긴 식품 안전화 현대화법으로 인해 한국의 HACCP 인증을 많이 접하고 있다. 한국의 HACCP 관련 서류들은 미국 수입업자가 해야 하는 FSVP(해외 공급자 검증제도)를 통해 FDA와 소통하고 있는데, 다른 나라와는 좀 특이한 관리제도 같은 느낌이 많이 들었다.

미국에서는 HACCP 인증을 정부 기관에서 해주지 않는다. 제3자 민간 인증 기관의 심사로 HACCP 인증을 받고 있으며, 대부분은 GSI 레벨의 SQF, BRC가 주류를 이루고 있다.

한국의 경우에는 식약처 산하기관인 식품 안전관리인증원이 HACCP 인증을 하고 있다. 어떻게 생각하면 정부가 인증하니 더욱 믿을 수 있지 않냐는 생각이 들 수 있지만, 장단점이 있는 것 같다.

미국 제3자 HACCP 인증 기관은 상위의 제3자 인정기관(Accreditation Body)을 통해서 주기적으로 심사를 받고 있다. 인증 심사를 객관적이고 신뢰할 수 있을 만큼 잘하고 있는지를 심사하는 것이다. 거기서 기준 이하 평가를 받으면 인증 기관의 자격을 잃는다.

필자의 경우 FSMA(미국 식품 안전화 현대화법)에 대한 인정기관 심사관으로 활동하며 인증 기관들의 SMA 분야에 대해 심사를 하고 있다. 즉, 인증 기관에 대한 공정하고 객관적인 심사를 주기적으로 검증한다.

그러나 한국의 경우 정부 기관이 인증 기관이 되다 보니 제3자가 검증을 해줄 길이 없어 인증 심사의 객관성과 신뢰성을 검증받을 수 없다. 1년에 한 번 받는 HACCP 심사이다 보니 업체도 심사할 때만 신경 써서 서류를 작성하는 일들이 일어날 수 있고, 인증 기관도 형식적인 심사를 할 수밖에 없는 구조이다.

제3자 인정기관이 검증해 줄 수 없으면, 미국의 육류공장처럼 USDA(미국 농무부) 인스펙터가 아예 공장에 상주하여 모니터링함으로써 업체들이 긴장 속에서 식품위생 기준을 모니터링하는 것도 방법이나, 인력수급과 예산 마련이 쉽지 않을 것이다.

뉴스에 방송된 화면상으론 천정에서 응축수가 떨어져 순대 제조 현장 위로 떨어졌고, 죽어있는 벌레들이 바닥에 즐비하였다. 이는 일반인이 봐도 비위생적이고 전문가 측면에서 보면 놀랄 일이다.

이를 묵인한 경영진뿐만 아니라 묵과한 종업원도 책임을 피할 수 없다. 최근에 GSI 인증에 식품 안전문화(Food Safety Culture)가 중요해지고 있으며 이는 경영진부터 종업원에 이르기까지 식품 안전에 대한 인식이 DNA 속에 들어가 있어야 하는 것이 트렌드이다.

미국의 연방식품법은 형량이 높아 중한 형사처벌을 받는다. 한국에서는 식품위생에 대한 위법 뉴스가 나올 때만 시끄럽다가 금방 잠잠해져 근본적인 해결이 안 되는 것 같다. 한국의 HACCP 인증이 한국 정부 기관이 인증한 것이라 이런 뉴스가 나오면 한국 HACCP에 대한 외국 정부들의 신뢰성이 떨어질 수 있다.

한국에서는 소규모 업체들을 위한 HACCP 제도를 만드는 등 HACCP에 대한 인증이 점점 확대되고 있다. 그러나 아직도 HACCP 하면 시설투자에 주로 신경 쓰는 한국의 식품 안전 개념은 미국과는 확연히 다르다. 시설투자도 중요하지만 이를 관리하는 소프트웨어적인 부분과 인식의 변화도 필요하다. 그리고 외국인 노동자들을 고용하는 상황에서 언어의 문제로 식품위생 교육이 제대로 되지 않을 수도 있는 허점이 있다.

한류 열풍으로 K-Food가 전 세계에 널리 확산되는 마당에 식품 안전도 세계적인 수준으로 만들려면 정부 주도의 HACCP 제도에 대한 보완이 필요하며 이를 검증할 수 있는 외부전문가나 기관을 통해 정기적으로 점검을 받는 것도 좋은 방법인 것 같다.

발행일 2021.11.23.

캘리포니아주 '김치의 날' 제정과 남은 숙제

미국서도 11월 22일 김치 담그기 등 기념 행사

건강 · 미용 · 다이어트 효과 등으로 김치 팬덤 형성

발효 식품 외국의 안전 기준으로 보면 의문점

HACCP 유효성 평가 자료 늘려야 수출에 도움

미국 캘리포니아주가 11월 22일을 법정 '김치의 날'로 제정하면서 올해 처음으로 기념행사가 치러졌다. 여기저기서 행사를 개최하는 한인 단체들과 관련 기업들의 이벤트가 열리면서 김치 알리기에 나섰다. 최근 한국 문화(K-Culture)에 관한 관심으로 많은 미국인이 김치를 맛보고 김치 담그는 행사에 참여하면서 한국 문화에 흥미를 느끼는 모습이다.

예전엔 김치하면 마늘 냄새와 액젓 냄새가 나는, 외국인들에게 약간 역겨운 느낌을 주는 음식 이미지가 있었다. 필자가 한국에서 군 생활을 카투사로 복무했을 때도 김치 GI(한국계 미군)라고 부르거나 카투사에게 김치 냄새난다고 놀리는 일도 있었다. 그러나 김치를 즐겨 먹는 일부 마니아층도 있어 약간 호불호가 갈리는 음식 중에 하나라고 여겨졌다.

그러나 이제 김치가 건강에 좋고 미용, 다이어트에도 좋다는 소문이 퍼지고 한국 BBQ 식당에서 김치를 먹다 보니 점점 저변이 확대되었다. 최근 한류 열풍은 이제 김치 팬덤을 만들어 낼 정도이다. 그동안 소규모 중소기업 중심으로 한인에게 김치를 공급해오던 미주에 한인 김치공장도 대기업들이 진출하면서 파이를 키우기 시작했고 현지 공장을 짓는 대기업도 생기고 있다.

김치는 발효음식이다 보니 미국이나 외국에서 보는 식품 카테고리에서는 절임류로 분류할 수 있지만, pH가 김치 담근 초기엔 4.6 이상이어서 산성 식품(Acidified Food)으로 분류하기도 어렵고 절임량도 표준화되어 있지 않아 소금 절임류에도 해당되기도 어렵다. 그렇다 보니 HACCP에서 CCP를 결정하기 어렵다는 점과 CCP를 결정하더라도 CCP결정에 대한 유효성 평가(Validation Study)에 대한 근거가 약하다. 물론 발효과정에서 생긴 유산균들이 다른 유해균들을 억제하는 효과는 있으나 살균 과정이 없다 보니 안전성에 대한 객관적인 자료가 많지 않아 외국의 식품 안전 기준으로는 여전히 의문이 남아있다.

한국의 김치 수출을 위해서는 식품 안전에 대한 검증자료들이 뒷받침되어야 한다. 미국에서 김치에 대한 HACCP을 FDA나 대형 유통기관 품질안전팀에 보여주면 현지 기준으로는 맞지 않는 것들이 많다. 한국에는 김치 관련 유관 기관들이 많지만 주로 홍보, 마케팅에 신경을 쓰다 보니 김치의 안전성 및 HACCP 유효성 평가에 대해서는 데이터들이 부족하다. 관련 논문도 거의 찾기 어렵다. 앞으로 이런 부분에 대한 연구와 HACCP 유효성 평가가 뒷받침되면 많은 수출기업들에 도움이 되리라 본다.

최근 중국산 김치를 만드는 과정이 한국에 공개되면서 경악을 금치 못하는 일이 생겼다. 그러나 한국이라고 과연 깨끗하고 안전한 김치를 만드는지는 재점검해 봐야 한다. 김치를 만드는 중소업체들은 아마 기준을 지키지 못하는 곳도 있을 것이다. 김치의 경우에는 살균 과정이 없으므로 위생 청결 유지가 중요하다. 작업실, 개인위생이 필수적이며 주기적인 환경모니터링(리스테리아균 등의 테스트)을 통해서 모니터링되어야 한다.

최근 김치의 인기에 배가 아픈 중국이 한국의 김치를 자기 것이라고 주장하는 황당한 일도 벌어지고 있다. 미국 일식집은 거의 다 한국인이 운영하고 있듯이 한국이 김치의 종주국이지만 긴장을 늦추지 말고 전 세계에 홍보를 계속해야 한다. 그리고 식품 안전 분야에서도 표준화와 안전성에 대한 유효성 평가가 확보된다면 앞으로 김치의 세계화는 날개를 달고 펼칠 수 있을 것으로 생각한다.

발행일 2021.12.7.

플라스틱 재활용과 안전성 검증

한국, 페트병 파쇄 식품 용기로 활용하는 *B to B* 내년 도입
미국도 재활용 플라스틱 사용 의무화 ⋯ FDA 안전성 다뤄
1차 재활용 소비자 위험성 없어 ⋯ 일부 분석 시험 · 관리 권해

최근 한국에서는 플라스틱 쓰레기를 줄이기 위해 식품 용기에 쓰인 페트병을 세척 파쇄한 뒤 다시 식품 용기로 순환해 활용하는 이른바 '보틀 투 보틀(Bottle to Bottle, B to B)' 방식의 재활용이 내년부터 국내에 도입·시행될 것으로 알려졌다. '보틀 투 보틀' 재활용은 얼마든지 반복해서 사용함으로 환경보호와 실질적인 자원 순환 경제에

도움이 될 것으로 예상하고 있다.

이에 앞서 캘리포니아에서도 재활용 플라스틱 사용을 의무화하는 법이 통과되어 내년부터 실행할 예정이다. 캘리포니아 주지사가 지난주 서명한 법안 AB793에 따라 2022년 1월 1일부터 캘리포니아주 전역에서 시판되는 물과 음료 등의 플라스틱 용기는 최소 15% 이상의 재활용 플라스틱을 의무적으로 사용해야 한다. 2025년부터는 2단계가 시작돼 25%로 재활용 플라스틱 사용 의무 함량이 높아지고 오는 2030년부터는 최소 50% 이상을 재활용 플라스틱 재질로 사용해야 한다.

코카콜라, 다논, 유니레버, 펩시코 및 네슬레를 비롯한 많은 식품 회사는 향후 10년 이내에 포장재에 재활용 플라스틱 사용을 늘리겠다고 약속했다. 이러한 약속은 최근 통과된 최소 재활용 함량 법률과 함께 재활용품에 대한 수요 증가에 이바지할 것으로 기대된다. 그러나 식품 회사와 플라스틱 포장 공급업체는 재활용 수지에 사용할 수 있는 제한된 공급으로 인해 이러한 목표를 달성하는 데 큰 어려움을 겪고 있다.

그동안 국내에서는 폐기된 페트병의 안전성 및 위생 문제로 인해 식품용 사용이 제한됐다. 하지만 지난해부터 시작된 투명페트 별도 분리 배출제에 따라 깨끗한 투명페트 수거망이 갖춰진 만큼, 안전 및 위생상 문제가 없다는 게 환경부 설명이다.

미국 FDA에서는 오래전인 2006년에 지침 문서인 'Guidance for Industry: Use of Recycled Plastics in Food Packaging'에서 재활용

된 플라스틱을 생산하기 위해, 사용 후 플라스틱을 이용하는 것에 대한 안전성 문제를 다루고 있다. FDA 가이드에 따르면 1차 재활용은 소비자에게 위험을 초래할 것으로 예상하지 않으며 GMP 규정을 따른다면 허용된다고 밝히고 있다. 또 재활용하는 과정에서 쓰는 보조제가 안전하고 적절한 레벨에서 쓰는 것이어야 한다고 밝혔다.

폴리올레핀과 같은 일부 수지의 경우 식품용으로 FDA 승인을 받지 않은 원래 생산 공정에서 사용되는 항산화제 등의 첨가제에 의한 오염 가능성도 있다. 재활용에 사용되는 PET 수지의 경우 FDA는 잠재적인 첨가제 종류가 적고 모두 식품 접촉 응용 분야에 사용하도록 승인되었기 때문에 일반적으로 문제가 되지 않는다고 결정했다. 두 경우 모두, 재활용품 함유 제품의 적절한 순도를 확립하기 위해 일부 분석 테스트 또는 기타 관리가 필요하다고 추천한다.

코로나 동안 집에서 가공식품을 더 소비하다 보니 쓰레기 문제가 큰 골칫거리였다. 환경오염으로 인한 기후 위기와 ESG 경영이 대세가 된 상황에서 재활용 플라스틱 사용화 의무는 반가운 일이다. 다만 미국과 한국에서 아직 안전성 검증에 대한 부분은 지속적으로 모니터링되어야 한다. 또한 미세플라스틱도 잠재적인 위험 요소이다. 미세플라스틱은 재활용하지 않은 플라스틱에서도 나오지만 재활용된 플라스틱에서 미세플라스틱이 더 많이 나오는지는 더욱 연구해야 할 분야이다.

발행일 2021.12.21.

제이 리(Jay Lee)의 미국 식품 트렌드

4장

2022년 :

포스트 코로나와
불확실성의 미래

74

★★★

네슬레의 2022년 전략이 주는 시사점

온라인 매출 비중 2025년까지 25%로 상향
재택으로 커피 만족도 높아 ··· 식물성 치킨 부상
성인 절반 아침·점심 집에서 해결 ··· 간식도 늘려

코로나가 시작된 지 벌써 2년이 지나간다. 코로나가 처음 시작됐을 때 사람들은 날이 따뜻해지면 나아지리라 생각했지만 빗나갔고, 올해는 백신이 개발되면서 이제는 종식될 듯한 희망을 품게 되었다. 그러나 변이의 지속적인 진화로 인해 언제 끝날지 모르는 상황이다. 이제는 이러한 비상식의 상식화가 뉴노멀이 되었기에 이에 맞는 전략을 세워야 한다.

최근 Food Business News에 네슬레의 2022년도 전략이 발표됐는데, 내년 식품트렌드 방향을 엿볼 수 있어서 공유하고자 한다.

먼저 온라인 매출의 증가세를 예측한다. 네슬레는 2025년까지 온라인 매출을 전체의 25%까지 늘릴 계획이다. 이 목표를 달성하기 위해 쇼퍼블 콘텐츠(Shoppable Content)를 포함한 디지털 마케팅 이니셔티브에 더 많은 투자를 진행할 예정이다. 이는 소비자가 즉시 클릭한 다음 원하는 소매업체를 선택하여 주문할 수 있는 광고를 만드는 것이다.

둘째로, 새로운 근무 형태에 따라 식품 선호도가 바뀌고 있다. 많은 미국인이 재택근무를 하고 있고, 더 많은 고용주가 하이브리드 작업 모델을 수용하고 있다. 이로 인해 아침과 점심은 중요한 혁신의 전쟁터가 되고 있다. 아코스타의 최근 보고서에 따르면, 전염병이 시작된 이후 성인의 47%가 매일 아침과 점심을 집에서 먹는다고 한다. 코로나 이전 아침과 점심을 각각 37%, 26%만 집에서 먹는다는 수치와 비교하면 엄청난 차이를 보인다.

셋째로, 원격 근무는 커피의 일상을 뒤흔들고 있다. 네슬레에 따르면, 많은 소비자가 팬데믹 동안 자칭 바리스타가 되었으며, 밀레니얼 세대는 집에서 일할 때 일상적인 커피에 대한 만족도가 더 높다고 보고했다. 네슬레는 이러한 경향에 따라 소비자가 가정에서 이상적인 커피 경험을 할 수 있도록 더 많은 디지털 콘텐츠를 만들어 활용하고 있다. 또 소비자들에게 영감을 주기 위해 레시피의 양을 두 배로 늘렸다. 더 나은 콘텐츠를 유도하고 새로운 제품을 출시한다는 측면에서 중요한 추세이다.

넷째로, 간식의 소비 급증도 계속 이어질 전망이다. 하트만 그룹의 자료에 따르면, 소비자의 35% 이상이 1년 전보다 더 자주 간식을 먹는다고 했으며 간식이 모든 식료품 소비의 48%를 차지한다고 한다.

2022년 네슬레의 핵심 초점은 세대를 초월한 스낵 애호가에게 어필하는 것이다. 이를 위해 더 많은 간식 섭취와 함께 건강과 웰빙 등 추가 트렌드에도 큰 관심을 두고 있다. 한 예로, 미국 네슬레는 작년 10월 'Rallys Nut Butter Bombs'를 선보였다. 이 제품은 풍부한 맛과 함께 인공 향료, 색소, 방부제를 사용하지 않으며 설탕과 소금양도 줄이는 등 맛과 건강을 동시에 추구했다.

마지막으로, 식물성 대체 단백질의 소비 증가도 대세다. 네슬레는 식물성 식단에 대한 젊은 층의 요구 증가에 따라 유제품이 없는 커피 크리머를 주요 영역 중 하나로 삼았다. 이에 따라 작년 봄 커피 메이트 브랜드에 귀리 우유 크리머가 출시됐다. 또 식물성 치킨은 2022년 또 다른 집중 영역이라고 한다. 2019년 Sweet Earth Foods 브랜드로 출시된 'Mindful Chik'n strips'를 예로 들면서, 미국에서는 대체육 닭고기 시장도 햄버거 대체육 시장만큼이나 큰 시장으로 전망하고 있다.

코로나가 장기화됨에 따라 공급망 대란과 물류 대란, 원재료 인상 등 변수가 너무나 많아 중장기적인 계획을 세우기가 너무 어려

제이 리(Jay Lee)의 미국 식품 트렌드

운 것이 현실이다. 항상 민첩하게 움직일 수 있는 애자일(Agile) 경영과 비상식의 상식화라는 환경을 염두에 두고 2022년을 맞이해야 할 것 같다.

2022년에도 한국 식품업계가 건실한 성장이 되는 한 해가 되기를 바란다.

발행일 2022.1.11.

제이 리(Jay Lee)의 미국 통신

75

━━ ★★★ ━━

CES에서 보는 식품산업의 미래

한국 식품 기업 '미국 국제 가전쇼'에 출품
양유 '비건 치즈' 공개 … 맛과 영양 모두 잡아
버섯의 대사 엔진 활용 식물성 단백질 선봬
신선식품의 유통기한 30초 내 97% 연장도

세계 최대 국제가전쇼가 1월 초 미국 라스베가에스에서 열렸다. 이제는 산업 간에 경계가 무너지면서 자동차 회사들이 CES에 참가하기도 하고 식품산업도 가전쇼에 발을 들이기 시작했다. CES에 참가한 식품 관련 업체들의 동향을 보면서 올 한해의 트렌드를 가늠해 보고자 한다.

CES2022에서는 한국 식품기업의 참가도 눈에 띄었다. 푸드테크 기업 양유는 '푸드 테크놀로지' 섹션에 국내 식품 기업 최초로 참여해 성공적인 데뷔전을 치렀다. 양유는 미국법인 자회사 '아머드 프레시'가 개발한 비건 치즈를 처음 공개했다. 양유가 이번 행사에서 선보인 '아머드 프레시 비건 치즈'는 자체 발효 기술을 통해 기존 비건 치즈가 해결하지 못했던 맛과 영양을 모두 잡았다는 평가다. 양유는 빅데이터를 이용한 레시피 개발을 특화한 곳이라 앞으로 기대되는 회사이다.

MycoTechnology는 균사체로 알려진 버섯의 대사 엔진을 활용한 자연 발효를 통해 육류 대체를 만들기 위한 식물성 단백질을 발표했다. 고기 특유의 질감을 주면서 육류를 대체할 수 있는 중요한 재료를 제조하는 회사이다.

BearRobotics는 AI와 자율 로봇 기술을 활용해 음료와 음식 서빙부터 잔반 이동에 이르기까지 모든 것을 처리하는 로봇을 제조하는 회사로, 최고의 요리사 및 레스토랑과 협력해 가사 노동 지원도 제공한다. 또 피크닉(Picnic)사는 로봇식 피자 기계를 선보였다.

로봇 라면 자판기로 데뷔한 Yo-Kai Express는 2021년 Smart Kitchen Summit Japan에서 다른 자율 식품 및 조리 기기로 확장을 발표한 회사다. 코로나로 인해 베이징 동계 올림픽에도 비대면 상황이 확대되면서 선수 식당에도 조리 및 서빙 로봇을 선보이고 있는데, 향후 인건비 상승과 인력 부족으로 인해 더욱 활성화될 전망이다.

Apex의 주문 픽업 솔루션은 음식 픽업 및 배달 서비스를 위한 안전한 비접촉식 솔루션인 OrderHQ 스마트 식품 보관함을 내놓았다. 사물함은 온·냉 보관은 물론 완전 자동화된 주문처리와 통합을 포함하는 기술이다. 음식물 쓰레기를 줄이려는 청정 기술 스타트업인 Uvera는 신선 식품의 유통 기한을 UV 라이트 기기를 사용한 후 단 30초 이내에 평균 97%까지 연장시키는 기술로 이목을 끌었다.

Edamam은 식품 및 영양 데이터를 식품과 건강식품, 웰빙 부문의 기업에 구독 서비스로 제공한다. 그들은 Nestle, Amazon 및 The Food Network를 포함한 식품 및 소매 대기업과 협력했다. 회사에 따르면, Edamam 서비스를 사용하는 사람이 100,000명에 가깝다고 한다. Northfork는 온라인에서 쇼핑 가능한 레시피를 가능하게 해 디지털 레시피와 식품 소매의 세계를 연결하는 스웨덴의 신생 기업으로, 클라우드 베이스의 구독서비스로 틈새시장을 노린다.

음료 기술 스타트업인 Endless West는 생명공학자들이 특수기술을 사용해 와인과 증류주를 혼합해 새로운 음료를 만든다. 첫 번째 제품인 Glyph는 숙성이나 배럴링 없이 만든 최초의 분자 제조 위스키이다. iUNU는 온실 및 수직 농장을 위한 AI 기반 플랫폼을 만드는 시애틀 농업 기술 회사로 실내 재배자의 수확량과 농업 폐기물 및 전반적인 운영을 지원한다. 스마트 농장이 떠오르고 있는 추세여서 앞으로 주목되는 분야이다.

이와 같이 모든 산업이 디지털 기술과 접목되는 추세여서 식품산업도 디지털화 기술을 통해 많은 혁신을 이룩할 수 있을 것으로 예상된다. 그리고 앞으로 열리는 CES쇼에도 점점 많은 식품기업들이 디지털 기술을 활용해 참가할 것으로 보인다.

발행일 2022.1.25.

76

=== ★★★ ===

북미 수출시 HACCP 심사 보고서
발급에 대한 제안

미국 식품의약국 해외공급자검증제도 요건 강화 추세

한국 HACCP 보고서 발급 않고 외부와 공유 안해 의아

서류 제대로 갖추고 영문판 준비해야 통관서 안 걸려

　　미국 FSMA(식품 안전화현대화법)의 발효로 최근 해외 식품에 대한 검증제도가 강화되고 있다. 또 미국 수입자를 대상으로 시행하는 FDA의 FSVP(해외공급자 검증제도) 검사에서 서류 준비 요건이 날로 강화되고 있다. 또한 미국과 비슷한 법인 캐나다의 SFCR 법 제도도 캐나다에 수출하는 제품에 대해서 식품 안전 계획(PCP)을 제출하도록

요구하고 있다.

그동안은 국문으로 된 자료들을 미국이나 캐나다 수입자에게 제출했으나 FDA와 CFIA가 영문서류를 제출하게 하면서 HACCP이나 식품 안전 계획을 미리 영문으로 준비하고 있어야 차질 없이 검사받을 수 있다. 그러나 현실적으론 중소기업들이 영문으로 작성된 서류를 가지고 있기 쉽지 않다.

또한 HACCP 인증 시에 심사보고서를 받아야 하는 경우가 생기는데 이상하게 한국 HACCP 인증 시에 심사보고서를 업체에 요청해도 주는 경우가 거의 없다. FDA 규정상 해외공급자 검증제도 시에 심사보고서(Audit report)를 받아 리뷰하도록 되어 있다. SQF, BRC, FSSC 22000 경우에는 영문 심사보고서를 발급하고, 바이어 또는 수입자의 요청 시에도 공유가 잘 되지만, HACCP 인증의 경우에는 그렇지 않다.

한국 HACCP 인증의 경우에는 정부 기관에서 인증하고, 인증 기간이 3년이라는 점도 신뢰성이 떨어지게 하는 부분이다. 더군다나 심사보고서를 발급하여 미비점의 개선 여부를 외부와 공유하도록 하는 시스템이 없다 보니 어떤 부분을 심사했고 어느 부분이 미진한지 외부에서는 알 수가 없다. 미국의 FDA 조사관이 한국의 HAC-CP 서류들을 보고 좀 의아해하는 부분들이 많다.

한국 업체들로부터 듣는 또 다른 의문점은 원물이면 HACCP 의무가 없다는 것이다. 예를 들어서 건미역의 경우, 바다에서 채취해 말리는 과정만 있으므로 법적으로 HACCP을 하지 않아도 된다고 얘기한다. 한국에서는 법적으로 HACCP 적용 의무화 품목이 따로 있어 일부 품목은 해당하지 않기에 수출 시에도 같은 논리로 말하는데, 이는 미국 기준으로 들었을 때는 이상한 논리이다. 미국 FSMA 법에서는 모든 인간용·동물용 식품에 대해서 식품 예방통제 계획을 수립하고 통제방안을 실행해야 한다.

FSMA법이 시행된 지 6년째 되어가고 있다. 최근 미국의 한인 수입업체들이 FSVP로 인해 비즈니스에 영향을 받는 경우가 생기고 있다. 처음에는 무지로 인해 규정을 모르고 미국법 기준에 적합하지 않은 제품들도 마구 수입했으나 FDA의 검증 강화로 이제는 서류가 제대로 갖춰진 제품이 아니면 수출하기 힘들게 되었다. 특히, 이제는 영문으로 서류들을 준비하지 않으면 안 될 처지에 놓여있다.

한국 식품 수출이 사상 최고치를 경신하고 있는 지금, 한국의 HACCP 인증도 국제 규격에 맞춰 해외 국가에서 인정해 줄 수 있도록 객관적인 심사보고서 발급과 인증 기간 단축 등 현대화 작업을 해야 한다.

발행일 2022.2.15.

미국 대형 유통매장에서 나온 죽은 쥐와 제품 리콜

식품 · 비식품 함께 보관 병충해 · 설치류 관리 소홀
'식품방어' 적용 대상 … 창고 · 유통 단계 점검 필요

최근 미국의 한 체인형 대형 할인매장의 물류센터에서 1,000마리가 넘는 쥐가 죽은 채 발견돼 400개 넘는 점포가 일시적으로 폐쇄되고 보관하던 식품, 영양보충용제품, 동물용 사료, 의료기기 등을 리콜하는 사고가 발생했다. 식품과 비식품을 한 창고에 보관하다 보니 특별히 병충해·설치류에 대한 관리를 미흡하게 한 것으로 보인다. 이로 인해서 한국의 식품 유통·저장 시설에 대한 점검이 필요하

지 않나 생각이 든다.

FDA가 패밀리 달러의 한 물류센터에 대한 위생 검사를 시행한 결과, 살아있는 쥐와 부패한 채 죽은 쥐, 쥐의 배설물, 쥐가 갉아먹거나 둥지를 만든 흔적 등 비위생적인 상황에서 보관된 제품들을 발견했다. 해당 창고에 보관된 제품 중에는 비포장 제품도 있었다고 한다. 특히 FDA가 이 시설에 대해 소독 훈증을 한 결과 무려 1,100마리가 넘는 쥐가 죽은 채 발견되었고, 해당 업체 기록을 검토한 결과 작년 3월 말~9월 사이에는 2,300마리가 넘는 쥐가 있었던 것으로 나타났다. 쥐에 오염되면 살모넬라나 다른 전염병에 걸릴 위험성이 있다.

식품 유통 창고에 대해서는 식품 공장에 비해 식품위생에 대한 단속이 느슨하고 창고운영자들의 식품위생에 대한 인식이 낮아 창고에 관한 식품 기준들을 준수하기 어려운 경우가 많다. 미국의 경우에는 FDA, 주 정부, 카운티 위생국 등이 식품 창고에 대한 검사를 통해 기본적인 식품 저장에 관한 식품위생 기준 준수 여부를 단속하고 있다. 또한 GDP(Good Distribution Practice)라는 식품인증이 있어 미국의 대형 유통회사들은 SQF, BRC 등의 GDP 인증을 가지고 있는 경우가 많다.

식품 창고에 필요한 위생 준수 사항으로는 병충해·설치류 관리(Pest Control), 건물·지면에 대한 관리, 종업원 위생, 쉬핑·리시빙(Shipping/Receiving), 온도관리, 식품 방어(Food Defense) 등의 사항들이 적용된다. 미국 식품 창고의 경우 병충해·설치류 관리 서비스를 받는 것이 통상적이다. 또 외부에서 병충해·설치류 등이 들어오지 못하게 틈새를 없애야 한다. 건물의 바닥, 벽, 천정은 깨끗한 상태로 유지·관리 되어야 한다. 특히 냉장·냉동 시설의 바닥에는 물이 고이지 않도록 해야 하고 응고된 물이 냉동·냉장 팬에 떨어지면 안 된다.

가장 많이 보이는 지적사항 중 하나가 18인치 룰(18″ Rule)이다. 식품을 쌓은 팔레트를 벽에 붙여놓으면 안 되고 병충해·설치류 관리를 위해 18인치(약 45㎝) 정도는 벽에서 떨어트려야 한다. 그리고 바닥에 식품을 놓으면 안 되고 항상 팔레트 위나 다른 받침대를 이용해 떨어트려야 한다. 알레르기 성분의 원재료 벌크제품 같은 경우에는 알레르기 교차오염이 생길 수 있으므로 지정된 알레르기 장소에 보관해야 한다. 특히 팔레트 랙(Pallet Rack)의 하단부에 알레르기 원재료를 놓는 것이 교차오염을 줄일 수 있다.

식품을 하차 및 상차할 때 운송 차량의 내부청결을 점검하고 제품의 병충해·설치류 오염 흔적이 있는지도 살펴야 한다. 냉장·냉동 식품의 경우에는 온도관리가 중요하므로 냉장·냉동 시설의 온도 모니터링이 필요하며, 운송 차량의 온도도 모니터링되어야 한다. 그리고 미국처럼 식품 방어에 대한 계획 및 실행을 통해 외부 테러리스트나 내부 불만자의 의도적인 식품 오염을 막아야 하며 창고 시설에 대한 보안 점검 및 방문자 관리도 실시해야 한다.

최근 식품의 온라인 판매와 배송이 많아지면서 대형 온라인 유통 회사들이 식품들을 비식품들과 같이 보관하면서 위생적 보관·유통에 대한 우려가 나오고 있다. 식품 창고 및 유통단계에 대해서도 관련 기관의 실태 조사와 함께 관련 위생법 점검 및 보완을 해야 하지 않나 생각된다.

발행일 2022.3.2.

제이 리(Jay Lee)의 미국 식품 트렌드

78

★★★

엔데믹을 준비하며

미국 엔데믹 채비 ⋯ 코로나 이전으로 가는 분위기
불확실성의 일상화 ⋯ 한국산 식품 수출에도 영향
회복 탄력성 · 민첩성 중요 ⋯ 새 전략 · 행동계획 필요

필자가 있는 LA 지역에는 이미 3월 초에 실내까지 마스크 착용 의무화 조치가 해제됐다. 1월 오미크론이 절정을 이뤘던 미국은 이 제는 거의 코로나 이전으로 돌아가는 분위기다. 미국 최대 식품전 시회인 'Natural Food show'도 2년 만에 개최되고 회사도 이제는 재 택근무에서 오프라인 근무로 바뀌고 있다. 학교도 마스크 의무화를

해제하여 아이들도 일상으로 돌아갔다. 한국도 머지않아 엔데믹이 올 것이고 팬데믹에서의 교훈과 앞으로 엔데믹을 어떻게 맞이할지 준비해야 할 시점이다.

코로나로 인해 약 2년 동안 우리는 유례없는 환경 속에서 살았고, 우리의 상식들이 무너지는 것들을 보았다. 기존 것이 허물어지고 뉴노멀을 살게 되는 경험을 했다. 여기에는 우리가 미래를 미리 당겨온 것들도 있고, 우리의 통념과 가치들이 바뀌는 계기도 되기도 했다. 우리가 그동안 알고 있던 관습이나 가치도 하루아침에 바뀔 수 있다는 것을 알았다. 우리는 코로나 이전 일상으로 돌아갈 것이지만 이미 와 있는 뉴노멀에서 다시 살아야 한다.

코로나로 집에 머무는 시간이 늘면서 가공식품의 수요가 급증했다. 또 환경에 대한 걱정이 커지면서 대체육에 대한 요구가 늘었다. 또한 한류 열풍으로 전 세계가 한국 드라마, 영화, 음악에 열광하고 있고, 한국 문화가 전 세계에 퍼지면서 자연스레 한식에 대한 호감도도 높아져 가고 있다. 코로나 기간 한국 식품 수출은 역대 최고치를 기록하는 기염을 보였다. 이 호황세가 엔데믹을 맞으면서 계속 이어갈지 원자재폭등, 물류대란, 집 밖에서의 활동 증가로 인해 부정적 영향을 미칠지 불투명하다.

최근 우크라이나 사태로 인해 국제정세에 또 다른 변수가 생겼다. 인플레이션 우려와 원자재 수급 차질 등 먹구름이 다시 끼고 있어 일부 전문가들은 또 다른 형태의 팬데믹이 다시 올 수 있다고 밝히고 있다. 국제정세가 어떻게 될지 모르는 '불확실성의 일상화'가

제이 리(Jay Lee)의 미국 식품 트렌드

우리의 뉴노멀이 됐다.

이러한 불확실한 시대에서는 '회복탄력성'과 '민첩성' 중요하다. 빠른 계획 수정과 실험, 작은 실패를 통해 길을 찾아가야 하는 시대이다. 이를 '가설주도 창업'이라고도 한다. 아마존이 실험적으로 사업을 확장하는 것도 이러한 접근 방식과 같은 맥락이다.

최근 미국의 아마존 서점들이 문을 닫는다는 뉴스를 보았다. 미국에서는 아마존 때문에 대형, 중소형 서점들이 거의 문을 닫았으며 반즈앤노블스와 같은 큰 서점 체인만 남아 있다. 이에 아마존은 역발상으로 오프라인 서점을 열었지만, 이것도 처음에만 반짝하다가 코로나 이후 별 수익을 내지 못하고 폐쇄 결정을 했다. 반면 아마존 프레쉬의 그로서리 마켓은 오프라인으로 론칭해 성공을 거뒀다. 작은 실패를 여러 번 거쳐야 큰 성공도 따라오는 법이다.

나무의 나이테는 추운 겨울과 여름, 봄, 가을의 4계절을 몸소 이겨낸 몸부림의 흔적이다. 우리도 팬데믹을 거치면서 개인과 사회에 트라우마를 남겼다. 팬데믹 동안 열악한 환경에서도 열심히 최선을 다하고 미래를 준비한 개인과 기업은 엔데믹 때에 더욱 빛을 발할 것이다.

식품업계에도 코로나 시대를 거치면서 성장한 기업도 있고 정체된 기업도 있을 것이다. 한국도 엔데믹을 남겨둔 시점에서 팬데믹 2년 동안의 결산표를 만들어 평가하고 엔데믹 후를 위한 전략과 액션플랜을 만들 때이다.

발행일 2022.3.15.

79

★★★

미국 'Natural Food Show Expo West'를 다녀와서

기능성 음료 · 발효 식품 · 친환경 · 케토 등 특징
대기업 외 중소기업도 미국 시장 공략 합류 분위기
식물기반 식품 다수 … 한국산 클린 라벨 부문 미흡

미국의 가장 규모 있는 식품전시회인 'Natural Food Show Expo West'가 지난 3월 8일부터 12일까지 캘리포니아 애너하임에서 열렸다. 필자도 컨설팅 부스를 열고 참가해 많은 미국 및 전 세계 식품 업체들을 만났고, 한국기업들이 모여있는 한국관에서 한국 수출업 체들을 상담하기도 했다.

2년 만에 열린 전시회라 세계 각지에서 많은 사람이 모였다. 미국에서는 마스크 의무 규제가 풀린 탓에 마스크를 쓰지 않고 전시장 곳곳을 둘러보는 참가자들을 보니 마치 코로나 이전으로 돌아간 듯한 분위기를 느꼈다. 다만 한국에서 온 업체분들은 아직 마스크를 쓰고 있어서 아직 조심스러워하는 분위기였다. 그렇지만 오랜만에 많은 사람이 한곳에 모인 것을 보니 역시 사람은 직접 만나서 얼굴을 봐야 활력이 생기는 것 같다.

한국의 중소기업 중에는 농수산물유통공사에서 지원하는 한국관에 참가한 업체도 있지만, 별도로 자신들만의 부스에서 제품을 홍보하는 업체도 많았다. 한국의 대기업은 물론이고 이제는 중소기업들도 공격적으로 미국 및 전 세계 시장에 마케팅하는 분위기이다.

부스에는 한국의 전통 음식인 김치, 장류 외에도 콜라겐, 김, 차, 음료 등 다양한 제품들이 선보였다. 최근 중소기업들이 미국 코스트코(Costco)에 납품하는 경우를 종종 보면서 미국 수출이 이젠 대기업만의 드림이 아님을 느낀다.

미국 현지의 한인 회사들(수입사, 제조사, 스타트업 등)도 많이 참가했다. 기존에 한인 1세들은 한국제품을 수입해 유통하는 데 그쳤다면, 이번 전시회에선 한인 2세들이 자신들이 개발한 제품들을 선보였다. 그중엔 한식을 미국식으로 퓨전화하거나 새로운 트렌드인 육류 대체식품 등 기발한 아이디어로 스타트업에 도전한 회사들이 많이 보였다. 최근 한국의 식품 스타트업들도 자신들만의 독특한 아이디어로 제품을 개발해 아마존에서 성공하는 것을 자주 본다.

이번 전시회의 트렌드를 꼽으라면 식물기반식품(육류대체식품), 클린 라벨, 친환경 제품, 업사이클링 제품, 기능성 식품 및 음료, Keto, 발효식품 등이다. 특히, 육류대체식품은 기존 햄버거 패티를 벗어나 치즈, 스낵류, 음료, 프로틴 바, 파스타, 피자 등 전 범위에 걸쳐 적용되었고 경쟁도 심해지는 것 같다. 너무나 많은 육류대체 제품들로 인해 제품을 돋보이게 한다는 것이 쉽지 않아 보인다. 한국제품의 경우 복합성분들을 많이 함유하고 있어, 단순하고 클린한 라벨이 추세인 미국 트렌드에는 아직 미흡한 한 것 같아 앞으로 풀어야 할 큰 숙제인 듯하다.

이 전시회는 헬씨푸드(Healthy food)가 주목적이라 한국제품들이 해당되지 않는 제품군도 많이 있다. 그러나 미국 백인들이나 MZ세대의 경우, 건강과 지구 환경 등에 관심이 많은 계층이고 성장하는 시장이라 이 트렌드에 맞추어 제품을 개발해야 미국 주류시장에 어필할 수 있다. 아직 한식이 미국의 메인스트림에서 대세로 자리 잡기는 더 시간이 걸리겠지만, 그래도 여러 타 인종 식품 중에서는 한식이 가장 인기 있고 알려진 음식이다. 최근 한국 문화가 인기가 있어서 한국 문화와 음식에 관심이 많은데 이를 잘 이용해 큰 파도에 올라타는 것은 좋은 기회라 생각한다.

발행일 2022.3.29.

제이 리(Jay Lee)의 미국 식품 트렌드

80

— ★★★ —

HACCP 자체평가에 대한 신뢰성

FDA, HACCP 심사 보고서로 수입식품 안전 검증
한국의 평가 방식에 의구심 … 인정 안 하려 해
해외서도 통하게 미국 FSMA 수준으로 높여야

한국에도 HACCP 인증이 보편화되고 있는 듯하다. 미국에 수출하는 식품들은 최소한 HACCP 인증을 받아야 미국의 수입자가 지켜야 할 FSVP(해외 공급자 검증제도)에 큰 문제없이 규정을 맞출 수 있다.

FDA에서는 미국 내 수입자들을 점검해 해외에서 공급되는 제품이 안전한지 검증하고 있다. 검증 서류 중 하나가 HACCP의 심사보고서(Audit report)인데, 이는 객관적인 증거를 마련하기 위해 제조공장의 HACCP 계획과 선행요건을 제3자가 심사토록 하는 것이다.

미국에선 HACCP 인증보다는 SQF, BRC 등이 보편적이므로 HACCP 인증은 드물지만 매년 모든 인증에 대한 갱신심사를 제3자가 하도록 하고 있다. 그러나 미국에서 한국 제조공장들의 HACCP 심사보고서를 보면 일부 공장들은 자체 평가하는 경우가 있어 의아했다. 확인 결과, 일부 업체들은 2년은 자체평가를 하고 3년째에 인증원에서 심사한다는 것이다.

FDA에서는 자체평가를 한 심사보고서를 제출하면 객관성이 없어 쉽게 인정해 주지 않으려고 한다. 물론 SQF나 BRC에도 내부 심사(Internal Audit) 항목이 있어 주기적으로 자체평가를 하도록 하고 있지만, 이는 제3자 심사를 대체하는 것이 아니라 추가로 내부 심사를 요청하는 사항이다. 식품 안전시스템이 2중으로 잘 유지, 관리 되도록 문화를 만드는 것이다.

한국 뉴스를 보면 종종 HACCP 인증이 있는 업체들이 비위생적인 환경과 운영으로 소비자의 신뢰를 무너뜨리는 경우가 있다. 그런 양심 없는 업체들은 일부겠지만 나머지 업체들 역시 자체평가를 통해 얼마나 양심적으로 HACCP을 운영하고 있는지는 알 수 없다. 미국처럼 Whistle Blower 제도가 한국에도 정착돼 양심적인 직원이 불법 및 비위생적 운영관리를 신고하여도 불이익을 입지 않도록 제도적인 장치가 마련되어야 한다.

미국의 경우, HACCP 인증을 사설 인증업체에 하도록 하지 FDA

나 USDA(미국 농무부)에서 하지 않는다. 한국은 정부 기관이 인증하기에 만약, HACCP 인증업체가 비위생적인 운영으로 적발이 되면 한국 정부 기관의 신뢰성이 떨어질 수 있다. 그리고 인증원 자체가 상위에서 인증시스템을 검증받을 수 있는 제도가 없다 보니 객관적인 심사 평가 및 개선이 어려울 수 있다.

미국의 사설 인증 기관(Certifying body)은 상위 인정기관(Accreditation body)으로부터 심사관 및 심사 프로세스가 객관성을 확보하고 있는지 주기적으로 검증받고 있다. 필자도 미국의 인정기관에서 기술 심사관(Technical Expert)으로 활동하고 있다. 한국의 HACCP인증원도 이러한 시스템을 가지고 있어야 한다.

이제는 한국의 HACCP 인증이 해외에서도 통할 수 있도록 개선이 필요하다. GFSI(Global Food Safety Initiatives) 레벨들의 인증심사 제도(SQF, BRC, FSSC22000)를 벤치마킹할 필요도 있다. 그리고 미국의 식품 안전화현대화법(FSMA)에서 요구하는 사항들을 점차 HACCP 인증에도 적용하고 국제적 수준으로 올리면 좋겠다. 이제 한식은 전 세계에서 인기 있는 품목으로 성장했다. 따라서 이에 따른 인프라인 HACCP 제도도 함께 세계화가 이뤄졌으면 하는 바람이다.

발행일 2022.4.12.

1,200년 만에 최악의 가뭄 맞은 캘리포니아

기후 변화 · 공급 대란 등 나비 효과 유발

농산물 · 과일 재배 타격 … 과채 가격 폭등

육류 대체식품 · 업사이클링 등엔 기회 요소

캘리포니아를 포함한 미국 서부지역은 최근 심각한 가뭄에 시달리고 있다. 또 해마다 산불이 일어나며 이로 인한 재산, 인명피해가 끊이질 않는다. 캘리포니아의 경우 우기인 12월부터 2월까지 1년 동안의 물을 채우고 있으나 점점 가뭄이 심해지면서 저수지와 강이 말라가고 있고, 지하수 또한 고갈되고 있다. 캘리포니아 자체는 원래 강우량으로 적어 물이 부족하다. 다른 주에서 물을 공급받아 이를 해결하고 있으나, 다른 주 역시 물 부족을 겪고 있어 이마저도 점점 어려워지는 형편이다.

캘리포니아 산업의 중요 부문 중 하나가 농업이다. 캘리포니아의 농업 생산량은 미국 최대로 약 500억 불(한화 약 60조 원)을 차지하고 있으며, 약 40만 명 이상의 일자리를 창출해내고 있다. 또 와인 생산량이 미국에서 가장 많으며 세계 4위를 차지할 정도다. 그러나 최근 가뭄으로 포도며 각종 신선 농산물, 과일 재배 등이 타격을 받고 있다. 야채와 과일 값이 싸기로 유명한 미국이지만 공급부족과 코로나로 인한 인력 부족으로 가격은 폭등하고 있다.

미국에는 집 앞뒤에 정원이 있어 아침, 저녁으로 스프링클러가 돌아간다. 또한 공공장소의 가로수, 꽃 등에 쓰이는 물 또는 만만치 않다. 수영장이 있는 집도 많아 물 소비량이 많고, 습도가 낮은 건조기후 탓에 증발하는 수분량도 만만치 않다. 주 정부에서는 스프링클러에 소비되는 물을 아끼기 위해 일정 시간 외에는 물을 주지 않도록 하고 있으며, 샤워 또한 시간을 줄여서 하도록 홍보를 하고 있다.

한국에서 최근 발생한 산불들도 가뭄으로 인해 더 심하게 번진 것으로 안다. 겨울에 충분히 눈이 오지 않은 탓에 산이 더욱 건조해지다 보니 한 번 시작된 불은 걷잡을 수 없이 번질 수밖에 없다. 한국도 이제 미국 서부나 호주처럼 매년 산불이 연례 행사처럼 일어날 수도 있어 걱정이다.

이러한 기후 변화로 인한 가뭄과 코로나로 인한 물류대란, 인건비 상승, 최근 발발한 우크라이나 전쟁으로 식품업계는 삼중고, 사중고를 겪고 있다. 코로나로 시작된 불안정은 이제 우크라이나 전쟁과 기후 변화, 물류대란, 공급 대란과 맞물리면서 나비효과를 만들어 내고 있다.

앞으로 세상이 어떻게 될지 장기적인 계획을 짤 수가 없다. 상황에 따라 기민하게 대처한다고 하지만 쉽지 않다. 위기는 항상 위험과 기회가 함께 오는 것이다. 육류대체식품, 업사이클링 식품, 포장재 감소 또는 썩는 포장재 개발 등은 새로운 기회 요소이다.

캘리포니아는 Golden State라는 별명이 붙어있다. 서부 개척 시기, 금광에서 돈을 벌기 위해 수많은 이민자가 동부에서 이주한 기회의 땅이라 붙여진 이름이다. 필자가 미국의 다른 주로 출장을 많이 다녀봐도 캘리포니아 만한 곳이 없다. 사시사철 푸른 하늘과 지중해성 기후로 일 년 내내 따뜻한 곳이다. 이곳의 집값이나 물가가 비싸 타주로 이주하는 미국인과 한국인이 많지만, 물가가 비싼 데는 다 이유가 다 있다. 다른 주의 혹독한 겨울과 습기 찬 여름, 그리고 지루한 환경 등은 특히 우리 같은 이민자들이 살아가기엔 쉽지 않다. 하지만 기후 위기로 인한 최악의 가뭄으로 Golden state의 명목을 유지할 수 있을지, 30, 40년 후에도 이곳 캘리포니아에 사람이 살 수 있을지 의문이 든다.

발행일 2022.4.26.

제이 리(Jay Lee)의 미국 식품 트렌드

제이 리(Jay Lee)의 미구 통신

82

— ★★★ —

캘리포니아 주 4일제 도입에 따른
세계적 추세

'대퇴사 시대'에 노동 시간 단축 논의 활발
타임 세이빙–킬링 산업 분류 ⋯ 식품 모두 연관
재미 · 의미 찾는 소비 ⋯ 기업은 세이빙 기술 추구

미국 캘리포니아주 의회는 최근 500명 이상 사업장들을 대상으로 '주 4일·32시간 근무제'를 의무화하는 법안을 발의했다. 여기에는 근로 시간 단축에 따른 임금 삭감이 금지되며, 초과 근무에 대해 정규 급여 1.5배 이상의 수당이 지급돼야 한다는 내용이 포함됐다.

미국의 경우 대퇴사 시대를 의미하는 'The Great Resignation'를 맞이했다. 사람들이 일하는 것을 꺼려해 종업원 구하기가 어려운 현실에 맞물리면서 주 4일 근무는 현실성이 없는 이야기가 아니게 됐다.

코로나를 맞이해 비대면 요구와 필요성 등으로 사무 자동화, 로봇 투입 등이 확대되면서 인간의 노동력이 점차 대체되고 있으며 사람들도 점점 편한 일을 하기 원한다. 이에 유럽도 주 4일 근무에 대한 논의가 활발하며, 벨기에는 최근 주 4일 제도를 도입했다.

이러한 노동시간의 단축은 세계적인 추세가 될 것으로 보인다. 한국에서도 주 52시간 근무제가 법적으로 도입되었고 언젠가는 주 4일에 대한 논의가 있을 것으로 여겨진다. 한국에서 주5일 근무제를 처음 논의할 때 기업 측은 경제가 망할 것이라는 입장을 보였다. 주 5일 근무가 당연한 지금 시대에 생각하면 웃지 못할 해프닝이었다.

결국 인간의 노동력(정신적, 육체적)은 시간의 문제라 앞으로 많은 부분이 로봇으로 대체될 것이다. 이는 먼 미래의 SF 영화가 아니라 점점 우리의 현실을 파고들 것이다. 한국은 출산율의 저하로 인구 절벽의 시대를 맞고 있다. 일할 사람이 없는 시대가 올 것이다. 그 여파는 중소기업, 3D 직업에 먼저 찾아올 것이다.

최근 트렌드를 보면 산업은 크게 타임 세이빙 산업과 타임 킬링 산업으로 분류할 수 있다. 타임 세이빙 산업은 인간의 노동과 기업의 인건비를 줄여 주는 산업군이다. 로봇, IT 기술, 서비스 업종 등이 여기에 해당한다. 또 하나는 인간의 노동시간이 줄어들어 여가 등 남는 시간을 보낼 수 있도록 하는 타임 킬링 산업이다. 주로 엔터테인먼트 산업, 오락시설, 스포츠 등이 이에 속한다.

제이 리(Jay Lee)의 미국 식품 트렌드

식품군은 두 산업과 모두 연관이 있다. 살기 위해 먹는 개념보다는 재미와 의미를 찾는 식품 소비가 앞으로 주류를 이룰 것으로 보이지만 식품기업의 운영은 타임 세이빙할 수 있는 기술들과 접목이 돼야 할 것이다.

주 4일 근무가 당장은 아니지만, 세계적인 추세가 될 때 한국에서도 논의가 시작될 것이다. 이에 대비해 업무 효율화와 생산성 향상을 위한 로봇의 도입 등이 준비가 돼야 할 것이다.

미국에는 현재 일할 사람이 없어서 난리이다. 식당 종업원에게 시급 20~30불을 줘도 사람을 구하지 못하고 있으며, 트럭 운전기사의 연봉이 1억 원이 넘지만 사람이 없어 물류대란이 일어나고 있다. 이제 한국도 먼 나라 이야기가 아니라 그런 날이 조만간에 닥칠 것이다. 법적 주 4일 근무 논의를 떠나 현실적으로 사람이 없어 회사가 안 돌아가는 상황이 올 것이다.

요즘 젊은 MZ세대들의 퇴사율이 높다고 들었다. 높은 연봉을 주는 회사로 쉽게 이동하고 있으며, 개인의 발전과 의미가 없으면 공무원 등 안정적이고 인기 있는 직업도 박차고 나오는 추세이다.

이제는 단순히 먹고살기 위해 일하는 시대도 지나가고 점점 의미와 자기 발전을 찾는 세대들이 회사의 주축이 될 것이다. 막연히 '라떼'는 그렇지 않았다고 한탄할 것이 아니라 바뀌는 시대를 받아들이고 미래를 준비할 때이다.

발행일 2022.5.10.

83

=== ★★★ ===

미국 분유 대란으로 보는 대란 쓰나미

<u>물건 없어 못 파는 상황 … 식량 자급 국가 계획 필요</u>

팬데믹과 물류대란, 우크라이나 전쟁으로 인해 각종 원자재와 소비재 물가가 요동치는 가운데 물건이 없어서 못 파는 일들이 연이어 벌어지고 있다.

이 중에서 최근 일어나고 있는 미국의 분유 대란은 '대란 쓰나미'의 전조가 아닐까 하는 불길한 예감이 든다. 5월 초 미국 내 분유 품절비율이 40~50%를 기록하고 있다. 분유 코너가 텅 빈 매장이 한두 곳이 아니다. 최강국이자 선진국인 미국에서 분유가 떨어지는 일이 발생한 데는 여러 요인이 복합적으로 작용한 것으로 본다.

　미국은 애보트 등 4개 회사가 분유시장의 89%를 점유하고 있다. 거의 독점시장이 형성되다 보니 가격담합의 여지가 많고 품질 저하 등 부작용이 생길 수 있다. 결정적으로는 2월 애보트사의 '리콜 사태'가 직접적인 원인이 되었다. 당시 FDA에서는 애보트가 생산한 분유를 먹은 영유아들이 박테리아에 감염돼 2명이 사망하고 4명이 입원하는 사태가 발생하자 대규모 제품 리콜을 명령하였다. 애보트사의 공급이 끊기자 시장 자체가 흔들린 것이다.

　또한 미국은 선진국 중 유일하게 유급 육아휴가가 없다. 따라서 맞벌이 부부의 경우에는 분유가 필수적이다. 2016년 유니세프가 발표한 생후 6개월까지의 완전 모유 수유에 대한 국제 평균은 38%이지만 미국은 25%만 모유 수유를 하고 있다.

　2020년 미국에서 민간 부문 근로자의 20%, 특히 저소득층 근로자의 8%만이 유급 가족 휴가를 쓸 수 있었다. 분유 대란이 길어지면서 유명 가수이자 배우인 베트 미들러가 '모유 수유를 하십시오! 돈이 들지 않고, 필요할 때 언제든지 할 수 있습니다.'라는 글을 올린 적이 있었다. 그런데 비난 여론이 들끓었다. 모유를 먹일 수 없는 처지의 엄마들을 전혀 생각지 않았다는 이유에서다.

　분유 대란은 중산층 이하 가정에 더 큰 영향을 미칠 수밖에 없다. 산후 휴가를 오랫동안 사용할 수 있는 안정된 직업을 가진 여성과 육아 기간 일하지 않아도 되는 조건의 여성 등은 장기간 모유 수유가 가능하다. 반면 맞벌이를 해야 하는 여성들은 아이의 영양 공급을 분유에 의존할 수밖에 없다. 미국 가정의 약 75%가 분유를 주된 유아식으로 사용한다고 한다. 이제는 제3세계가 아닌 미국에서 아기들이 굶는 걱정을 해야 할 상황이다.

바이든 대통령은 분유 대란과 관련해 빠른 대책 마련을 지시하는 한편 제조업체들과 분유 생산 및 수입을 늘리기 위해 협력 중이라고도 밝혔다. 몇 주안에 매장 진열대에 훨씬 많은 분유를 비치할 것이라는 기자 회견도 하였다. 그러나 증산된 분유가 매장 선반에 진열되기까지는 몇 주가 걸릴 수 있고, 대부분 공장이 풀가동하고 있기에 분유 부족 현상은 상당 기간 계속될 수밖에 없다고 전문가들은 우려하고 있다.

필자가 '약한 고리 신드롬'이라 명명한 신조어는 '못 하나가 없어서 왕국이 사라진다'라는 벤자민 프랭클린의 명언에서 영감을 얻은 말이다. 최근 미국 분유 대란은 '약한 고리 신드롬' 현상 중 하나이다. 이제는 이러한 대란 사태들이 쓰나미처럼 몰려올 수 있다. 그동안은 원활한 공급망과 효율화된 글로벌 시스템으로 공급됐던 것들이 이제는 어디서 어떠한 약한 고리가 끊겨 원자재나 최종 제품에 대란이 올지 모른다.

최근 자국의 식량 자원 확보를 위해서 팜유와 밀가루 수출을 중단하는 국가들이 늘고 있다. 이런 대란의 쓰나미를 이겨낼 수 있는 기업의 전략과 식량 자급화를 위한 장기적인 국가적 계획이 필요할 때이다.

발행일 2022.5.24.

제이 리(Jay Lee)의 미국 식품 트렌드

제이 리(Jay Lee)의 미국 통신

84

★★★

슈링크플레이션(Shrinkflation)의 시대

미국도 식품 원료 가격 폭등 포장 단위 줄여

예측 불허 글로벌 리스크로 식량 부족 장기화

합리적 설명 통해 소비자 저항 줄이기 과제

최근 미국에서는 팬데믹 여파에 우크라이나 전쟁, 인력난, 물류 대란 등으로 식품의 원료가격이 폭등하고 있다. 이러한 가운데 가공식품의 포장단위가 줄어들고 있으며 식당에서 제공하는 크기가 줄어드는 슈링크플레이션(줄어들다는 뜻의 Shrink와 인플레이션(Inflation)의 합성어) 현상이 일어나고 있다.

미국에 처음 이민 와서 놀란 것은 미국 사람들의 먹는 양이다. 식당에서 1인분 양이 한국의 1.5배에서 2분은 족히 된다. 이민 생활을 하다 또 한 번 놀라는 것은 그 많은 1인분 양을 다 먹게 된다는 것이다. 필자가 가끔 한국 출장을 가면 식당에서 주는 밥공기 크기에 놀란다. 아기들 밥그릇 같은 곳에다 주는 터라 한 공기만 먹으면 뭔가 허전한 느낌이다.

미국은 식재료가 싸기로 유명하다. 넘쳐나는 고기와 싼 과일 가격, 과자, 음료수 모두 대용량을 먹는 것으로 유명하다. 그래서 비만으로 고생하는 사람들도 많다. 그러나 이제는 팬데믹, 우크라이나 전쟁, 기후 변화 등으로 원재료가 폭등하면서 제품의 가격을 올리는 데에 한계를 느낀 식품 제조사나 식당들이 크기를 줄이는 현상을 낳고 있다. 음식 인심이 후하기로 소문난 미국이지만 이제는 그것도 옛날얘기다.

생활필수품인 우유도 가격이 폭등한 가운데 미국 가정에서 흔히 먹는 1갤런(3.8ℓ)짜리 우유가 식료품점에서 사라지고 작은 패키징 사이즈가 판매되기 시작했다. 우유 가격에 부담을 느끼는 소비자를 위해 작은 크기로 나눠 판매하는 전략이다. 한국 제품들은 코로나 19 이전에도 패키징 사이즈는 놔두고 중량을 줄이는 전략을 취해서 간혹 소비자들의 불만을 산 경우가 많지만, 이제는 슈링크플레이션이 트렌드가 되는 듯하다.

일본 사람들이 적게 먹는다는 사실을 반대로 생각하면 그만큼 물가가 비싸 조금만 먹는다는 설도 이제는 설득력 있는 얘기인 듯하

제이 리(Jay Lee)의 미국 식품 트렌드

다. 최근 30년 동안 세계화로 인해 식량이 풍족해져 각국 분업화 현상은 더욱 가속화되었다. 이제는 끝날 듯 끝나지 않는 팬데믹, 우크라이나 전쟁의 장기화, 기후 변화 그리고 또 어디서 튀어나올지 모르는 글로벌 리스크가 식량부족의 시간을 장기화할 것으로 보인다.

그나마 식품은 사람들이 먹고살아야 하는 필수 사업군이라 다른 산업군보다 경기를 덜 탄다. 하지만 이제는 식품군에서도 필수 아이템이냐 기호품이냐에 따라 받는 영향이 달라질 것이다. 식품군 외에도 소비재 제품들의 크기도 줄어드는 현상이 있다. 예를 들어 세제들도 저용량으로 많이 나오고 있다.

기업들이 슈링크플레이션 전략을 쓸 때 가장 중요한 것은 소비자의 저항을 줄이는 것이다. 혹시 소비자들이 알더라도 합리적인 이유로 설명하는 것이 좋다. 한국의 '질소 과자' 논란 당시 기업들이 '내용물이 부서지지 않도록 보호하기 위해서'라는 해명을 했을 때 꼼수라는 지탄을 받기도 했다. 미국이야 큰 사이즈 제품들이 많아서 내용을 줄일 수 있는 여지가 많지만, 한국 제품들은 이미 패키징 사이즈가 작아서 슈링크플레이션 전략을 어떻게 쓸 수 있을지 의문이다.

발행일 2022.6.8.

스리라차 소스 대란

캘리포니아 최악의 가뭄 … 미국도 원재료 부족 사태
틈새 활용 성장하는 기업도 … 불확실성 넘는 지혜 필요

최근 미국에서는 분유 대란에 이어 '스리라차(Sriracha)' 소스 부족 사태가 일어나고 있다. 이는 핫소스 재료로 사용되는 칠리가 생산되는 멕시코의 한 지역이 미국과 마찬가지로 극심한 가뭄으로 수확량이 크게 줄어들면서 원재료 부족 사태가 나타난 것이다.

후이 퐁(Huy Fong)이라는 회사가 있다. 베트남에서 이민 온 화교 출신 사업가가 만든 기업으로, 미국의 대표적인 아시안 핫소스 중

하나인 '스리라차' 소스를 1980년대 초부터 만들어 판매하고 있다. 닭 모양이 브랜드에 있어 'Rooster Sauce'라고도 하며 이제는 미국 문화의 아이콘으로 다큐멘터리 및 각종 티셔츠 등 하나의 밈으로 젊은이들에게 팬덤이 있을 정도로 인기 있는 제품이다.

이 후이퐁사가 핫소스 부족 사태를 발표했다. 발표 후 시중에 유통되는 핫소스 재고를 확보하기 위해서 식당은 물론 소비자까지 사재기하고 있다. 살다 살다 핫소스 품귀가 일어나 사재기하는 일을 보니 웃프지 않을 수 없다.

기후 이상은 이제 피부로 느껴질 정도이다. 지구 온도 상승 폭을 1.5도 이내로 유지하자는 것이 전 세계의 목표이지만 이제 늦은 게 아닐까 하는 생각도 든다.

캘리포니아는 100년 만에 최악의 가뭄 현상을 겪고 있으며 저수지의 물들이 말라가고 있다. 주 정부는 주민들에게 강제 절수의 특단을 내리기도 했다. 한국 또한 가뭄으로 인해 저수지 물들이 말라가고 이로 인해 각종 농산물의 수확이 줄어들어 마늘, 감자 등의 가격이 폭등하는 현상을 보았다.

더군다나 우크라이나 사태로 밀 가격이 상승하면서 전반적인 식품 원재료 가격 상승과 더불어 소비자의 지갑이 얇아지고 있다. 코로나로 인한 노동력 감소, 우크라이나 전쟁, 극심한 인플레이션, 원재료 가격의 상승, 일부 원재료의 품귀 현상, 기후 변화 등 이러한 불확실성은 당분간 계속될 것으로 본다.

'약한 고리 신드롬'이라고 칭한 현상들이 삶의 곳곳에 영향을 주고 있다. 최근 한국에서는 화물연대의 파업으로 각종 수출 제품들이 발이 묶여 있는 것을 보면서 산 넘어 산이라는 생각이 든다.

전반적인 외부환경이 악화돼 모두 어려운 상황에서도 빈익빈 부익부 현상이 생긴다. 개인도 돈을 더 버는 사람이 있고, 기업도 이 기회에 더욱 성장하는 곳이 있다. 외부환경이 만들어 놓은 틈새를 잘 활용하는 기업들이 생존한다. 각종 불확실성의 파도를 넘을 수 있는 맷집과 순발력, 회복 탄력성이 필요한 시대이다.

최근 한국 출장으로 미국-LA 항공편을 예약했는데, 1,200불이었던 이코노미석이 4,000불이 되고 4,000불이던 비즈니스석이 10,000불이 넘었다. 코로나로 인해 줄어든 비행 편수와 한국의 갑작스런 격리 완화로 여행객이 급증한 것이다. 코로나 등으로 바뀐 일상이 이제는 비행깃값 급등으로 이어지고 있어, 한국으로 여행 가려는 가족들이 이를 포기하는 등 티켓값 대란으로 인한 고통도 생기고 있다.

각종 대란 시리즈의 끝은 어디일까? 내일은 또 무슨 대란이 일어날까? 당분간 우리가 겪어야 할 일상이 되었다. 그럼에도 어려운 환경에 불만만 토로할 것이 아니라 긍정적 희망과 비즈니스 기회를 찾는 통찰력이 절실하다. 이순신 장군처럼 '신에게는 12척의 배가 있습니다.'라는 믿음이 필요한 시대이다.

발행일 2022.6.21.

제이 리(Jay Lee)의 미국 식품 트렌드

제이 리(Jay Lee)의 미국통신

86

——— ★★★ ———

곤약 젤리 질식사로 인한
FDA의 수입 제재

직경 4.45㎝ 이하 구형, 3.18㎝ 이하 비구형

제품 입에 넣으면 미끄러져 질식 위험 있는 경우 대상

질식사 위해요소 규정 … 크기·모양 바꿔서 수출해야

최근 FDA에서는 곤약 젤리 제품 중 컵 제품을 수입 통관 제재(Import Alert 33-15) 리스트에 올리는 등 질식사를 유발할 수 있는 제품의 수입을 막고 있다.

미니 컵 젤리 또는 미니 과일 젤리, 기타 유사한 이름으로 설명되는 젤리를 섭취한 어린이와 노인이 질식 사망하는 사건이 있었다.

4장 포스트 코로나와 불확실성의 미래   337

이 젤리 제품에는 곤약 성분이 포함되어 있으며 일반적으로 입에 넣을 수 있는 크기로 컵에 포장돼 판매된다. 내용물은 미국에서 흔히 볼 수 있는 젤라틴 제품처럼 보이지만, 이 작은 컵 모양의 곤약 젤리는 입에 넣었을 때 녹지 않고 단단한 제품 특성을 유지함으로써 목에 걸리면 질식사를 유발할 수 있다.

2001년 8월 17일 FDA의 산하 소비자 식품 안전부(CFSAN)의 건강 위험평가위원회는 일부 포장, 모양, 미끄러움 등으로 미니 젤 제품이 질식을 유발할 가능성이 있다고 결론짓고, 소비자에게 이러한 잠재적 질식 위험에 대해 경고하는 보도 자료를 즉시 발표했다. 생리학자들은 작은 컵 모양 사탕의 물리적 특성이 특히 어린이들에게 심각한 질식 위험을 일으킬 수 있다고 밝혔다.

수입 제재가 되는 대상의 제품 크기는 구형 또는 구형에 가까운 제품의 단면 직경이 1.75in 이하(4.45㎝)이거나 비구형 제품 단면의 직경이 1.25in(3.18㎝) 이하일 경우에 해당한다.

제품 모양으로는 구형, 난형, 타원형 또는 원형 단면(끝이 둥근, 원통형, 총알 모양 등)이 해당된다. 제품 질감은 입에 넣었을 때 매끄럽게 혀를 따라 입 뒤쪽으로 미끄러지므로 소비자가 방향, 위치, 삼키는 타이밍에 따라 질식의 위협이 있는 경우이다. 용해성도 보통 미국 젤라틴 젤리보다 훨씬 더 단단하고 쉽게 용해되지 않는 특성이 있는 제품(곤약성분 함유)에 해당한다. 그러므로 곤약이 들어간 젤리 제품은 제품의 크기나 모양이 이에 해당하지 않도록 변형시켜 수출해야 한다.

1997년에도 FDA에서는 작은 계란 모양의 Kinder Surprise에 대해 리콜을 명령한 바 있다. 초콜릿을 코팅한 계란형 플라스틱 안에 장난감이 들어있는 제품으로, 여러 유아가 장난감 계란을 통째로 삼켜 질식사한 사례가 있다. 이후 FDA는 국내외 제조되는 식품에 대해질식사를 유발할 수 있는 질식사 위해요소(Chocking Hazard)를 규정하고 모니터링하고 있다.

한국에서도 몇 년 전부터 특정 크기의 곤약 젤리 제품이 수입 금지된다는 뉴스를 보았다. 식품공전에도 과자·빵·떡류를 뚜껑과 접촉하는 면의 최소내경(안지름)이 5.5㎝ 이상, 높이와 바닥 면의 최소내경이 각각 3.5㎝를 넘겨야 수입할 수 있도록 규정하고 있다. 5.5㎝와 3.5㎝라고 구체적으로 명시한 건 이 정도 크기여야 한입에 먹을 수 없기 때문이다.

미국에 수출하는 제품뿐만 아니라 한국 내에서 소비되는 곤약 젤리에 대해서도 질식사 위험 요소를 주의 깊게 검토하고 질식사를 유발하지 않도록 제조업체와 관계기관의 관리, 감독이 요구된다.

발행일 2022.7.5.

제이 리(Jay Lee)의 파구투신

87

━━ ★★★ ━━

스톡데일 패러독스

변화무쌍한 경영 환경서 '재즈 리더십' 필요
빨리 시행착오 겪고 학습 조직 능력 갖춰야
업의 본질 되새겨 비즈니스 모델 창출할 때

팬데믹이 3년차에 접어들었다. 엎친 데 덮친 격으로 우크라이나 전쟁, 인플레이션, 이상 기후 등으로 퍼펙트 스톰 환경이 경제를 어렵게 하고 있으며 희망을 찾을 만하면 다시 불안의 구름을 맞게 되는 돌림 노래 같은 느낌이다. 필자는 이미 팬데믹이 발생했을 때 오래 갈 것으로 예측하며 책을 쓰기도 했다. 이제는 희망을 품으며 살되 그렇다고 너무 낙관론으로 사는 것도 해롭다고 생각한다.

이럴 때 우리는 '스톡데일 패러독스(Stockdale Paradox)'를 생각해 봐야 한다. 베트남전 당시 미 해군 중령이었던 제임스 스톡데일은 포로가 됐다. 포로들은 수용소에서 고된 생활을 겪어야만 했다. 그런데 이들을 가장 힘들게 한 것은 가혹한 폭행이나 고문이 아니었다. 곧 석방될 것이란 희망이 사라질 때마다 포로들은 빠르게 쇠약해졌고 무너져 내렸다. 처음에 포로들은 크리스마스면 미국과 베트남 간의 포로협상이 이뤄져 석방될 것으로 기대했으나 소망은 이뤄지지 않았다. 그리고 부활절, 추수감사절을 기다렸으나 협상은 계속 결렬됐다. 그렇게 협상이 실패할 때마다 포로들은 큰 상실감에 빠졌고 병에 걸리거나 죽는 경우가 점점 늘어났다.

하지만 스톡데일은 달랐다. 석방되리란 믿음은 있었지만 쉽게 풀려나지는 않을 것이라는 생각도 놓지 않았다. 미래를 긍정적으로 바라보았으나 근거 없는 희망에 의지하지 않았다. 눈앞에 닥친 현실의 어려움을 인정하면서도 삶을 긍정하면서 하루하루를 보냈다. 그렇게 8년을 버틴 후에야 그는 수용소에서 풀려났고, 고국으로 돌아와 해군대학 학장을 지내고 중장으로 퇴역하였다.

『Good to Great』책으로 유명한 미국의 짐 콜린스 교수는 스톡데일의 이러한 경험을 '스톡데일 패러독스'라 부르면서 막연한 낙관론이 비관적 상황을 극복하는 데 오히려 장애가 된다는 역설을 설파했다. 미래에 대한 믿음은 갖되, 현실은 더욱더 객관적으로 파악하고 대처하는 '냉철한 현실주의자'의 태도가 위기 극복에 더 좋은 해

법임을 시사한 것이다.

코로나19 초기에 '여름 되면 코로나 없어진다.'로 시작해서 '백신 나오면 끝난다.' '3차 유행'이면 끝난다는 얘기로 희망을 가졌지만 되레 희망이 사라져 가면서 지쳐가고 있다. 『죽음의 수용소에서』의 저자인 빅터 프랭클 박사는 사람들이 죽어 나가는 유대인 수용소에서도 희망을 버리지 않고 일상에서 할 수 있는 최선을 다했다. 매일 깨끗하게 면도와 세수를 하고 남을 돌보았다.

코로나19, 인플레이션, 우크라이나 전쟁, 기후 변화 등 퍼펙트 스톰의 환경을 맞은 기업들도 지금 이 상황에서 할 수 있는 것을 선택해 최대한 버텨야 할 시기이다. 정형화된 환경에서 오케스트라 같은 경영 리더쉽이 필요하다면, 이제는 변화무쌍한 환경에서 재즈와 같이 즉흥 연주를 하는 '재즈 리더쉽'이 필요한 시기이다.

퍼펙트 스톰 상황에서 다시 한 번 '우리의 업은 무엇인가?', '우리의 비즈니스 모델은 무엇인가?'를 다시 성찰해야 할 시기이다. 산업 간의 경계가 없어지고 전통 산업은 점점 사라지는 시대이다. 많은 시행착오를 빨리 시행하고 빨리 실패해서 빠른 학습 능력을 갖춘 조직이 살아남을 시대이다.

코로나19 초기에 '금방 끝날 거야.'라고 막연히 기다린 사람과 기업들은 벌써 3년이 지난 시간 동안 정체되어 도태됐고 이 기간 할 수 있는 최선의 것들을 찾은 사람과 기업들은 더욱 성장한 시기이다. 앞으로 퍼펙트 스톰 시대에는 더욱 격차가 벌어질 것이다.

발행일 2022.7.19.

다시 불고 있는
캘리포니아 'Prop 65' 소송 주의보

김 등 해산물 수입 제품 표적
아마존 등 통한 직접 수출 주의

캘리포니아에서 문제가 되는 Prop 65에 대해 2년 전 칼럼을 쓴 적이 있다. 김 등의 제품을 미국 내 수입업자나 아마존에 수출하는 회사들은 조심해야 한다는 취지였다. 최근 캘리포니아에서는 김 제품은 물론 일반적인 해산물이 들어간 제품에 대해 미국 소비자단체들 혹은 이를 악용하는 일부 변호사들의 전 방위적인 소송이 다시 한 번 쟁점이 되면서 많은 한인 수입업자 및 수출 기업들을 괴롭히고 있다.

캘리포니아에는 Proposition 65이라는 법률이 있어 암이나 생식기 질환을 유발할 수 있는 화학물질들을 제품에 표기해야 한다. 식품뿐만 아니라 모든 공산품에 적용하고 있지만, 이 법을 모르는 수출자들이 많다. 보통은 미국의 수입자들이 제품에 별도의 라벨을 만들어 붙이고 있지만, 이미 많은 한인 식품 수입업자들이 Prop 65의 공익소송을 당해 매년 합의금으로 수만 불씩 지출하는 사례가 많다.

Prop 65법률은 소비자를 보호한다는 측면에서는 좋으나 기업에겐 너무나 어려운 규정이다. 공산품이나 식품은 수백 가지의 화학물질과 연관될 수 있고, 기준 또한 굉장히 낮다. 또 제품을 소비하는 형태나 주기 등을 고려해 제조자가 기준을 세워야 하므로 여간 까다로운 것이 아니다. 샘플링을 통해 테스트한다고 해도, 소비자가 해당 제품을 얼마나 섭취할지 몰라 일일 섭취량 기준을 세우기 어렵고, 샘플 사이즈가 여간 크지 않으면 샘플링의 신뢰도가 떨어질 수 있다.

Prop 65는 OEHHA라는 기관에서 관할한다. 웹사이트에 들어가면 최근 사례들이 리스트화되어 있어 자신과 같거나 유사한 제품들이 어떠한 공익소송을 당하고 있는지 살펴볼 수 있다. 과거에는 이 웹사이트에서 유사 사례들을 검색해 자신들의 제품과 관련 있는 것을 경고문구에 표기해주면 되는데 최근에는 별의별 물질을 걸고넘어지면서 소송하는 경우가 많다.

소송은 OEHHA가 직접 하는 것이 아니라 소비자 단체나 변호사들이 공익소송을 하는 형식으로, 합의금을 받고 끝내는 경우가 대부분이다. 기업 측에서는 자신들이 입증 책임을 가지고 있으므로, 자신의 제품에 유해 물질이 없거나 기준치 이하임을 증명해야 하고, 이기더라도 변호사와 실험 등 비용이 들어가므로 이겨도 손해 보는 게임이다.

딱히 Prop 65를 컨설팅해주는 회사도 드물고 미국 전문회사를 찾아도 제품당 컨설팅 비용이 수십만 불이나 든다. 결국은 업체들이 자체적으로 결정해 어떤 화학물질이 식품에 들어있는지 결정해야 한다.

OEHHA에서도 식품에 들어갈 수 있는 대표적인 화학물질들을 안내하고 있지만 일부에 불과하다. 해산물의 경우 납과 카드뮴, 수은 등이 대표적인 화학물질인데 어묵이나 해산물을 원료로 하는 제품들은 이러한 Prop 65 경고문구를 붙이는 것이 예방책이다. 차 제품에도 농약이나 자연 발생 중금속(납, 비소, 카드뮴 등)이 함유될 수 있다. 고온의 오븐이나 유탕하는 스낵, 라면 제품에도 아크릴아마이드 등의 화학물질이 생성될 수 있고 각종 포장재도 유해 호르몬을 만들 수 있다.

Prop 65를 악용해 돈을 버는 현지 변호사 그룹(보통은 소비자단체로 일하는 척하는 사례가 많다)으로 인해 제조업체나 판매자들이 불만이 많다. 그래서 미국의 큰 기업이나 조직은 맞소송으로 대응해 이기는 예도 있다. 그러나 영세한 한인 수입업체나 기업들은 소송비용이 부담돼 그냥 적당한 선에서 합의하는 경우가 많다. 미국에 현지 수입자나 판매 법인이 있을 때는 수출자가 직접 신경 쓰지 않아도 되는 경우가 많으나 아마존 등을 통해 직접 수출할 때는 이슈가 될 수 있다. 한 번 더 신경을 써야 할 부분이다.

발행일 2022.8.3.

89

===★★★===

'대퇴사의 시대'… MZ는 왜 떠나는가

미국 지원금·실업급여 받고 쉬는 삶 선택 … 식당 등 구인난
한국은 자기 적성·꿈 찾아 이직 … 젊은 직원 모셔와야 할 상황
회사 실무 MZ세대가 주축 … 상하 문화 탈피 서로에게 배울 때

팬데믹 이후 미국에서는 '대퇴사의 시대(Great Resignation)'를 맞고 있다. 팬데믹으로 많은 베이비붐 세대들이 앞당겨 은퇴하면서 교사, 항공사, 트러킹 등 각종 서비스 부문에 일할 사람이 없어서 난리이다.

팬데믹 초, 미국 정부는 많은 지원금과 실업급여를 지급했다. 이에 많은 이들이 일하기보다는 집에서 쉬기를 택했다. 그렇다 보니 이제는 일자리가 넘쳐나 젊은 MZ세대들은 굳이 힘든 일을 하지 않으려 하고, 자기 적성에 맞고 스트레스를 덜 받는 일자리로 옮겨 가면서 많은 회사가 구인난을 겪고 있다.

특히 인플레이션으로 인해 식당에서는 일할 사람이 없어 일찍 문을 닫고 있다. 한국에서도 식당에 일할 사람이 없어 애를 태우는 사장님들의 인터뷰를 보았는데, 한국도 미국과 마찬가지 상황을 맞고 있는 듯하다. 또 한국에서 철밥통으로 여겼던 공무원 경쟁률도 점점 줄고 있다는 소식을 들었다. 그리고 예전에 비해 MZ세대의 퇴사율 및 이직률이 높아지고 있다는 뉴스도 보았다.

한동안 한국은 청년 실업률이 큰 문제였으나 이제는 청년들이 큰 철밥통과 돈을 좇기보다는 점점 자기 적성이나 꿈을 찾아가는 경향이 보인다. 무작정 대기업과 공무원, 전문직이 아니라 의미 추구와 자기 성장, 꿈 실현이 화두가 되어 가는 듯하다. 실제로도 한국의 노령화 문제로 인해 점점 젊은 세대들이 줄어들고 있는 현실을 생각하면 이제는 청년들을 귀하게 모시고 데려와야 할 상황이다.

한국의 모 벤처회사 사장의 인터뷰를 보면 요즘은 각종 혜택과 임금을 올려도 젊은 직원들이 오지 않는다고 하소연한다. 인재에 관한 관심을 더 기울일 때다. 이제는 회사 실무를 MZ세대가 맡아서 하는 시대이다. 업무 형식과 회사 문화가 기존의 상하 일방적 문화에서 탈피되어야 하는 시대가 됐다.

4차 산업혁명에서 AI와 로봇으로 일자리가 줄어들 거란 예측과 더불어 인간은 점점 단순한 육체노동과 정신노동에서 벗어나 고차원적이고 창의적인 일과 예술적인 일, 남을 돕는 일로 나아갈 것이다. 사내 단순 업무는 사람을 구하기 어려워 업무 자동화 시스템 개발에 더욱더 치중해야 할 것이다. 어떻게 하면 인재를 유치하고 계속 회사에 남아있게 할 것인가 하는 고민을 해야 한다. '나의 성장과 발전을 이룰 수 있는가?', '나를 이끌어 줄 선배가 있는가?', '내가 몰입해서 일할 수 있는가?' 등의 질문에 회사는 답해야 한다.

필자는 X세대다. 90년대에는 신세대라고 요즘 MZ세대의 등장처럼 요란했다. 그러나 86세대와 MZ세대에서 별 맥을 못 추고 낀 세대로 사회에 적응했다. X세대는 위로는 86세대를 모시느라 바쁘고, 아래로는 MZ세대를 모시느라 바쁘다. 하지만 MZ세대에게 윗세대들이 배울 것이 많다. 때론 공정을 요구하면서 당당하고 너무 개인주의적이라고 생각할 수 있지만 새로운 IT 기술과 SNS 활용, 마케팅 기법 등 여러 가지로 배울 만하다. 예전 산업화에 신세대가 윗세대에게 일방적으로 배우는 시대는 지나갔다. 윗세대와 MZ세대가 서로에게 배울 때이다.

발행일 2022.8.23.

대체육의 식품 위해요소 검증

식물성 단백질에 다양한 첨가제·품질 변화 등 검증해야
염분 비교적 많은 편 … 균형 있는 영양·안전한 레시피 필요

　최근 거세게 불고 있는 식물성 대체육 열풍은 육류에 대한 보다 지속 가능하고 건강에 대한 기대로 지금까지 볼 수 없던 규모로 소비시장에 진입하고 있다. 세계 식물 기반 대체식품 시장은 2018년의 46억 달러에서 2030년까지 850억 달러에 이를 것으로 예상된다. 수많은 스타트업과 기존 대기업까지 가세하면서 시장은 더욱 뜨거워지고 있다. 그러나 신규 제품으로써 식품 안전 차원에서 많은 연

구와 검증들이 따라야 할 것 같다.

사용된 성분의 다양한 첨가제 및 유전자 변형 성분의 사용 가능성, 성분들이 누락된 라벨 표기, 알레르기의 혼입, 콩 단백질에서의 독소 생성, 비타민 또는 미네랄 결핍 및 단백질 품질의 변화 등 여러 요인을 검증해 보아야 한다. 또한 식물성 단백질 추출 과정 등을 알고 어떠한 위해요소가 있을지 검증해야 한다.

단백질은 일반적으로 콩, 완두콩 또는 옥수수와 같은 식물 재료에서 추출하여 밀가루, 농축액 또는 분리물을 형성한다. 추출 및 정제는 가혹한 화학 물질(산 또는 염기 유기 용매)을 사용하는 기존 방법, 단일 또는 혼합 효소를 사용하는 기존 방법 및 고급 물리적 추출 방법(초음파, 펄스 전기장, 마이크로파 및 고압 보조 추출)이 있다. 특히 단백질을 추출하는 데 사용되는 많은 방법은 원래 기능을 최적화하도록 설계되지 않았다. 대신, 그들은 식물 재료에서 기름이나 전분을 추출하도록 최적화되었다. 그 결과 단백질이 변성되거나 응집되어 기능이 손상될 수 있다.

천연 독소는 식물성 식품을 만드는 데 사용되는 여러 성분에 존재할 수 있다. 이러한 물질은 일반적으로 박테리아, 곰팡이, 곤충 등과 같은 다양한 위협으로부터 자신을 방어하기 위해 식물에 의해 생성되는 대사 산물이다. 식물에 있는 천연 독소의 일반적인 예로는 녹색, 적색 및 백색 강낭콩의 렉틴, 쓴 살구씨, 죽순, 카사바 및 아마씨의 시안생성 배당체, 감자의 글리코알칼로이드 등이다. 따라서 제품을 만드는 데 사용되는 모든 식물 유래 성분은 이러한 독소를 피하거나 비활성화하기 위해 신중하게 선택하고 가공하는 것이 중요하다.

식물성 단백질은 향료, 착색제, 유화제, 질감 변형제, 겔화제 및 결합제를 포함하여 최종 제품의 원하는 모양, 느낌 및 맛을 얻는 데 필요한 다양한 기타 기능 성분과 혼합된다. 또 일부 연구자들은 일부 식물성 식품에 콩 뿌리 결절에서 얻을 수 있는 철 함유 헴단백질인 레그헤모글로빈이 포함되는 것에 대해 우려를 나타내고 있다. 일부 연구자들은 헴철의 섭취가 많을수록 체내 철분 저장량이 증가하고 제2형 당뇨병 발병 위험이 증가할 수 있다고 밝혔다. 그럼에도 불구하고 식물성 식품에 사용되는 이러한 단백질 수준이 건강 문제를 유발한다는 과학적 증거는 거의 없다고는 한다.

일부 식물성 고기에는 비교적 많은 양의 염분이 함유되어 있다. 이는 식단의 염분 수치가 높아지면 고혈압, 심혈관 질환, 골다공증, 신장 질환 및 위암의 위험을 증가시킬 수 있기 때문에 건강에 문제가 될 수도 있다. 전반적으로, 식물성 육류 대체품은 동물성 육류보다 더 유익한 영양 프로필을 가지고 있는 것으로 보이지만 염분 함량을 줄여서 개선해야 한다.

대체육 시장은 이제 막 성장하고 소비자들이 호기심과 의식적인 소비를 늘리고 있는 만큼 식품 안전에 대한 연구와 검증이 필요하다. 제품 개발 시에도 맛과 텍스트에만 초점을 맞추지 말고 균형 있는 영양과 식품 안전도 감안하여 레시피를 개발하는 전체적인 시각이 필요하다.

발행일 2022.9.29.

FDA 실사 재개에 대한 수출 공장의 대응 방안

GMP 위주 심사 기간 하루 이틀서 5일로 대폭 늘어

제조사, PCQI 교육 받고 식품 안전 계획서 작성해야

서면 작성 사항만 인정 … 전문가 도움받는 것도 필요

코로나로 인해 FDA는 거의 2년 넘게 해외 공장 실사를 중단했다. 그러나 코로나 기세가 꺾이면서 FDA의 공장 실사가 최근 재개되고 있어 수출 제조기업들은 이에 대해 준비를 해야 한다. 공장 실사에서 심각한 위반사항이 발견되면 미국 수출이 제한될 수도 있어 주의를 요한다.

FSMA(식품 안전화 현대화법) 시행 이전에는 공장 인스펙션이 GMP(우수제조관리 기준) 위주의 공장 청결 사항 등을 점검하였고 실사 기간도 1~2일 정도였으나 FSMA 시행 이후에는 공장 실사 기간이 5일로 늘어났다. GMP 사항뿐만 아니라 인간용 식품 안전 규정(Preventive Control for Human Food)도 심사하면서 실사 기간이 늘어난 것이다. 인간용 식품 규정은 한국의 HACCP과 유사하지만, 한국의 HACCP 규정보다 더 복잡하고 요구하는 것이 많다.

FDA에서는 공장 등록 시에 등록한 회사 대표 이메일과 US Agent에게 공장 실사 통보를 한다. 회사는 이른 시일 내에 응대하여서 공장 주변의 호텔 정보와 교통편 등을 FDA에 제공해야 한다. 호텔과 교통은 FDA가 부담하지만, 회사에서 편의상 호텔과 픽업 등 편의를 봐주는 것도 나쁘지 않다. 그리고 FDA에서 통역관을 동행하기 때문에 영어가 불편해도 큰 문제는 되지 않는다.

먼저, 미국에 수출하는 제조사들은 PCQI(Preventive Control Qualified Individual: 예방통제 전문가) 교육을 받는 것을 추천한다. PCQI 교육은 2.5일(20시간)의 교육을 미국 FSMA에서 요구하는 인간용 식품 규정에 대한 상세한 내용을 담고 있어서 PCQI 교육을 듣고 미국 인간용 식품 규정에 맞는 식품 안전계획서(Food Safety Plan)를 만들어야 한다. 그리고 이 식품 안전 계획에 따라서 실행하고 서면으로 기록해야 한다.

특히, 미국에서는 알레르기가 제일 중요한 규정이다. 미국에서 발생하는 리콜의 1/3은 알레르기 교차오염과 라벨링 오류로 인해 일어나는 경우가 대부분이다. 한국에서도 알레르기 관련 규정이 있지

제이 리(Jay Lee)의 미국 식품 트렌드

만, 미국처럼 철저하게 그리고 심각하게 받아들이지 않는 것 같다. FDA 인스펙터가 오면 알레르기 보관·취급·운송 등 교차오염 및 라벨의 정확성 등을 확인한다.

이와 함께 GMP 사항들을 체크한다. 예를 들어, 응축수가 생산공정 지역에 떨어지는지, 냉장·냉동 창고에 응축수가 있어 제품 위로 떨어지는지 등 섬세하게 검사한다. 그리고 식품 안전 계획(Food Safety Plan)을 제대로 만들어 실행하는지 점검한다. Food Safety Plan에 알레르기 위해요소 파악 및 관리는 필수사항이다. CCP뿐 아니라 위생관리(Sanitation Control), 공급망 관리(Supply-chain Control)도 식품 안전 계획에 포함돼야 한다.

FDA인스펙터는 서면으로 작성한 사항들만 인정해 준다. 구두로 말하는 것은 효력이 없다. 반드시 서면으로 실행하고 있다는 것을 증명해야 한다. 한국의 HACCP과 미국의 식품 안전 계획은 비슷한 개념이지만 많은 차이가 있다. 한국의 HACCP은 시설 중심의 하드웨어 위주다. 미국은 하드웨어도 중요하지만 소프트웨어(실제 실행 여부 및 서면 관리)를 더 중요하게 생각한다.

만약 도움이 필요하면 미국 식품 전문가에게 도움을 받아 미리 공장 실사 전에 부족한 부분들을 미리 점검하는 것도 방법이다. 요즘은 한국에서도 아마존을 통해 수많은 중소기업이 수출한다. 그동안 FDA 실사 없이 영업에 힘을 썼다면 이제는 FDA의 공장 실사라는 리스크 관리에 투자할 때이다.

발행일 2022.10.11.

K-Food의 빈자리

바르셀로나 한식당, 절반 이상이 중국인 운영
유럽 유명 관광지 공략할 시점

필자는 최근 FDA 공장 실사 컨설팅 건으로 스페인 바르셀로나와 근교 남부 도시에 있는 회사에 출장을 다녀왔다. 요즘 들어 FDA의 해외 공장 실사가 부쩍 늘면서 한국 업체들 뿐 아니라 해외 클라이언트들의 컨설팅 요청이 크게 늘었다. 스페인 출장이라 마음이 한결 가벼웠다. 평소에 가보고 싶었던 곳이었기 때문이다. 일 보기 전 며칠 일찍 바르셀로나에 도착해 둘러보는 시간을 가졌다.

바르셀로나는 건축가 가우디의 건축물들로 유명한 도시이다. 많은 건축물에 영감을 받았다. 음식 또한 한국인 입맛에 잘 맞는 듯하다. 각종 해산물이 풍부하고 쌀이 들어간 음식들이 많아 계속 먹어도 질리지 않는다. 그래도 여행 중에 갑자기 한국 음식이 먹고 싶다는 생각이 들어 한국 식당을 검색했더니 몇 군데가 눈에 들어왔다. 내가 사는 LA지역에 비하면 수가 많지 않았다.

사진으로 괜찮아 보이는 한국 BBQ 식당을 골라 그곳으로 향했다. 그러나 문 안으로 들어가니 왠지 조용했다. "안녕하세요."라고 인사했더니 답도 없고 주인도 멀뚱멀뚱했다. 속으로 좀 이상하다 싶었다. 서버가 다가오더니 한국말을 하지 않고 스페인어로 주문을 받았다. 여기 오래 사서서 스페인어가 편한가 했다. 그런데 전자판 메뉴를 보니 중국어와 스페인어로 쓰여 있지 않은가. 알고 보니 중국인이 하는 식당이었다.

나는 눈치를 보다가 나가기로 했다. 한식 먹고 싶어 왔는데 중국 사람이 하는 어설픈 한식을 먹고 싶지 않았기 때문이다. 다시 검색하고 리뷰도 철저히 검토해 이번엔 진짜 한국 사람이 하는 한국 BBQ 식당을 찾았다. 그제야 안심하고 먹을 수 있었다. 미국 LA지역이야 워낙 많은 한식당과 한국 프랜차이즈들이 들어와 있어 한국에 가지 않아도 골라서 먹을 수 있다.

바르셀로나만 해도 스페인 제2의 도시이지만 한식당이 의외로 없다. 그나마 절반 이상이 중국인들이 하는 식당이라고 한다. 미국에 살다 보면 스시집을 거의 다 한국 사람이 하는 것과 비슷한 현상이랄까. 일본 사람들이 스시가 자기 음식인데 정작 스시집은 한국인들이 더 많이 하는 것을 보면서 드는 느낌을 나도 느꼈다. 최근 중국의 문화 공정으로 김치도 자기의 음식이라고 주장하는 것을 보면서 이제는 한국 BBQ도 자기 음식이라고 할지도 모른다는 생각이 들었다. 가이드 말을 들어보니 BBQ뿐 아니라 치킨도 한국 프랜차이즈 짝퉁이 많다고 한다.

그동안 많은 한국 프랜차이즈들이 미국에 진출해 성공적으로 정착했다. 미국 중심으로 치중된 해외시장에서 이제는 공백이 많은 유럽의 유명 관광지도 공략할 시점이다. 중국인들이 한식 프랜차이즈 짝퉁들을 먼저 선점하기 전에 진짜 한국의 좋은 프랜차이즈들이 선점하기를 바라는 마음이다. 바르셀로나에서 보니 아시안 관광객이라곤 한국인들 밖에 안 보인다. 그 많던 중국인들은 중국 정부의 코로나 정책으로 해외로 잘 나가지 못한다. 그렇다 보니 중국인이 한국인을 상대로 장사를 하는 것이다.

요즘 한국의 젊은이들은 유럽 여행을 참 많이 간다. 인스타그램이나 유튜브에 올린 사진·영상들을 보면 욜로(YOLO)를 중요시하는 세대인 것 같다. 한국의 프랜차이즈들도 좋은 유럽 관광지에 진출해 유럽 여행 좋아하는 MZ세대 직원들을 진출시키면 어떨까 하는 생각이 든다.

발행일 2022.10.24.

제이 리(Jay Lee)의 미국 식품 트렌드

제이 리(Jay Lee)의 미국 통신

93

=== ★★★ ===

HACCP 심사보고서의
국제화 및 수출업체의 제출 의무

계도 넘어 처벌하는 실사 단계 … 수출업체 서류 준비 잘해야

한국 심사 보고서 내용 불충분 … FDA 인정 않는 사례 발생

수입업자에도 제출 … 공개 안 하면 수출 의사 없다고 오해

최근 미국에서는 해외공급자 검증제도(FSVP)에 대한 인스펙션이 활발히 진행되고 있다. 5년째를 맞고 있는 이 법은 처음 계도 차원의 인스펙션에서 이제는 처벌을 강화하는 실사를 하고 있어 한국 수출업체들의 서류 준비도 더욱 꼼꼼히 요구되고 있다. 특히 미국 식품 안전화 현대화법(FSMA)에 대한 이해 없이 수출하는 중소기업

의 경우에는 해외 수입자가 왜 갑자기 서류들을 요청하는지도 이해하고 있어야 한다.

미국 수입자가 특별히 HACCP 인증서를 요구하는 경우가 있는데 FDA에서는 인증서뿐만 아니라 심사보고서(audit report)를 요구한다. 구체적으로 어느 항목들을 심사하고 어느 부분이 부적합한지 수입자가 검증하도록 요구하는 것이다. 한국 HACCP 보고서의 경우에 간단하게 구성되어 있어 외부인들이 보면 구체적으로 무엇을 심사했는지 알 수가 없다.

보통 SQF, FSSC22000, BRC의 경우에는 심사보고서(Audit report)가 구체적이다. 항목별로 무엇을 요구하는지와 어떻게 요구사항에 맞는지 조목조목 기술하고 있어서 제3자가 리뷰해도 심사 내용을 이해할 수 있도록 하였다. FDA에서도 직접 방문하여 공급자 실사를 하지 못하는 경우에 제3자 기관이 심사한 심사보고서를 리뷰하고 검증하는 것으로도 공장 실사(Onsite Audit)한 것으로 인정해 준다.

SQF나 FSSC22000, BRC의 경우에 심사보고서를 검증하면 FDA도 인정해 준다. 그러나 한국의 HACCP 심사보고서를 제출하면 FDA가 인정해 주지 않은 경우가 종종 있어서 당황할 때가 있다. 한국의 HACCP 보고서를 보면 심사해서 통과했다는 심사인증원의 공문과 무슨 사항이 부적합한지 간단하게 2장 정도로 구성되어 있다. 어떻게 구체적으로 무슨 사항들을 심사하고 어떻게 적합한지는 알 수가 없다 보니 FDA도 인정해 주지 않는 것이다.

한국의 HACCP 인증이 정부 주도로 진행되다 보니 행정적 사항

제이 리(Jay Lee)의 미국 식품 트렌드

으로 인식되어 유연하지 못한 것 같다. 미국 FSMA 법 등 해외식품 안전 규정에 맞춰 현대화되어야 하는데 아직 그 단계까지 가지 못하는 것 같다. 일단 심사보고서도 다른 SQF나 FSSC 22000처럼 구체적으로 무엇을 심사하고 적합한 부분은 왜 적합한지 코멘트를 달아서 심사보고서만으로도 공급업체의 식품 안전 현황을 파악할 수 있어야 한다.

또한 한국의 수출 회사들도 미국에 수출하는 이상 HACCP이나 FSSC22000 등의 심사보고서를 미국 수입자에게 제출할 수 있어야 한다. 미국 내에서는 식품 유통업체들이 식품 제조기업들에게 식품 안전 심사보고서를 제출하도록 하는 것이 관행이고 자연스러운 일이다. 그러나 한국 업체의 경우 업무상 기밀이라는 이유로 잘 공개하려 하지 않는다. 심지어 FDA에서 요구할 때도 제출을 꺼리고 있다. 이 경우 수출 금지 등 조치가 내려질 수 있다.

식품 인증 기관은 해외 인증 기관들의 업무 프로세스나 서류 발행에 대한 국제화를 도모해야 한다. 식품 수출 기업들도 심사보고서에 대한 공개를 주저해서는 안 된다. 미국에서는 그것이 관행이다. 특히 코스트코와 월마트 같은 경우에 그들이 FSSC22000 등 심사보고서를 제출해야 하는 것이 의무 사항이므로 미국 수입업자가 요구한다고 해서 영업 비밀이라고 하거나 오픈을 못 한다고 하는 것은 미국에 수출하기 싫다는 얘기로 들릴 수 있으니 조심해야 한다.

발행일 2022.11.8.

하인리히의 법칙과 안전사고

대형 사고 발생하기 전 수십~수백 번 징후 나타나
미국선 공장별 안전예방委 리스크 분석 · 예방책 실행
새벽 시간 자주 발생 … HACCP 논리로 안전 계획 세워야

허버트 윌리엄 하인리히는 미국의 한 보험회사 손실통제 부서에서 일하고 있었다. 1931년 그가 펴낸『산업재해 예방: 과학적 접근』이라는 책에서 대형 사고가 발생하기 전에는 같은 원인으로 수십 차례의 경미한 사고와 수백 번의 징후가 반드시 나타난다는 것을 발견하였다. 사망자 1명이 나오면 그 전에 같은 원인으로 발생한 경상자가 29명, 같은 원인으로 다칠 뻔한 잠재적 부상자가 300명이 있었다는 것이다. 즉, 큰 재해와 작은 재해 그리고 사소한 사고의 발생 비율은 1:29:300이라는 것을 발견하였고, 일명 '1:29:300'의 법칙이라고도 한다. 식품업계에서 일어난 안전사고며 이태원 안전사고도 이러한 징후들이 있었을 것이다.

최근에 일어나는 식품업계의 안전사고와 이태원 사고를 보면서 여전히 안전사고가 끊이지 않아 안타까웠다. 식품 공장에서는 생산성만큼이나 종업원 안전사고 예방이 무엇보다 중요하다. 미국에서 OSHA(노동안전청)의 권한은 막강하다. 종업원 안전을 위한 예방에 공장들이 최선을 다하지 않으면 공장문을 닫게 할 수도 있다. 따라서 주기적으로 공장 내부적으로 안전예방위원회를 만들어 항상 종업원 안전에 대한 리스크 분석을 기록하고 판단해 이에 대한 예방책을 세워서 실행해야 한다.

미국공장에서 매니저로 근무했던 필자 경험을 보면 안전사고는 항상 마지막 시프트 근무 중 새벽 시간에 자주 발생한다. 피로가 몰려와 업무에 집중하기 힘든 시간이다 보니 졸다가 안전사고 나기 일쑤다. 그리고 한 달에 한 번은 공장 내에서 일어난 안전사고와 사고 근접 사례(Near misses)들을 검토하고 다시 재발하지 않도록 분석하고 예방책을 마련한다. 이러한 관리·감독을 성실히 이행하지 않고 종업원 안전사고가 나면 미국에서는 해당 기업에 부과되는 책임과 민사상 책임이 커진다. 미국은 거의 무조건 종업원 편을 들어주기 때문이다.

국가 재난도 충분히 예측 가능한 것들을 무시하고 징후들을 외면해 생기는 인재인 경우가 대부분이다. 이태원 사고의 경우도 이미 예측 가능한 인재였다. 한국에 재난안전청이 세워졌지만 실제로 얼마나 안전사고 징후들을 주기적으로 점검하고 예방책을 세워 실천하는지, 실질적으로 작동되게끔 모의훈련을 하는지 알 수가 없다.

최근에 일어나는 안전사고로 인한 비정규직 청년들의 죽음을 보면 안타깝기 그지없다. 안전사고 위험이 있는 곳에 혼자 일하도록 맡기는 작업환경이 미국에서는 있을 수 없는 일이다. 선진국으로 가려면 경제적으로 잘 사는 외형적인 지표보다도 국민들, 종업원의 안전에도 항상 예의주시하는 것이 선진국의 기본 조건이다. 미국에서 한국의 안전사고들을 전해 듣고, 미국인들이 이태원 사고 같은 일들로 의아해하는 것을 보면 창피한 생각도 든다.

식품업계에서 중요하게 다루는 식품 안전과 종업원들의 안전은 비슷한 개념이다. HACCP을 만들 때 모든 위험 요소를 인지하고 통제하는 것처럼 같은 논리로 종업원 안전 관리 계획도 세우면 된다. 종업원 안전에 소홀히 하면서 식품 안전 관리만 잘한다는 것은 모순이다. 특히 요즘은 착한 기업에 대해서는 고객의 충성도가 높아지지만, 종업원에 대한 갑질, 안전사고 발생 및 예방에 대한 책임 회피 기업으로 낙인찍히면 매출 감소와 주가 하락으로 이어지는 경우가 다반사이다. 이제는 원가절감 차원에서 종업원 인력 감축도 중요하지만, 안전사고에 대한 시간과 에너지를 투자해서 리스크 관리를 재점검해야 할 때이다.

발행일 2022.11.22.

'2023 코리아 트렌드'를 잡아라

초개인사회 매스 마케팅 안 먹혀 ⋯ 신규 수요 만들어야

고객 소비 패턴 맞춰 덕후들 공략하는 제품 개발 필요

　김난도 교수의 트렌드 코리아는 매년 베스트셀러이다. 필자도 해마다 이 책을 읽으면서 내년도를 예측해 본다. 2023년 트렌드 코리아를 통해 얻은 인사이트를 같이 나누고자 한다.

　책에서 이야기하는 2023년 주요 트렌드 10가지는 △평균의 실종 △오피스 빅뱅 △체리슈머 △인덱스 관계 △ 뉴디맨드 전략 △디깅 모멘텀 △알파 세대가 온다 △선제 대응 기술 △공간력 △네버랜드 신드롬 등이다.

평균의 실종은 초개인 사회의 진입으로 매스 마케팅이 먹히지 않는 시대이다. 각자의 개성이 강해지면서 개인들이 나노화되고 평균적인 타기팅이 통하지 않는다. 마케팅의 세그먼트가 더욱 세분화되어 있다 보니 여러 세그먼트에 대한 이해가 필요하다. 대량 TV 광고의 시대는 지나갔다.

오피스 빅뱅은 일을 둘러싼 모든 개념이 바뀐 것이다. 이러한 오피스 빅뱅은 MZ세대의 퇴사 열풍, 재택근무, 하이브리드 근무, 거점근무, 워케이션(Work+Vacation) 등으로 확장되고 있다. 일의 의미와 워라밸을 찾는 젊은 세대에겐 기존에 물리적으로 한 장소에서 근무하는 환경은 힘들어질 전망이다.

체리슈머는 실제로 구매는 하지 않으면서 혜택만 챙겨가는 '체리피커'에서 파생된 단어이다. 경기가 더욱 안 좋아질 전망이어서 지갑이 얇아진 소비자들이 조각 구매, 공동 구매 등의 지출로 소비를 줄일 전망이다.

인덱스 관계는 SNS의 발달로 인해 다양한 채널을 통해서 특정 취미나 기호 등으로 관계를 맺어지는 형태가 발달하며 여러 색인으로 관계를 규정한다. 기존의 인간관계는 물리적으로 꼭 만나야 하고 얼마나 자주 보느냐에 따라서 관계의 거리가 결정되지만 인덱스 관계는 물리적 관계와 다르게 보는 횟수가 그다지 중요하지 않다.

뉴디맨드 전략은 불경기 상황에서도 사람들의 지갑을 열게 하는 전략이다. 기존 제품에 대한 대체 또는 신규 수요 만들기 등으로 구를 맞아 청춘을 이어가고 있는 시대이다.

위의 10가지는 새삼스럽지 않다. 내년에도 불경기라는 불확실성과 국제정세, 기후 위기 등으로 예측이 힘든 상황이다. 그러나 자세히 들여다보고 분석하다 보면 길이 보일 것이다. 2023년 토끼의 해에도 한국 식품 산업의 발전을 기대해 본다.

발행일 2022.12.6.

사할 수 있다.

디깅모멘텀은 한 분야에 빠진 덕후들이 더 많아질 거라는 전망이다. 한국 TV에서 '생활의 달인'이라는 프로를 보면 각 가지 덕후가 나온다. 각종 취미나 한 가지 분야에 덕후들이 주목을 받는 세상이다. 이러한 덕후들을 공략하는 제품 개발과 마케팅도 필요하다.

알파 세대가 오고 있다. 1995~2009의 Z세대 다음을 얘기한다. 아이폰이 등장하면서 새로운 디지털 환경 속에서 자란 세대로 아기 때부터 스마트폰을 이용한 세대이다. 이들은 디지털과 가상세계에서 살 확률이 높다.

선제 대응 기술이란 우리가 기술을 배우고 다가가는 것이 아니라 기술이 우리에게 먼저 다가와서 우리에게 맞춰주는 세상이 오고 있다. 고객의 소비패턴과 행동 양식 등 파악된 알고리즘을 통해 우리에게 필요한 서비스를 먼저 제시한다.

공간력이란 물리적 장소가 주는 힘이다. 힙하다고 소문이 퍼진 곳에 가면 무언가 사람들 이끄는 힘이 있다. 디지털 세상에 온라인이 더욱 우세할 것 같지만 아직 공간의 힘은 여전하다. 유현준 교수의 건축학적 인문학을 들어보면 공간에도 철학이 있고 사람의 무늬가 있다. 각 기업이 미술관, 문화공간을 여는 것도 이 때문이다.

네버랜드 신드롬이란 늙지 않는 장년 세대를 말한다. X세대, 베이비붐 세대가 이제는 의학과 성형술의 발달로 젊어지고 있다. 이제는 마음만 청춘이 아니라 몸도 청춘을 유지하고 있으며 백세 시대

2022년을 정리하며

의식주 산업 타격 ··· 미국 식품 업계도 불경기

한류 열풍 기회 ··· 진취적인 자세로 도전 필요

올해도 정신없이 달려왔다. 팬데믹과 미·중 갈등, 우크라이나 전쟁, 기후 위기 등 불확실성으로 점철된 한 해였다. 문제는 내년 전망이 더욱 암울하다는 것이다. 메가 크라이시스(고금리, 고물가, 고환율)라든가 SF 위기(Stagflation+Financial Crisis) 등의 신조어들이 생겨나고 있다.

최근 필자는 연말 모임에서 내년 미국 경기가 진짜 안 좋을 것이라는 이야기를 많이 들었다. 그런데 한 분이 "미국에 온 이후로 한

번도 미국 경기가 좋아진다는 말을 들어본 적이 없다."라고 해서 동석한 사람들이 모두 한바탕 웃었다. 하긴 생각해 보면 매년 경기가 안 좋다는 이야기는 항상 들어왔다. 그럼에도 우리는 어쨌든 버티며 감사하게 살아있다.

인간은 원시사회부터 항상 생존을 위해 발버둥 치며 여기까지 왔다. 다른 동물과 싸워야 했고, 날씨와 싸워야 했고, 기근과 추위, 병마에 맞서야 했다. 인간의 유전자는 항상 생존모드에서 더욱더 창의적이고 진취적인 에너지가 나오는 동물이다. 호모 서바이벌스 (Homo Survivors)라고 명명하고 싶다. 회복탄력성이 인류의 DNA에는 분명히 있다.

특히 한국인들은 어떠한 역경도 버티고 일어나는 민족이다. 잡초처럼 어디서나 뿌리를 내리는 생존력을 가지고 있다. 전 세계에 흩어진 한국인 디아스포라는 어떻게든 살아남아 지리를 잡았고 이제는 한류의 전초기지로 플랫폼 역할을 하고 있다. 필자도 미국으로 이민 와서 식품 안전전문가로 활동하며 한국뿐 아니라 미국 주류 회사들을 자문해 주고 있다.

내년도 전망은 밝지 않다. 미국 내 식품업계도 불경기 여파를 타고 있다. 특히 한인 식품 기업들의 쌓인 재고 처리와 소비 부진에 다들 걱정거리가 많다. 또 빅테크 기업의 감원으로 젊은이들이 해고돼 일자리를 찾고 있다. 식품업계도 군살을 빼려고 할 것이다. 의식주 산업이 타격받는 상황이 시작되었다. 이제는 추운 불경기를 버틸 마음의 준비를 해야 한다. 그와 동시에 더욱더 창의적인 마인드 셋이 필요하다.

강한 자가 살아남는 것이 아니고 살아남는 자가 강한 자다. 언제 끝날지 모르는 불경기에서 〈오징어 게임〉에서처럼 살아남아야 한다. 다만, 남을 죽이고 내가 사는 제로섬 게임에서 창의적인 아이디어로 윈-윈 할 수 있는 게임을 해야 한다. 다행인 것은 해외의 한류 열풍이 여전히 뜨겁다는 사실이다. 요즘엔 조그만 중소 식품기업도 아마존으로 수출하는 시대이다. 마음만 먹으면 시장은 넓다.

언제든 빠른 의사결정으로 실천할 수 있는 애자일 경영과 넘어져도 일어나는 회복탄력성(Resilience)의 마인드 셋이 필요하다. IMF 시절에도 성공한 사람이 있다. 시대적 상황에 대해 한탄하고 수동적으로 버티는 것만이 답은 아니다. 더욱 공격적으로 임할 때이다.

뇌 과학자에 의하면 인간의 뇌는 도전을 통해서 성장한다고 한다. 환경이 안이하고 좋으면 인간의 뇌는 자극이 없으므로 성장하지 않는다. 기업도 호황기에는 그냥 흐름을 따라가면 되기 때문에 별도의 큰 노력이 필요 없다. 그러나 시련 속에서는 도전을 통해서만 질적으로 성장할 수 있을 것이다.

2023년엔 기업과 개인의 삶에도 혹독한 불경기가 올 것이다. 그러나 다들 버티고 움츠리는 가운데 진취적이고 창의적인 자세로 임한다면 기회는 올 것이다. 절망 속에서 희망을 보는 것이 통찰력이고 실력이다. 희망찬 2023년을 기대해 본다.

발행일 2022.12.19.

라스베이가스 CES 전시회의 푸드테크

식품과 전자 산업 융합하는 시대 도래
기술 진보 통한 먹거리 산업 방향 제시
대체육에 삼성 AI 오븐, 라면 조리기 등 선보여

최근 열린 라스베가스 CES 전시회는 전자제품만 전시하는 것이 아니라 인간의 생활 전반을 아우르는 기술 업체들이 참여하고 있으며 이제는 기술과 접속된 식품기업들도 자리들을 차지하고 있다. 올해 CES 전시회에 나온 푸드테크는 앞으로 기술 진보와 인간의 먹거리 산업 방향을 가늠해 보고 통찰을 얻을 수 있는 기회이다. 일례로 신세계 정용진 회장이 CES에 참석하여 여러 부스를 돌며 신제품들의 설명에 귀 기울이는 것을 보면 이제는 CES 전시회도 식품업계가 눈여겨봐야 할 곳이라 생각한다. 그중에 몇 가지 새로운 푸드테크를 소개하면 다음과 같다.

삼성에서는 음식이 타려고 하면 경고해 줄 수 있는 카메라가 내장된 AI 오븐을 선보였다. 24시간 연중무휴 빠르게 라면을 만들 수 있는 자율 레스토랑을 만든 Yo-Kai Express는 소규모 소매점과 공동 작업 공간을 위한 축소 버전도 선보였다. 몇몇 신생 기업은 음식물 쓰레기를 줄이고 공급망을 개선하는 데 도움이 될 수 있는 기술들을 보여 주었다.

VersaWare는 기존 앱에서 자신의 영양 상태를 추적하는 데 어려움을 겪는 사람들을 위해 설계되었다. 도마와 믹서 그릇을 제공하며 각각 레시피와 기타 정보를 표시하는 휴대폰 크기의 장치에 부착된다. 요리할 때 추가하는 재료를 확인하면 무게를 측정하고 영양 정보를 계산해 준다. 결국, 직접 수학을 하지 않고도 만들고 있는 모든 것에 대한 통계를 갖게 되는 편리한 제품이다. 영양 계획이 레시피의 칼로리를 25% 줄이는 것이라면 VersaWare는 AI가 이를 달성하는 방법을 알아내어 추천해 준다.

아보카도가 완벽하게 익은 시기를 정확히 아는 것은 약간 틈새시장처럼 들릴 수 있지만, 네덜란드 스타트업 OneThird는 이것이 음식물 쓰레기를 줄이는 데 도움이 되는 핵심이라고 생각한다. 이 회사는 현재 캐나다에서 테스트 중인 슈퍼마켓용 아보카도 스캐너를 공개했으며 아보카도가 여전히 단단한지, 먹을 준비가 되었는지 알려줄 수 있다. OneThird는 이미 아보카도와 토마토, 딸기, 블루베리의 저장 수명을 예측하기 위해 공급망을 따라 재배자, 유통업체 및 기타 업체와 협력하고 있으며 더 많은 농산물을 추가하기 위해 노력하고 있다. 또 다른 네덜란드 스타트업인 Orbisk는 음식점이 음식물 쓰레기가 발생하는 장소와 시간을 추적하여 음식물 쓰레기를 줄이는 데 도움을 준다.

요리를 못하는 사람이라면 브라질 회사의 스마트 인덕션 쿡탑을 이용해 200가지 다른 레시피 중에서 완벽한 리조또, 스테이크 오 푸아브르, 캐러멜 토피를 만드는 데 도움을 얻을 수 있다. 앱이 요리 과정의 모든 단계를 안내한다. 고기를 레어, 미디엄, 웰던 중에서 선택할 수도 있다. 쿡탑에 있는 냄비에 재료의 무게를 잰다. 준비가 끝나 버튼을 누르면 쿡탑이 적절한 시간 동안 적절한 온도로 가열된다. 인덕션 쿡탑과 냄비를 포함한 기본 세트는 올봄 미국에서 299달러에 구입할 수 있다.

GEProfile은 작업하는 동안 그릇에 담긴 재료의 무게를 잴 수 있는 스마트 믹서를 공개했다. 믹서에는 또한 질감과 점도의 변화를 모니터링하고 그에 따라 속도를 조정할 수 있는 자동 센서가 있다. 오버믹싱을 방지하기 위해 자동으로 꺼진다. 이 외에도 식품의 미래에 대한 포럼·세미나 등이 열렸고 임파서블 버거 등 대체육 회사들도 참석해 제품을 홍보했다.

앞으로 산업 간 경계가 모호해지는 상황이 점점 더 심화할 것이다. 자동차회사와 전자 회사의 경계가 무너지듯이 이젠 식품과 전자 분야도 융합되는 시대가 도래하고 있다. CES 전시회는 식품의 미래를 엿볼 수 있는 기회이다.

발행일 2023.1.17.